Gabriela Hilf

Reiki im Alltag

Gabriela Hilf

REIKI
IM ALLTAG

Neue Türen öffnen sich

SILBERSCHNUR

Die Ratschläge in diesem Buch sind von der Autorin sorgfältig geprüft worden. Dennoch kann eine Garantie nicht übernommen werden. Eine Haftung der Autorin bzw. des Verlages und seiner Beauftragten für Personen, Sach- und Vermögensschäden ist ausgeschlossen.

ISBN 3-89845-045-7

1. Auflage 2003

Gestaltung & Satz: XPresentation, Boppard
Druck: Finidr, s.r.o. Cesky Tesin

Verlag »Die Silberschnur« GmbH · Steinstraße 1 · D-56593 Güllesheim

www.silberschnur.de
e-mail: info@silberschnur.de

Die ganze Welt
ist meine Heimat.
Alle Menschen
sind meine Brüder.
Und der Wille
zum Guten
ist mein Glaube.

(Thomas Paine)

Inhaltsverzeichnis

Widmung

Dieses Buch ist meinen Reiki-Schülerinnen und -Schülern gewidmet als Dank für das entgegengebrachte Vertrauen, dass ich sie ein Stück ihres Weges begleiten durfte.

A friend is someone
who knows all
about you.
But
likes you ...
anyway.

Ein jeder Weg der aufwärts geht
liegt oft auch voller Steine.
Um manchen kannst herum du geh'n,
doch der Größte ist oft der deine.

Vorwort

Kristall- und Reiki-Anwendungen ersetzen keine fachärztlichen Behandlungen. Besonders bei Erkrankungen mit unbekannter Ursache konsultieren Sie bitte zuerst einen Arzt oder Heilpraktiker Ihres Vertrauens!

Doch ein(e) gute(r) Schulmediziner(in) lässt alternative Behandlungen begleitend dazu verwenden, ein(e) gute(r) Heilpraktiker(in) kennt seine bzw. ihre Grenzen und ein(e) gute(r) Reiki-Lehrer(in) macht auch auf die seelische Ursache der Erkrankung aufmerksam.

Du kannst nicht deine Umgebung ändern,
sondern du musst dich ändern
und wenn du dich änderst,
ändert sich auch deine Umgebung!

(Gerhard Riemann)

Wir möchten
zu denen
gehören,
welche die Welt
lichtglänzend
machen.

(Zarathustra – Helfer des Lebens)

Danke

Ich danke allen, die mich auf meinem Weg unterstützt und begleitet haben für das entgegengebrachte Vertrauen und die Toleranz.

Mein besonderer Dank gilt meiner Familie, meinen Reiki-Schülern und den Kundinnen meines Kosmetik-Studios, da sie mir die Möglichkeit gaben, Erfahrungen zu sammeln und diese auszuwerten.

Am meisten danke ich meinem Himmlischen Vater, zu dem ich auf meinem Reiki-Weg zurückfand und mich nun so daran erfreue, seine Tochter sein zu dürfen und mich nie mehr getrennt von ihm fühlen zu müssen.

Mein himmlischer Vater

***Ich danke dir**, dass ich deine Tochter sein darf,*
dass ich den Weg zu dir in meinem Herzen wieder gefunden habe,
dass du mich liebst wie ich bin.

***Ich danke dir** für meine Erden-Eltern,*
dass ich den Weg zu ihren Herzen gefunden habe,
dass ich ihnen dadurch verzeihen konnte und sie achten lernte,
dass ich sie nun zu lieben vermag.

***Ich danke dir** für meine Kinder,*
dass ich den Weg zu ihren Herzen gefunden habe und
durch sie so viel erleben und lernen durfte,
dass ich wahre Mutterliebe erfahren konnte.

***Ich danke dir**, dass ich so viele Schwestern und Brüder habe,*
dass ich den Weg zu ihren Herzen gefunden habe,
dass ich sie so lieben darf wie sie sind.

***Ich danke dir**, dass ich nun im Einklang bin mit dem göttlichen Licht,*
das mich erfüllt, leitet und liebt.

Ich danke dir
für unsere Verbundenheit ***und bitte um deinen Segen.***

Ich wünsche dir Zeit

Ich wünsche dir nicht alle möglichen Gaben.
Ich wünsche dir nur, was die meisten nicht haben:
Ich wünsche dir Zeit, dich zu freun und zu lachen,
und wenn du sie nützt, kannst du etwas draus machen.

Ich wünsche dir Zeit für dein Tun und dein Denken,
nicht nur für dich selbst, sondern auch zum Verschenken.
Ich wünsche dir Zeit - nicht zum Hasten und Rennen,
sondern die Zeit zum Zufriedenseinkönnen.

Ich wünsche dir Zeit - nicht nur so zum Vertreiben.
Ich wünsche, sie möge dir übrigbleiben
als Zeit für das Staunen und Zeit für Vertraun,
anstatt nach der Zeit auf der Uhr nur zu schaun.

Ich wünsche dir Zeit, nach den Sternen zu greifen,
und Zeit, um zu wachsen, das heißt, um zu reifen.
Ich wünsche dir Zeit, neu zu hoffen, zu lieben.
Es hat keinen Sinn, diese Zeit zu verschieben.

Ich wünsche dir Zeit, zu dir selber zu finden,
jeden Tag, jede Stunde als Glück zu empfinden.
Ich wünsche dir Zeit, auch um Schuld zu vergeben.
Ich wünsche dir: Zeit zu haben zum Leben!

(Elli Michler)

(Aus: Elli Michler, Dir zugedacht. Wunschgedichte,

REIKI
PSI mit
GÖTTLICHER
HILFE
DIPLOM
REIKI-Meisterin
schön + frisch
DURCH
BIOKOSMETIK
QUARK
OLIVEN
ÖL
Milch
Yoghurt
3,6%

1. Kapitel

Reiki - wie alles begann

Ich war Kosmetikerin aus Leidenschaft. Die Behandlungen in der Kabine, das Berühren von Menschen, das vertraute Beisammensein auf kleinstem Raum – ich liebte es, wenn die Kundinnen nach ein paar Massagegriffen in einen sanften Schlummer verfielen und ich die entspannende und regenerierende Wirkung von Seele und Haut erreichen konnte.

Doch der Geschäftsalltag eines Kosmetikstudios besteht leider nicht nur aus Erfolgserlebnissen, sondern bringt auch enormen Stress mit sich. Besonders anstrengend ist das ständige Ändern ausgemachter Termine. Kundinnen vereinbaren diese, verschieben sie dann, sagen kurzfristig ab und manche Verabredungen werden überhaupt nicht eingehalten.

Nach sechzehnjähriger Selbstständigkeit schien ich kurz davor zu sein, ein Magengeschwür zu bekommen. Mein Immunsystem war inzwischen auch stark geschwächt, jede kleinste Erkältung unserer Kinder übertrug sich sofort auf mich und artete meist in schwere fiebernde Erkrankungen aus. Nur mit Hilfe von Antibiotika-Einnahmen kam ich wieder auf die Beine. Je mehr ich jedoch einnahm, umso schneller erwischte mich auch der nächste Infekt. Meine Erkrankungen schienen ein regelrechter Teufelskreis zu sein. Eine wenig gesunde Lebensweise (Kaffee, Nikotin und unregelmäßiges, hastiges Essen) verstärkte zu der Zeit meine gesundheitlichen Probleme.

Eines Tages erhielt ich ein Werbeschreiben meiner Kosmetikfirma mit dem Angebot, Massage-Griffel aus Aventurin-Steinen zu erwerben. So ein Quatsch, dachte ich damals. Ich werde doch nicht meine Kundinnen mit Steinen massieren, zeriss den Brief und vergaß das Ganze.

Wenn sich eine Türe schließt,
öffnet sich eine andere.

Etwa ein Jahr später besuchte mich ein Repräsentant dieser Kosmetik-Firma. Er zeigte mir die neuesten Produkte und schließlich auch ein paar Aventurin-Massage-Stäbe. Dabei erklärte er mir:

Aventurin ist besonders für die Haut ein sehr guter Heilstein. Durch eine Massage mit dem Aventurin können Rötungen und Allergien gemildert werden. Selbst Schuppenflechte und Ekzeme schwächt er ab und wenn man den Stab während der Kosmetikbehandlung der Kundin auf schmerzende Bereiche im Rücken legt, lösen sich diese oft auf.

Neugierig nahm ich die Kristalle in die Hand, schon deren Farbe faszinierte mich. Ein tiefes dunkelgrün, durchwirkt von goldenem Glimmer. Bildete ich mir es nur ein, oder begannen die Steine in meinen Händen regelrecht zu kribbeln? Nun, sie kosteten auch kein Vermögen und so entschloss ich mich spontan, gleich ein paar Aventurin-Stäbe mitzubestellen.

Sie sollten mein Leben verändern. Inzwischen war ich fast vierzig Jahre alt, doch erst durch die Kristalle, über die ich dann auch Reiki kennen lernen durfte, gelangte ich auf wunderbare Weise zu Harmonie und Gesundheit.

Aventurin ist ein Stein, der uns zielstrebig an unsere Berufung heranführt, obwohl uns das nicht immer bewusst wird, wenn wir mit diesem Stein arbeiten. Er verhilft uns zu Glück und Erfolg, da er uns mit dem Wissen um unsere Lebensaufgabe verbindet und der Gewissheit, dass wir sie erfüllen können – wenn wir nur wollen. ***Wir sind erst glücklich, wenn wir im Einklang mit unserer wahren Lebensaufgabe sind.*** (Siehe Band III – DEO MAXIMO; Kapitel 13)

Ein paar Tage nach der Bestellung hielt ich mein erstes Paar Aventurin-Massage-Stäbe in den Händen. Es war Herbst und die Steine eigentlich zu kalt für eine Gesichtsmassage. Daher legte ich sie vor den Behandlungsterminen auf die Heizung, so erhielten die Steine eine angenehme Temperatur für die Haut. Mit dem Einverständnis der Kundinnen begann ich dann entlang der Lymph- oder der Meridianbahnen zu massieren, mit leichtem Hautkontakt des stumpfen Endes des Stabes und in kreisenden Bewegungen.

Ich massierte ohne jegliche Erwartungshaltung und erbat später von meinen Kundinnen eine Einschätzung der Wirkung. Die Antworten waren verblüffend und faszinierend: „Ich dachte, ich schwebe auf einer Wolke“, sagten viele. Aber auch: „Durch die Steinmassage erlangte ich einen ganz tiefen Entspannungszustand“ und „Nervosität und Stress lösten sich sofort auf.“

Noch mehr sollten mich aber folgende Aussagen erstaunen: „Vor der Massage hatte ich so Rückenschmerzen, die sind nun verschwunden“ oder „Meine Kopfschmerzen haben sich aufgelöst“ und „Meine Zahnschmerzen sind weg“ oder „Die schmerzhafte Nackenverspannung ist gar nicht mehr zu spüren“. Bildeten sich meine Kundinnen diese körperlichen Verbesserungen nur ein?

Das Sonderbare war, dass ich niemandem erzählt hatte, dass Aventurin-Stäbe Heilsteine sein sollten und von schamanischen Heilern zu diesem Zwecke benutzt wurden. Schließlich war ich keine Schamanin, sondern eine deutsche Kosmetikerin und erhoffte bestenfalls eine leichte Verbesserung des Hautbildes.

So rechneten weder die Kundin noch ich mit einer Schmerzlinderung mittels der Kristalle und auch der Glaube, der sonst schon mal *Berge versetzen* konnte, war es diesmal mit Sicherheit nicht. (Inzwischen sind auch zur Genüge die positiven Wirkungen der Baby-Bernstein-Ketten für das Zahnen bekannt und die Kleinen glauben ja auch nicht an die Heilkraft der goldbraunen Ketten.)

Kristalle können vollkommen unabhängig davon wirken, ob man an ihre Heilkraft glaubt oder nicht. Ausschlaggebend ist der wahre Wunsch zur Gesundung, tief im Inneren verwurzelt, und die Bereitschaft zu einer positiven Veränderung. Diese Faktoren sind häufig bei Kleinkindern und Tieren gegeben. Wenn aber mit der Erkrankung ein bestimmtes Ziel erreicht werden soll, wie z. B. mehr Aufmerksamkeit zu erhalten, oder man zu keiner Änderung bereit ist („Da kann man sowieso nichts mehr machen“), dann hilft auch der beste Heilstein in höchster Qualität nichts.

Und so geschah damals eben nicht bei jeder Kosmetik-Behandlung eine *wundersame Heilung*, aber doch so häufig, dass ich mich entschied, mehr über die Wirkungen von Kristallen zu lernen.

Ausbildungen als Kristall-Beraterinnen sollten erst viele Jahre später angeboten werden und so war ich damals gezwungen, meine eigenen Erfahrungen zu machen, um Erkenntnisse zu gewinnen. Ich besorgte mir verschiedene Fachliteratur (siehe Quellenverzeichnis) und setzte in die Praxis um, was die Experten vorschlugen. Die Erfolge verblüfften nicht nur mich. Meine gesamte Familie (d. h. alle Kinder) begann, Kristalle zu lieben, nur mein Göttergatte stand der ganzen Angelegenheit äußerst kritisch gegenüber.

Da er aber wusste, dass ich weder Kinder noch Kundinnen irgendeiner Gefahr aussetzten würde und dramatischere Erkrankungen grundsätzlich in fachärztliche Behandlung (oder Beobachtung) schickte, ließ er mich gewähren. Doch auch er musste erkennen, wie gut der *Moosachat* bei Fieber oder der *blaue Chalcedon* bei Ohrenschmerzen halfen, der *Rutilquarz* bei Husten und der *Aventurin* bei Bauchschmerzen.

Ich selbst hatte stets einen Aventurin-Stab auf dem Nachttischchen neben dem Bett. So war er sofort bei der Hand, wenn ich mal nicht einschlafen konnte oder mir abends noch irgendetwas Schmerzen verursachte. Meist genügte es, den Stab einfach nur in die Hand zu nehmen (mit der Spitze nach unten) und sofort schlief ich ein.

Manchmal klemmte ich den kleinen Aventurin auch in das Gummiband meines Slips oder legte ihn auf mein Herz-Chakra auf der Brustmitte, achtete aber immer darauf, dass die Spitze des Stabes in Richtung Füße deutete. Über sie können die krankmachenden negativen Energien hinausfließen, werden in den Erdboden abgeleitet und dort in positive Energien umgewandelt. Danke, Mutter Erde!

Zum Reinigen bzw. Entladen der aufgenommenen negativen Schwingungen legte ich die Stäbe nach der Behandlung auf ein Amethyst-Segment-Stück und regelmäßig lud ich die Kristall-Stäbe auch auf einer Gruppe aus Bergkristall-Spitzen wieder auf.

Ich gewöhnte mir eine sorgfältige Pflege der Steine an, denn wenn ich es vergaß oder nachlässig war, fielen sie herunter und brachen entzwei. Die meisten meiner Steine zerbrachen allerdings beim Bettenmachen. Ich schüttelte sie oft heraus, sie flogen in hohem Bogen auf die Schlafzimmer-Fliesen und zersprangen in viele Teile.

Solche Bruchstücke sollten keinesfalls geklebt werden, am besten man gibt sie *Mutter Erde* zurück und vergräbt sie dankbar im Garten. Seit ich in der Nähe des Schlafzimmers einen kleinen Amethyst zum Reinigen habe und intensiver darauf achte, die privat genutzten Stäbe hin und wieder ebenfalls zu entladen, zerbrechen sie nicht mehr und fliegen beim Bettenmachen höchstens auf den Teppich. (Mein Mann sagt, ich würde die Betten nicht mehr so heftig schütteln, daher würden die Steine nicht mehr so weit fliegen um die Fliesen zu erreichen, aber ich weiß es besser.)

Auch im Kosmetik-Studio sollten immer mehr Kristalle ihren Einzug halten und so dampft seitdem der Vapozon mit *Amethyst*-Schwingungen, und ein *Bronzit* auf dem Stirn-Chakra während Einwirkzeiten von Peeling, Masken und Ampullen beruhigt die Gemüter der Kundinnen und verhilft ihnen schneller dazu, einen entspannten Zustand zu erreichen. Ich verwende immer mehr Kristalle, lege Energie-Kreise aus Sandrosen und Bergkristallen oder bewirke mittels verschiedenfarbiger Steine eine Chakra-Harmonisierung.

Immer mehr Frauen begeisterten sich für diese Art der Kombinations-Behandlung, um im Einklang zu sein mit Haut und Seele. Doch ich stellte langsam auch Nachteile für mich persönlich fest. Je besser es meinen Kundinnen ging, um so schlechter fühlte ich mich. Ganz gravierend war dies nach den Griffel-Massagen mit Heilstäben der Fall. Den Kundinnen ging es blendend, doch ich fiel nicht nur in ein Loch, sondern stellte bei mir manchmal sogar starke Verhaltensveränderungen fest.

Nach ein paar Massagen war ich manchmal so mit negativen Schwingungen gefüllt, dass diese geballte Ladung ein regelrechtes Lustgefühl, *böse Dinge* zu tun, in mir entwickelte. Noch nie konnte ich mich an etwas Schlechtem erfreuen, doch zu der Zeit entdeckte ich Tiefen und Abgründe in meiner Seele, von denen ich nie gedacht hätte, dass es sie gibt.

Diese Phase erreichte für mich persönlich ihren Höhepunkt, als ich eines Tages aus dem Behandlungsraum kam und auf unseren dreijährigen Sohn traf. Dieser trippelte langsam den Gang vor mir her und zu meinem größten Entsetzen verspürte ich Lust, ihn einfach zu treten. Nein! Gott sei Dank habe ich das nicht gemacht, aber allein dass sich ein solcher Gedanke in mir überhaupt entwickeln konnte, entsetzte mich so sehr, dass ich mich entschloss, so lange keine Kristall-Massagen mehr auszuführen, bis ich von solchen Empfindungen wieder frei war. Denn wenn durch die Massagen die negativen Energien in meinen Körper hineinströmten und mich dermaßen beeinflussten, ja scheinbar in der Lage waren, meinen Charakter zu ändern, oder die dunklen Seite meiner Seele hervorzubringen, dann war mir das alles für mich und meine Familie zu gefährlich.

Rein *zufällig* erhielt ich den Ratschlag, mich in Reiki einweihen zu lassen. Hier erlernte ich weitere Naturgesetze und Schutztechniken. So brauchte ich mich bei den Behandlungen in Zukunft nur mit dem Schörl (schwarzer Turmalin) zu schützen, und eine negative Energieaufnahme in meinen Körper war dadurch unterbunden. Seitdem konnte ich wieder mit den Kristallen massieren, ohne mir selbst zu schaden. (Siehe auch 12. Kapitel: Reiki-Lichtwolke, S. 204)

Sehr wirksam ist auch das Reikigeben während der Masken-Einwirkzeit. Ich erhalte die wunderbare universelle Lebensenergie, darf sie weiterreichen und bekomme dabei selbst automatisch genügend Kraft zur persönlichen

Stärkung. Sich selbst harmonisieren, heilen und stärken im Geben - was für einen herrlichen Beruf ich doch ausübte und wie dankbar ich war, dass ich die Energie der Kristalle und Reiki für mein Leben entdeckte!

Ja, so fing alles an. Mit ein paar Aventurin-Heilstäben, die eines Tages zufällig bei mir zu Hause landeten. Und da diese Kosmetikfirma nur für ganz kurze Zeit einen Repräsentanten beschäftigte, weiß ich inzwischen, dass alles so vorbestimmt war.

Die Steine fanden zu mir, weil ich nicht zu ihnen fand. Erst als sie mir ins Haus getragen wurden, konnten ihre Schwingungen mich wirklich erreichen und sich diese wunderbare liebevolle Verbindung entwickeln.

2. Kapitel

Reiki-Einführung

REIKI

kommt aus dem Japanischen und heißt:

fließende Energie

(unerschöpfliche Lebensenergie)

In der gesamten Menschheitsgeschichte gab es schon immer Lehrer, Meister und Eingeweihte, die diese *unerschöpfliche Lebensenergie* zu Heilzwecken einsetzten.

Jesus benutzte diese Energie, ebenso Buddha und andere Heilige. Das Wissen wurde immer nur verschlüsselt an wenige auserwählte Schüler weitergegeben und geriet irgendwann ganz in Vergessenheit.

Wiederentdeckt wurde Reiki von dem japanischen Gelehrten Dr. Mikao Usui (1865-1926). Er war ein christlicher Mönch, der in Kyoto eine christliche Universität leitete.

Eines Tages fragten ihn seine Studenten: „Wie war es möglich, dass Jesus durch Handauflegen heilen konnte?“

Diese Frage konnte der Mönch nicht beantworten. Nach seinem Ehrenkodex war er aber verpflichtet, die Antwort zu finden. Sieben Jahre widmete er dem Studium in amerikanischen Bibliotheken, er studierte Sanskrit und ging auf die Suche in alten Klöstern in Indien und in alten buddhistischen Klöstern in Tibet. Aber die Ergebnisse waren stets nur Teilerfolge. Der letzte Schlüssel fehlte.

Zurückgekehrt nach Japan zog er sich auf einen heiligen Berg zu einer einundzwanzigtägigen Fastenmeditation zurück. Er legte einundzwanzig kleine Steinchen vor sich hin, und immer wenn ein Tag sich dem Ende neigte, warf er eines der Steinchen fort. So war der letzte Tag angebrochen ohne irgendein Ereignis.

Doch in der letzten Nacht geschah das Wunder: Ein Licht kam vom Himmel direkt auf ihn zugeflogen, explodierte vor seiner Stirn, und er erkannte die fehlenden Schlüssel zur Aktivierung der Reiki-Energie.

Für den Rest seines Lebens praktizierte und lehrte Dr. Usui Reiki, und kurz vor seinem Tode am 9. März 1926 weihte er seinen besten Schüler, Dr. Hayashi, zu seinem Nachfolger. Dieser gründete dann die erste Reiki-Klinik in Tokio.

1935 erschien zum ersten Mal Frau Hawayo Takata, eine auf Hawaii lebende Amerikanerin japanischer Abstammung, in dieser Klinik und wurde dort auch von ihrer schweren Krankheit geheilt.

Beeindruckt von dieser sanften Therapie insistierte sie nun so lange, bis Dr. Hayashi ihr nicht nur die Einweihungen in den Ersten-Reiki-Grad und in den Zweiten-Reiki-Grad gab, sondern auch die Meister-Lehrer-Einweihungen.

Nach Dr. Hayashis Tod wurde sie seine Nachfolgerin. Bis 1980 bildete sie rund zwanzig Reiki-Meister-Lehrer selbst aus.

Nun gelangte Reiki auch zum ersten Mal nach Deutschland. Nach Frau Takatas Tod geschah allerdings sofort die Spaltung von Reiki in zwei verschiedene Organisationen: Die *American Reiki Association*, geleitet von Dr. Barbara Ray, und die *Reiki Alliance*, geleitet von der Enkeltochter Frau Takatas, nämlich Phyllis Lei Furumoto.

Folge dem Geschehen des Lebens,
es wird dich an Orte und zu Menschen führen,
die inneres Wachstum fördern.
(Phyllis Lei Furumoto)

Inzwischen gibt es auch sehr viele gute, unabhängige Reiki-Meister(innen), die ohne Anschluss an eine der Organisationen tätig sind.

Doch es gilt unbedingt zu erkennen:

Fülle dich mit Gesundheit,
und die Krankheit wird dich von selbst verlassen!

Im ständigen Kampf gegen die Krankheiten werden zu viele Energien verbraucht.

Erfülle die Bedingung der Gesundheit,
und die Krankheit hat keinen Raum mehr!

„Denn bis jetzt hast du am falschen Ende angefangen, und du versuchtest, das Kranke in dir zu vernichten, anstatt die Gesundheit aufzubauen."

Spiritualität nämlich beginnt von oben
und nicht wie alles andere am Boden.

Und was für den Körper gilt, gilt ebenso für den Geist, der voller Gebrechen ist, in Form von Hass, Eifersucht, Zorn und anderen Auswüchsen, voller Schmerz und bitterer Gefühle, die unaufhörlich quälen und keine Atempause gönnen.

Doch der einzige Weg, frei zu werden von Kummer, ist:
ihn durch unaufhörliche Besinnung auf die Liebe zu vertreiben.

Hass vertreibt man nur durch ständiges Besinnen auf Liebe, Böses vertreibt man durch das Gute und Laster durch Tugend. Mir half dabei sehr das Buch *Meditationen für Körper und Seele* von Louise L. Hay. Dieses nimmt man am besten am Morgen in die Hand und fragt: Welcher Tagesspruch ist heute der Richtige für mich? Anschließend eine Seite aufschlagen und die *Affirmation* bewusst lesen und sich verinnerlichen. (Zum Beispiel abschreiben und an die Kühlschranktür kleben.)

Es ist besser, das Gute zu lieben als das Böse zu hassen. Denn:

Das Gesetz von Ursache und Wirkung bestraft die Menschen selbst.

Deshalb braucht sich niemand darum zu kümmern, einen anderen zu verurteilen oder zu bestrafen, indem er auf ihn wütend wird oder andere negative Gefühle gegen ihn hegt.

Mangelnde Bereitschaft zu vergeben ist die schlechteste Taktik.
- Um ein Übel zu heilen, muss man es verzeihen.

Mein Körper und mein Geist sind friedvoll, gesund und glücklich.
Bei guter Gesundheit zu sein ist mein göttliches Recht.

R. Hery

Um all dies von der Theorie in die Praxis umzusetzen, wirklich zu vertiefen, war Reiki nicht nur mir, sondern auch stets den Reiki-Schülern eine wertvolle Hilfe. Zwar hatte auch ich vor meiner Einweihung in den Ersten-Reiki-Grad schon viel über *Positives Denken* gelesen, aber erst mit meiner Reiki-Aktivierung gelang es mir persönlich viel einfacher, das Gelernte auch in die Praxis umzusetzen.

Reiki stärkt auf wunderbare Weise Körper und Geist. Grundsätzlich ist sicherlich jeder Mensch bei seiner Geburt mit der universellen Lebensenergie erst einmal verbunden, speziell bis zur sechsten Lebenswoche. Das sind diese sechs Wochen, in denen die meisten Babys sehr unempfindlich sind und von Natur aus ein starkes Immunsystem haben. Durch die dann folgende, starke Beeinflussung der Eltern, verlieren die Kleinen oft schnell den Kontakt zu ihrer eigenen inneren Stimme und die Verbundenheit mit der universellen Energie.

Reiki zu geben bedeutet, sich oder anderen Energie durch Handauflegen zu geben. Wie lebensrettend dies sein kann, berichtet die folgende, wahre Begebenheit:

Es war eine dramatische Geburt: Kyrie und Brielle sind eineiige Zwillinge und kommen drei Monate zu früh auf die Welt. Kyrie, die größere von beiden, entwickelt sich prächtig, doch Brielle kränkelt und muss ständig künstlich beatmet werden. Das Baby ist inzwischen so geschwächt, dass es blau anläuft und das Herz stottert. Der Puls sinkt ins Bodenlose.

Da hat die Nachtschwester plötzlich eine Eingebung und legt die vom Tod bedrohte Brielle zu ihrer Schwester in deren Brutkasten.

Kaum liegt sie drin, traut die Pflegerin ihren Augen nicht, denn Kyrie legt den Arm um ihre sterbende Zwillingsschwester, und von diesem Moment an geht es aufwärts mit Brielle.

Kyrie gibt ihr Energie, und Brielle überlebt nicht nur, sondern muss von da an auch an keine Apparate mehr angeschlossen werden.

Energie übertragen kann jeder Mensch.

Wenn eine Mutter ihrem kranken Kind die Hand auflegt, so hat das sicherlich eine hilfreiche Wirkung. Sie gibt aber dann von ihrer eigenen Energie ab, und wenn die Mutter dies öfter macht, wird sie sich bald selbst ganz müde und kraftlos fühlen.

So geht es vielen Müttern, die sich über einen längeren Zeitraum um kranke Kinder kümmern müssen. Nach einer gewissen Zeit fühlen sie sich matt und energielos.

Mit Reiki ist das ganz anders.

Oft werde ich gefragt: „Wie bewältigen Sie bloß Ihren Tagesablauf? Vier zum Teil noch kleine Kinder, ganztags berufstätig und noch Zeit, an einem Buch zu schreiben und Vorträge zu halten."

Doch dann entgegne ich: „Wie schaffen Sie bloß Ihren Alltag, ohne in Reiki eingeweiht zu sein?" Denn die meisten Mütter haben heutzutage ebenfalls viel zu tun, egal ob mit einer zusätzlichen Berufstätigkeit oder *nur* zu Hause, und viele sind zusätzlich in diverse ehrenamtliche Tätigkeiten eingebunden.

Heutzutage werden zwar Reiki-Kurse, Heilsteine und belebtes Wasser von manchen Menschen aus Unkenntnis noch belächelt, aber das war vor zwanzig Jahren mit den Aroma-Ölen auch, und inzwischen gibt es kaum noch Haushalte, in denen nicht mindestens eine Duftlampe steht. Sehr viele Menschen setzen die Aroma-Öle auch gezielt therapeutisch ein, z. B. Kümmelöl gegen Blähungen, Lemongras oder Teebaumöl vorbeugend gegen Insektenstiche und Mandarine zum Entspannen oder Meditieren.

Auch die vor zehn Jahren noch von so vielen Leuten als esoterischer Unfug abgelehnten Salzlampen haben inzwischen in unzähligen Wohnungen Einzug gehalten und tragen so durch die Luftionisierung nicht nur zum Wohlbefinden, sondern vor allem auch zur Gesundheit bei.

Es wird mit Sicherheit auch bald der Zeitpunkt kommen, an dem sich viel mehr Menschen den Kristallen, Reiki und anderen östlichen Lehren zuwenden, denn mittels Einweihung an die universelle Lebensenergie angeschlossen zu sein bedeutet, den Körper zur Gesundheit zu führen. Man erhält ein zusätzliches Kraftpotenzial für sich selbst oder kann auf Wunsch auch anderen Menschen eine Hilfe sein.

Wenn ich unseren Kindern bei Bauchschmerzen die Hände auf den Leib lege, dann übermittle ich ihnen nicht meine Energie, meine eigene Kraft, sondern lasse Reiki fließen. Schon nach wenigen Minuten fühlen sich dann nicht nur die Kleinen besser, sondern ich ebenso.

Eine Reiki-Einweihung in den Ersten-Reiki-Grad bedeutet, dass man selbst jederzeit in der Lage ist, sich zusätzliche Kraft aus dem Universum zu holen. Für sich selbst oder für andere. Wenn eine Mutter z. B. ihrem kranken Kind die Reiki-Energie überträgt, dann regt sie damit die Selbstheilungskräfte des kindlichen Körpers an.

Wunderbar ist dabei zusätzlich, dass es der Reiki-spendenden Person dadurch selbst auch besser geht, denn die Reiki-Spenderin ist ein Kanal. Sie stellt ja die Reiki-Energie nicht selbst her, gibt nicht ihre persönliche Kraft, sondern holt sich die *Universelle Lebensenergie* (mittels einer Bitte nach der Einweihung in den Ersten-Reiki-Grad möglich). Diese fließt dann durch sie hindurch und kann an andere Personen über die Hände (sogar über die Füße) weitergegeben werden. Etwas von der heilenden Energie verbleibt aber im *Reiki-Kanal* (Reiki-Kanal ist der Reiki-Spender, z. B. die Mutter) und dadurch fühlt er sich anschließend ebenfalls gekräftigt.

Die Reiki-Einweihungen, zusammen mit dem Erlernen der Naturgesetze und richtigem Denken, stärken das Immunsystem derart, dass *Reiki-Mütter* weniger erkranken. Und wenn es einen doch mal erwischt, etwa ein kräftiger Schnupfen, da man zur Zeit fürchterlich *die Nase voll hat*, ist der Krankheitsverlauf nach Reiki-Einweihungen nicht mehr so langwierig. Ich selbst bin da ein gutes Beispiel.

Vor meiner Einweihung in den Ersten-Reiki-Grad hatte ich manchmal bis zu acht schwere Erkältungen im Jahr einschließlich Fieber, Husten und Kopfschmerzen. Nur durch die Einnahme von mehreren Packungen Antibiotika pro Erkrankung kam ich wieder auf die Beine.

Doch mit Reiki war ich kaum noch krank, hatte höchstens einmal einen halben Tag Halsschmerzen, und die überstehe ich mittels eines reinen Seidentuchs auch sehr gut. (Bei Halsschmerzen ist ein Tuch aus reiner Seide ein wunderbares Natur-Heilmittel, gerade auch für Babys und Kinder geeignet.)

Durch die Reiki-Einweihungen wird nicht nur das Immunsystem gestärkt, sondern diese schützen auch vor geistigen Manipulationen.

Wer an Gott glaubt, kann auch den Teufel nicht verleugnen.

Es gibt *positive Energieformen* ebenso wie *negative Energieformen.* Beide sind sehr kräftig. Letztere werden z. B. von Satanssekten eingesetzt, oft auch von schwarzen Magiern und Hexen.

Der Traum vom großen Glück ...
HOLLYWOOD
Ja, Arnie!

Positive Energien empfangen Kirchen, diverse Glaubensgemeinschaften, Eingeweihte, Reikis und viele mehr. Kardinal Ratzinger sagt: „*Zu Gott führen so viele Wege wie es Menschen gibt.*“ Ich selbst respektiere und achte jede religiöse Gemeinschaft, die nicht manipuliert oder gar Abhängigkeiten schafft und den Mitgliedern stets ihre Entscheidungsfreiheit lässt.

Auch die irrtümlicherweise oft so bewunderten weißen Hexen arbeiten nicht im *göttlichen Sinn*, denn auch sie manipulieren, mischen sich ein unter dem Deckmantel, doch nur Gutes zu tun (natürlich gegen anständige Bezahlung). Sie versuchen Veränderungen herbeizuführen, die von den beteiligten Personen meistens gar nicht erwünscht werden.

So geht Frau X zu einer weißen Hexe, weil ihr Ehemann sie wegen einer Geliebten verlassen hat. Sie bittet die Hexe, durch magische Rituale zu bewirken, dass der Treulose zurückkehrt, da sie ihn immer noch so sehr liebt und nicht alleine leben möchte.

Hexenrituale können das Unterbewusstsein manipulieren und möglicherweise kehrt der treulose Gatte tatsächlich zu seiner Ehefrau zurück. Doch solche Einmischungen sind nicht in göttlichem Sinne und ziehen dann andere negative Auswirkungen automatisch wieder nach sich, nicht aus Bestrafung, sondern das ist das Gesetz der Natur. Was du säst, wirst du ernten. Wenn du den freien Willen, die Entscheidungsfreiheit deiner Mitmenschen nicht akzeptierst und sogar mittels Energieformen änderst, wirst du selbst zum Opfer dieser negativen Energieformen werden. Du erhältst zurück, was du gegeben hast – immer. Eines Tages, mit absoluter Sicherheit.

Wahre Reiki-Eingeweihte akzeptieren den Wunsch und Willen ihrer Mitmenschen und lernen auf den Seminaren: Nicht die anderen verändern zu wollen, sondern sich selbst zu verändern ist der einzig wahre Weg.

Wie sieht eine Reiki-Einweihung nun aus? Die Aktivierung kann nur über eine(n) qualifizierte Lehrer(in) erfolgen. Doch auch hier gilt es, wachsam zu sein. Nicht jeder, der (die) sich als Reiki-Lehrer(in) ausgibt, ist automatisch ein guter Mensch.

Auch fromme und freundliche Gesichter können täuschen;
verlass dich nicht auf sie.

(Hermann Hesse)

Es scheint aber von Vorteil zu sein, wenn die *Chemie* zwischen Reiki-Lehrer und Reiki-Schüler stimmt. Doch selbst wenn das nicht der Fall ist, kann ein(e) Lehrer(in) der (die) Geeignetste sein, eben auf dieser Lebensstrecke. In Reiki-Zentren werden oft Infoabende gehalten und man kann sich einen ersten Eindruck verschaffen. Schön sind dort auch die angebotenen Reiki-Treffen, auf denen man zum Erfahrungsaustausch Gelegenheit hat oder sich weiterbilden kann.

Doch es gibt auch viele hervorragende freie Reiki-Lehrer(innen), die alleine arbeiten und keiner Organisation angehören wollen. Ich persönlich habe solche Einzeleinweihungen bei freien Lehrerinnen bevorzugt, da standen diese mir zwar nicht für ein ganzes Wochenende zur Verfügung, denn es genügte ein Tag für das Reiki-Seminar. Doch ich empfand damals den Zeitraum als ausreichend, zumal mich die Reiki-Einweihungen bei den verschiedenen Graden stets immens ermüdeten.

Ein entscheidender Aspekt sollten jedoch auch die Kosten des Seminars sein. Zum Glück ist ein Reiki-Seminar heute bezahlbar geworden, auch für geringer verdienende Menschen. (Und ein bisschen darauf zu sparen schadet nichts, sondern lässt besser erkennen, dass man ja auch etwas Wertvolles für sein Geld zurückerhält. Verschenkte Reiki-Kurse sind meistens wirklich umsonst gewesen, lehrte uns die Vergangenheit.)

Früher jedoch kosteten einzelne Grade fünf- bis zehntausend Euro und aus diesem Grund blieb sich in Reiki einweihen zu lassen lange Zeit nur der gesellschaftlichen Oberschicht vorbehalten. Doch ich meine: Reiki ist für alle da!

Gerade den heutigen Frauen und Müttern kann Reiki so enorm bei der Bewältigung ihrer vielen alltäglichen Aufgaben helfen. Die Reiki-Aktivierungen bedeuten nämlich nicht zusätzliche Verpflichtungen, sondern Zeitersparnis durch mehr Kraft und die Heilungsmöglichkeiten der *Unerschöpflichen Lebensenergie.*

Trotzdem ist es besser, nicht gleich zu hohe Erwartungen an die Veränderung nach einem Reiki-Kurs zu stellen. Wenn es auch bei vielen Menschen zu überraschenden Heilungen und Verbesserungen der Lebensqualität kam, so muss das nicht grundsätzlich so sein. Ausschlaggebend scheinen die gedanklichen Veränderungen zu sein, das wirkliche Erlernen der Reiki-Lebensregeln und ihr tägliches Einhalten im Alltag.

Menschen, die über Jahrzehnte gezwungen wurden, ihre wahren Empfindungen und Gefühle zu unterdrücken (häufig Männer), spüren anfangs nach der Einweihung manchmal noch nicht gleich den Reiki-Fluss in ihren Handchakras. Je mehr Reiki-Ganzkörperbehandlungen sie jedoch im Laufe der Zeit an sich selbst praktizieren, desto stärker entwickelt sich auch das Empfinden für den Reiki-Energiefluss.

Nach der Einweihung in den Ersten-Reiki-Grad ist es ratsam, sich selbst vier Tage in Folge die komplette Reiki-Ganzkörperbehandlung zu geben, das heißt jede gelernte Handposition für ca. drei bis fünf Minuten einzuhalten und dabei auch speziell den Rücken intensiv mitzubehandeln (siehe 12. Kapitel: Reiki-Ganzkörper-Eigenbehandlung, Seite 199). Die ersten drei Tage sind notwendig zum Reinigen, Entgiften und Lösen der alten Verhaltensmuster, der vierte Tag steht für den Neubeginn, die Neustrukturierung, das wahre Sein. Falls man aus Müdigkeit einschläft, die Ganzkörperbehandlung nicht bis zu den Schlusspositionen ausgeführt hat, muss erneut mit dem ersten Behandlungstag begonnen werden.

Da aber auch Heilreaktionen (siehe Seite 203) möglich sind, ist es ratsam, die 4er-Serie der Ganzkörper-Behandlungen erst dann zu machen, wenn man zu dieser Zeit nicht gerade vor einer Prüfung oder schweren beruflichen Verpflichtung steht, oder sich in sonst einer anstrengenden Lebenssituation befindet, die durch aufkommende Heilungsschmerzen dann vielleicht noch schwerer zu überstehen wäre.

„Gestern war ich so müde und obwohl ich die vierte Reiki-Ganzkörperbehandlung auf dem eher ungemütlichen Teppich ausgeführt habe, bin ich wahrscheinlich bereits bei der Solar-Plexus-Position tief und fest eingeschlafen. Muss ich jetzt wirklich von vorne anfangen?“, fragte mich Brigitta am Telefon.

„Ja, meine Liebe, es müssen vier zusammenhängende Tage sein. Du kannst nicht heute einfach den Tag als vierten Tag bestimmen und dabei wäre er gestern gewesen. Wenn du heute erneut beginnen möchtest, ist das dein erster Reiki-Ganzkörperbehandlungstag.“

„Ach, es ist eine Katastrophe“, stöhnte Brigitta weiter. „Ich mache schon zum x-ten Mal den Anfang. Jedes Mal schlafe ich mitten in der Behandlung wieder ein. Reiki ist ja so entspannend. Bis ich abends aus dem Geschäft zu Hause bin, scheine ich zu müde zu sein.

Den ersten Abend probierte ich die Reiki-Ganzkörperbehandlung abends im Bett aus und bin innerhalb von fünf Minuten eingeschlafen. Den nächsten Abend legte ich mich im Wohnzimmer auf die Couch. Aber auch hier schaffte ich nicht viel mehr Handpositionen, wechselte nur zum Schlafen irgendwann in der Nacht von der Couch ins Bett.

Schließlich habe ich begonnen, die Übungen auf dem Teppich zu praktizieren und nach einiger Zeit nun wirklich zum ersten Mal drei Tage hintereinander durchgezogen, ohne dabei einzuschlafen. Ausgerechnet gestern, am vierten Tag schlief ich dann doch wieder ein."

Ich lachte: „Ja, die Reiki-Energie gibt dem Körper, was er benötigt. In deinem Fall scheint es mehr Schlaf zu sein." „Ja, sicher hast du Recht, vielleicht sollte ich öfter mal etwas zeitiger schlafen gehen. Ich muss sagen, dass mir die Energie trotzdem sehr gut tut und ich das sanfte Fließen aus meinen Handchakras als wunderbar angenehm empfinde.

Gestern lernte ich jedoch zufällig auf einem beruflichen Seminar einen Mann kennen und er erkannte meinen kleinen Reiki-Anstecker auf dem Pullover. Allerdings schilderte er mir auch seine Enttäuschung, denn er war ebenfalls in Reiki eingeweiht worden und verspürte keinen Energiefluss."

„Ja, je weniger Ganzkörperbehandlungen du machst, desto mehr Blockaden können in deinem Energiesystem vorhanden sein und du bemerkst das Fließen nicht richtig. Gerade bei Männern, die häufig in ihrer Kindheit ihre angeborene Sensitivität nicht ausleben durften, konnten wir das manchmal feststellen.

Jahrzehntelang haben sie ihre Gefühle unterdrücken müssen, durften ihre weibliche Seite nicht ausleben, nicht mit Puppen spielen, nicht weinen, sollten immer stark und männlich sein. Durch dieses viele Unterdrücken der Sensitivität verloren sie ihren Zugang zum Gefühl und manchmal hat es tatsächlich einige Monate gedauert, bis das Fließen der Reiki-Energie bewusst wahrgenommen wurde.

Trotzdem ist die Wirkung von Reiki stets vorhanden, ganz egal, ob der Reiki-Eingeweihte die Energie selbst auch spürt oder die Positionen einfach nur nach Zeitplan oder Intuition einhält. Aber Ganzkörperbehandlungen über einen längeren Zeitraum haben hier wunderbar Abhilfe geschaffen und zum verlorengegangenen Gefühl zurückgeführt."

Manchmal meint man, dass die Einweihung in den Ersten-Reiki-Grad keine Verbesserung zu bringen scheint. Doch geschieht das fast ausschließlich bei denjenigen, die zu keiner Veränderung in ihrem Leben bereit sind, sich nicht aus dem alten Muster lösen wollen.

Bei einer meiner Reiki-Schülerinnen fiel mir dies besonders auf. Sie schimpfte über jedes Familienmitglied und es gelang mir noch nicht, sie zu überzeugen, dass sie selbst diejenige war, die so viel Unheil und Leid in ihren Alltag brachte.

Zwar wünschte sich Frau H., von den Schmerzen ihrer Arteriosklerose befreit zu werden und ließ sich daher in Reiki einweihen, doch als sie erfuhr, dass *nicht ich* sie zu heilen beabsichtigte, sondern sie lehren wollte, wie sie es selbst tun konnte, war sie sehr enttäuscht.

Arteriosklerose: *Widerstand, Spannung, sture Engstirnigkeit, weigert sich, das Gute im Leben zu sehen.*

So lautet der seelische Grund dieser Erkrankung nach den Angaben von Louise Hay, der Autorin des wichtigen Nachschlage-Werks *Gesundheit für Körper und Seele.*

Während des Reiki-Seminars bat ich Frau H., zukünftig ein wenig mehr Liebe in ihr Leben fließen zu lassen und sie meinte daraufhin lapidar: „Dann sollen sich erst mal die anderen mir netter gegenüber verhalten!"

Trotzdem ist eine Einweihung in den Ersten-Reiki-Grad nie verloren, denn auch wenn man sich momentan nicht dazu entschließen kann, den liebevolleren Weg zu gehen, so kann man doch jederzeit in naher und auch ferner Zukunft die Richtung ändern und sich dann eben doch verbinden mit der wunderbaren

unerschöpflichen Quelle der Lebensenergie.

„Warum liebst du Reiki so sehr? Es gibt so viele Heilmethoden, was fasziniert dich speziell an Reiki?", fragte Claudia, eine ehemalige Klassenkameradin aus der Grundschulzeit. Wir trafen uns nur alle paar Jahre und fühlten uns doch immer sofort erneut inniglichst verbunden, obwohl unsere Lebenswege vollkommen unterschiedlich verlaufen waren.

„Das ist ganz einfach: Meine Hände habe ich immer dabei", antwortete ich schmunzelnd, „und somit stets die Chance, etwas zu bewirken. Zu helfen oder zu beruhigen, zu kräftigen oder vielleicht sogar zu heilen. Auf unserem letzten Urlaubsflug habe ich es ganz besonders schön erleben dürfen. Soll ich dir darüber berichten?", fragte ich vorsichtshalber. „Ja, es interessiert mich, bitte erzähle!", antwortete Claudia und ich begann:

„Ich saß gemütlich in meinen Sitz zurückgelehnt und freute mich auf unseren Jahresurlaub, den wir meistens auf der schönen Ferieninsel Gran Canaria verbringen. Dort ist es im Sommer nicht zu heiß und im Dezember sogar noch 25 Grad warm, meistens herrscht ein wunderbares Klima, das ganze Jahr über. Ich freue mich immer ganz besonders darauf, wenn ich die Weihnachtsferien dort verbringen kann. Der ganze Rummel in Deutschland ist mir zu viel. Von Besinnung und Ruhe keine Spur, die Adventszeit ist nur noch eine Hetze von einer Weihnachtsfeier zur nächsten, vor allem wenn man vier schulpflichtige Kinder hat, die auch noch in allen möglichen Sportvereinen sind. In den ersten Januarwochen sind viele Menschen dann krank, weil der Körper sich diese Weise die versäumte Ruhephase nachholt. Daher verzichte ich inzwischen lieber auf den Sommerurlaub und verschwinde kurz vor Weihnachten ab in die Sonne.

Unsere Kinder schauten im Flugzeug einen Film über das Bordvideo und ich begann in einem Buch zu lesen.

„Wenn ein Arzt an Bord ist, möchten wir ihn bitten, sich umgehend bei einer unserer Stewardessen zu melden." Diese Durchsage holte mich in die Gegenwart zurück und ließ mich mein Buch wieder beiseite legen. Was war wohl passiert? Ich schaute eine Weile umher, hoffentlich betraf es nicht den Flugkapitän, doch ich konnte nichts Ungewöhnliches bemerken, vor allem auch keine sonderliche Hektik bei den Stewardessen. Diese servierten weiter mit freundlichem Lächeln Getränke an die Passagiere.

So las ich weiter in meinem Buch. Einige Zeit war vergangen, da zupfte mich unser mittlerer Sohn am Ärmel. „Mami, dahinten ist eine Frau ohnmächtig und keiner hilft ihr. Ich war soeben auf der Toilette und habe mitbekommen, dass sich kein Arzt gemeldet hat", schilderte er mir ganz aufgeregt. „Okay, ich schaue, was ich tun kann", beruhigte ich ihn. Denn gerade unser mittlerer Sohn Nico kann es nicht ertragen, jemanden in seiner Umgebung leiden zu sehen und wandte sich stets gleich an mich. Ich war zwar kein Arzt, aber vielleicht fand ich doch eine Möglichkeit, der Frau zu helfen.

Rasch griff ich nach den Rescue-Bachblüten in meiner Schminktasche und begab mich zu der Stewardess. Diese beugte sich gerade über die Passagierin und schob ihr ein Kissen in den Nacken. „Hat sich kein Arzt gemeldet?", fragte ich und sie schüttelte den Kopf. „Sind Sie Ärztin?", fragte sie angespannt. „Nein", entgegnete ich und meine Gedanken begannen durch den Kopf zu rasen. Was sollte ich nur schnell antworten? *Ich bin Reiki-Meisterin* würde in den Ohren der Stewardess wahrscheinlich klingen wie: *Ich bin Voodoo-Zauberin.*

Die ohnmächtig gewordene Passagierin erlangte gerade wieder langsam ihr Bewusstsein und ich wusste plötzlich mit einer absoluten Sicherheit: Ich konnte ihr helfen. Doch dazu musste ich zu ihr gelangen.

Sollte ich sagen: Ich bin Heilpraktikerin? „Ich bin im Naturheilkundebereich tätig", antwortete ich dann doch lieber wahrheitsgetreu, sah der Stewardess dabei fest in die Augen, forderte sie mittels Reiki-Meisterkraft gedanklich auf, mich umgehend zu der bleichen Frau vorzulassen (Reiki-Meisterkraft des Willens, in dieser Form nur nutzbar um zu helfen und erst praktizierbar nach langjährigem positiven Dienen an den Mitmenschen). Sogleich trat die Stewardess einen Schritt beiseite und ich beugte mich zu der bleichen Frau.

„Meine Name ist Gabriela Hilf, ich bin Reiki-Lehrerin und kann Ihnen helfen", stellte ich mich ihr leise und unhörbar für Mitreisende vor. Sie schaute mich dankbar an. „Ich habe hier Bachblüten-Notfall-Tropfen, möchten Sie davon welche einnehmen?" fragte ich und die Frau nickte leicht. Ich bat die Stewardess um ein Glas Wasser und gab dem daneben sitzenden besorgten Begleiter der Frau die Notfall-Tropfen. Er träufelte vier Tropfen mittels Pipette in das gereichte Wasserglas und sie trank in kleinen Schlucken langsam das Glas leer.

Rescue Remedy – Tropfen für den Notfall – sind eine Mischung aus fünf Bachblüten, die Unruhe und Angst lindern und generell die psychische Stressreaktion nach einer Krisensituation, einem großen Schrecken oder einem Unfall lindern. Im Notfall werden ein bis zwei Tropfen unverdünnt unter die Zunge geträufelt oder vier Tropfen verdünnt in etwas Wasser eingenommen. Die Notfall-Tropfen ersetzen aber keinen Arzt, sondern helfen, die Zeit der psychischen Belastung erträglicher zu machen, bis zum Eintreffen des Arztes.

„Wenn Sie möchten, gebe ich Ihnen Reiki. Das ist eine Energie, die man über die Hände in den Körper leiten kann", erklärte ich ihr und sofort stimmte sie zu, ohne weitere Erklärungen von mir zu benötigen. So nahm ich neben ihr Platz, stellte mir gedanklich eine kurze Reinigung meiner Hände in einem fließenden Gebirgsbach vor und bat um die *himmlische Eingabe*, an welcher Stelle ich die Hände am besten auflegen könnte.

Intuitiv hielt ich nun die eine Hand auf das Dritte-Auge-Chakra (Stirnmitte) und die andere gegenpolig auf das Jadetor (oberer Hinterkopf). Anschließend bat ich um Reiki und wollte gerade in meine Mitte versinken, als mich mein Verstand fast vollkommen durchrüttelte: Der Piccolo! Ich hatte vorhin ganz gemütlich einen Piccolo getrunken und jetzt war ich sicher überhaupt nicht in der Lage, Reiki zu geben.

Unter Einwirkung von Alkohol oder Drogen funktioniert die Energieübertragung nicht. Wenn wir im Sommer nach Abschluss unserer Reiki-Gruppenübungs-Seminare in ein Gartenlokal gingen, bemerkten wir, dass alkoholische Getränke in Verbindung mit den vorherigen Reiki-Energie-Aufnahmen wesentlich stärker wirkten. Ich fühlte mich einmal nach einem einzigen Glas Rotwein sogar so berauscht, dass ich mein Auto stehen ließ. Seitdem bevorzugte ich es, nach Reiki-Seminar-Abenden Wasser zu trinken.

Um Himmels willen, was würde jetzt passieren. Würde ich gleich einen Rausch bkommen oder würde erst gar keine Reiki-Energie fließen? War ich als Spenderin im Moment ungeeignet? Ausgerechnet jetzt hatte ich keinen einzigen Heilstein griffbereit, den ich der Dame stattdessen hätte anbieten können. Vor Beginn der Ferienreise hatte ich diesmal so viele verschiedene Kristalle in mein Steine-Täschchen gepackt, dass es mir als Handgepäck zu schwer wurde und ich das Täschchen noch schnell in eine aufzugebende Reisetasche umgepackt hatte.

Leider war dabei auch mein Aventurin-Heilstab, den ich sonst stets bei mir trug. Er hätte gerade jetzt wunderbare Dienste leisten können. Menschen mit Kreislaufschwächen verleiht er Energie, allein durch das Halten in einer Hand.

„Lieber Gott, bitte lass mich jetzt bitte nicht im Stich!“, beschwor ich meinen *Himmlischen Vater* inniglichst. „Wenn ich gewusst hätte, dass ich auf dem Flug noch Reiki-Energie geben muss, hätte ich mir nie Sekt zum Essen bestellt. Du weißt doch, dass ich es seit vielen Jahren auf jedem Urlaubsflug ritualmäßig so handhabe. Aber wenn der Passagierin sonst niemand half, war es doch einfach meine Pflicht, ihr Reiki-Energie anzubieten, auch mit einem Piccolo intus, oder?“

„Oh, tut das gut, ist das angenehm warm, ich spüre ganz deutlich, wie meine Kräfte zurückkehren!“, holten mich die Worte der Frau aus meinem *Gebet* heraus. Und tatsächlich, vor lauter Angstgedanken, dass Reiki nicht funktionieren könnte, hatte ich gar nicht bemerkt, wie wunderschön sanft und gleichmäßig diese Energie aus meinen Händen strömte.

„Das finde ich jetzt aber toll, dass ihr da oben mich nicht hängen lasst, vielen Dank!“, atmete ich innerlich auf und wechselte meine Handposition, indem ich nun beide Hände nebeneinander auf das Herz-Chakra der Frau legte.

Nein, auch die alkoholische Wirkung des zuvor getrunkenen Piccolos schien sich diesmal in meinem Körper durch Reiki nicht zu verstärken, ich fühlte mich wohl und brauchte nicht zu befürchten, dass ich später durch die Gänge des Fliegers torkelte.

„Machen Sie bitte Platz, ich bin Arzt“, riss mich eine tiefe Männerstimme erneut aus meinen Gedanken. Ups, wo kam der denn jetzt plötzlich her? Erstaunt schaute ich auf. Ein älterer Herr mit grauen Schläfen schaute mich kritisch an, wahrscheinlich kein Freund der Naturheilkunde. So dankte ich leise für den Erhalt der Reiki-Energie, wusch visuell erneut meine Hände in einem Bach und sagte zu der Frau: „Fein, dann sind Sie ja jetzt gut aufgehoben und werden doch noch medizinisch versorgt. Ich wünsche Ihnen weiterhin gute Besserung.“

Sie schien mich jedoch nur ungern gehen zu lassen. „Bitte bleiben Sie!“, signalisierten mir ihre Augen, doch ich hielt es für besser, dem Arzt meinen Sitzplatz zu überlassen und kehrte nach der kurzen Verabschiedung zu meiner Reihe im Flugzeug zurück.

Mein vor mir sitzender Gatte schien von meiner Hilfsaktion gar nichts mitbekommen zu haben, nur unser Sohn Nico, der neben mir saß, fragte fürsorglich: „Mami, hast du der Frau helfen können?“, „Ja, ich denke schon, die Notfall-Tropfen und das Reikigeben haben sie auf jeden Fall gestärkt. Jetzt hat sich aber doch noch ein Arzt an Bord eingefunden und der versorgt die Frau weiter.“

„Wo war denn der Arzt die ganze Zeit vorher?“, wollte Nico von mir wissen. „Keine Ahnung, vielleicht war er eingeschlafen und man hat ihn erst wecken müssen. Du schläfst doch auch bei fast jedem Flug ein, spätestens wenn der Landeanflug beginnt.“

Der Kleine stülpte sich die Kopfhörer wieder über die Ohren und widmete sich dem Film auf dem Monitor.

Wie schön, dass ich in Reiki eingeweiht worden war, meine Hände hatte ich stets dabei und immer war man als Reiki-Eingeweihte(r) in der Lage, mit der Reiki-Energie etwas zu erreichen, für sich und auch für andere Menschen. Egal in welcher Situation, ob im Notfall oder beim Warten in einer Arztpraxis, beim Frisör, im Supermarkt. Oft gab ich den Kindern Reiki-Energie beim Zahnarztbesuch, vorausgesetzt, sie benötigten keine Betäubungsspritze. Reiki löst Betäubungen auf und man darf zum Beispiel nie während einer Operation Reiki-Energie geben. Doch über diese Ausnahmeregelung informiert die (der) Reiki-Lehrer(in) auf den Reiki-Seminaren.

„Lass mich bitte noch mal durch!", bat mich unser Sohn Nico schon wieder und er schien nochmals die Toilette aufsuchen zu wollen. Wahrscheinlich war ihm der Film zu langweilig und lieber schaute er sich im Flugzeug um. Als er von seinem Streifzug zurückkam, sagte er: „Bei der Frau, die vorhin ohnmächtig war, ist ja gar kein Arzt. Sie lehnt ziemlich bleich in ihrem Sitz."

Aha, das hatte ich mir doch gedacht. Nico interessierte ein behandelnder Doktor live wesentlich mehr als ein Video-Film, daher dieses erneute Aufsuchen der Toilette.

Ich warf einen kurzen Blick auf meinen Göttergatten. Dieser liebte meine ganz privaten Hilfsaktionen während unserer knapp bemessenen Familienfreizeit ja nicht sonderlich. „Lass andere Leute ihre Probleme selbst meistern, kümmere dich um unsere vier Kinder und mich, da hast du genug zu tun!", hörte ich ihn innerlich sagen und antwortete still für mich: „Euch geht es bestens und der Frau in den hinteren Sitzreihen nicht, basta!"

Da stand ich auf und ging nochmals zu ihr. „Hat der Arzt Ihnen helfen können?", fragte ich und sie schüttelte den Kopf. „Er hat nur den Blutdruck gemessen und mir empfohlen, nach der Landung einen Arzt in Gran Canaria aufzusuchen. Dann ist er sofort wieder verschwunden. Aber als Sie mir vorhin die Hände auflegten, das tat ja so gut", schwärmte die Frau so sehr, dass ich mich spontan dazu entschloss, ihr nochmals Reiki-Energie anzubieten. „Möchten Sie, dass ich Ihnen nochmals eine kleine Reiki-Anwendung gebe?", fragte ich leise. „Oh, das wäre wunderbar, ich wünschte es mir so sehr, traute mich jedoch nicht, Sie darum zu bitten", antwortete die Frau und sah mich dabei so flehentlich mit ihren dunkelbraunen Augen an, dass ich sofort ihren Sitznachbarn bat, mit mir die Plätze im Flugzeug für fünfzehn Minuten zu tauschen.

„Welcher ist denn Ihr Platz?“, fragte er freundlich. „Dort vorne, bei den vier Kindern, der freie Platz direkt am Gang“, antwortete ich und bemerkte, dass er froh zu sein schien, zur Abwechslung mal bei vier quirligen Kindern zu sitzen, anstatt eine Nachbarin zu haben, bei der er befürchten musste, sie könnte jeden Moment wieder ohnmächtig werden. Nun, umso mehr würde der Mann später auch die Ruhe wieder zu schätzen wissen, schmunzelte ich still, während ich den Platz einnahm.

Und jetzt? Was mache ich jetzt? Ich überlegte kurz und bat dann erneut meine *Innere Führung* um die *intuitive Eingabe* der richtigen Handpositionen. Danach setzte ich mich so bequem wie möglich hin, schließlich wollte ich nicht wegen einer unvorteilhaften Körperhaltung selbst Rückenschmerzen bekommen.

Ich ging gedanklich in *meine Mitte,* reinigte wie vor jeder Reiki-Behandlung visuell meine Hände mit Wasser, bat um Reiki-Energie und führte diese, geleitet von meinem Inneren, auf das Herz-Chakra. Möglicherweise war die Frau vor Flugangst ohnmächtig geworden. Vielleicht flüchtete sie aus der Situation, gefangen im Flugzeug zu sein, lieber in eine Bewusstlosigkeit, um diese Lage nicht länger ertragen zu müssen?

Indem ich ihr über das Herz-Chakra Reiki-Energie gab, bewirkte dies mit hoher Wahrscheinlichkeit ein Auflösen der Ängste.

Für mich ist Reiki-Energie: *Liebe pur.* Liebe in Energieform, die stärkste Kraft auf Erden. Alles andere muss dieser Kraft weichen. Keine negative Schwingung, kein Angstgefühl kann im Körper bleiben, wenn dieser mit der Energie *Liebe* gestärkt wird.

Während ich die Frau erneut mit Reiki-Energie versorgte, bemerkte ich auch bei mir die wunderbare Ausgeglichenheit und harmonische Kraft, die mich jedes Mal begeistert, wenn ich Menschen mit der Reiki-Energie behandle. Denn als Reiki-Vermittler(in) ist man Kanal, man bittet um die *Universelle Lebensenergie*, erhält sie aus dem Universum und kann sie für sich nutzen oder anderen Personen weiterreichen. Dabei bleibt aber auch stets ein wenig Reiki-Energie für einen selbst übrig, die dann im eigenen Körper positive Wirkungen erzeugt.

Allerdings ist dringend darauf zu achten, erst um Reiki-Energie zu bitten, wenn man auch wirklich durch eine(n) gute(n) Reiki-Lehrer(in) in den Ersten-Reiki-Grad eingeweiht worden ist. Ohne die notwendige

Reiki für Tiere

Schwingungserhöhung des Körpers kann Energiearbeit psychisch und physisch schädigen.

„Mama, was macht denn die Frau vor uns?", wollte ein kleiner Junge in der Sitzreihe hinter uns wissen und ich staunte über die vernünftige Antwort: „Sie gibt Energie durch Handauflegen, dadurch erhält die Frau, die vorhin ohnmächtig geworden ist, wieder Kraft!"

Wow, das war ja eine wunderbare Erklärung. Ich freute mich, dass das Reikigeben inzwischen so gut von der Umwelt akzeptiert wurde. Keine überraschten Gesichter mehr, keine Anfeindungen.

Zu Beginn der 90er Jahre sammelte ich meine ersten Reikierfahrungen bei Menschen und Tieren. Doch ich eckte mit mancher Hilfsaktion regelrecht an. Nicht nur, dass die Leute über mein Handauflegen in der Öffentlichkeit zutiefst verwundert waren, manche beschimpften mich sogar. Als ich einem im Schwimmbad verunglückten Kind die Hände über seinen schmerzenden Körper hielt, forderte mich die etwas später eintreffende Mutter unter wüster Wortwahl auf, sofort von dem Kind abzulassen und zu verschwinden. Traurig schaute mir der Kleine, als ich ging, nach und begann erneut zu weinen. (Zwei Tage später entschuldigte sich die Mutter allerdings für ihr Verhalten. Ich erfuhr, dass andere Badegäste ihr mein Tun erklärt hatten.)

Kindern lege ich meist vollkommen unkompliziert die Hände auf, einfach wo es sich gerade anbietet. Zum Beispiel eine Hand über der Stelle an der sich der Schmerz befindet und die andere Hand - falls es möglich ist - genau gegenpolig. So kann die eine Hand z. B. direkt über das schmerzende Knie gehalten und die andere Hand zur Kniekehle geführt werden. Häufig erkläre ich kurz, dass ich jetzt die Heilenergie Reiki gebe und ich achte genau auf die Reaktionen der Kinder. Wenn sich diese abwenden oder wegdrehen, höre ich sofort mit Reikigeben auf. Dieses Abwenden geschieht dabei nicht immer deutlich, sondern äußert sich oftmals auch nur in einem kleinen Zucken, doch dann ist der bis dahin gespendete Reikifluss ausreichend gewesen und mehr Energie nicht notwendig. Fast ausnahmslos lieben Kinder die gewölbten Handpositionen der Reiki-Spender, genießen die Energie und diese wirkt bei ihnen besonders rasch und erfolgreich.

Ebenso verhält es sich auch mit Tieren. Diese spüren sehr deutlich, welche Reiki-Energiemenge sie brauchen und wenden sich ebenfalls ab, wenn Reiki genügt.

Erwachsene Menschen frage ich fast immer, ob sie Reiki-Energie überhaupt haben möchten, vorausgesetzt, sie sind ansprechbar. Wenn ich in Situationen hineingerate, in denen Hilfe notwendig ist, und alle anderen lebenswichtigen Maßnahmen getroffen wurden wie z. B. Unfallstelle sichern, Notarzt rufen, stabile Seitenlage, aber auch Wertsachen des Betroffenen sichern, dann spende ich zur Überbrückung, bis Notarzt oder Sanitäter vor Ort sind, die Heilenergie nachdem ich gesagt habe: „Ich gebe Ihnen jetzt Reiki-Energie bis der Notarzt eintrifft."

Ich kann mich an keinen Fall im Laufe der vielen Jahre erinnern, bei dem ein Betroffener diese Art der Hilfe ablehnte. Meine Hände sind alles, was ich dazu benötige, die habe ich stets dabei und nie ließ mich die helfende Wirkung von Reiki im Stich.

So war es auch diesmal. Der Flugpassagierin ging es nach der knapp fünfzehnminütigen Behandlung über ihr Herz-Chakra wesentlich besser und als wir später gemeinsam wieder im gleichen Hotel-Zubringer-Bus saßen, hoffte das kinderlose Ehepaar, dass wir im gleichen Hotel aussteigen würden.

„Wohl kaum, wer bucht schon ohne Kinder freiwillig ein Kinderclub-Hotel", nahm ich ihnen die Illusion und die Frau antwortete: „Ja, wir haben eine ruhige Suite direkt am Meeresufer von Maspalomas gemietet." Nun schaute ich sie fast ein wenig neidisch an, atmete aber tief durch und dachte: Der Himmel wird's schon richten, dass auch ich ein bisschen Ruhe finden werde! Und so war es dann auch.

„Siehst du", liebe Claudia, „eine Geschichte von vielen. Bestimmt hundert Mal war ich im Laufe der letzten zehn Jahre in Situationen, in denen ich nur meine Hände dabei hatte, sonst nichts und stets konnte ich etwas erreichen, sinnvolle Hilfe bieten. Daher bin ich so dankbar, dass ich Reiki kennengelernt habe und liebe es so sehr.

Aber ich möchte immer wieder betonen, dass das Geben von Reiki-Energie eine Sache ist, aber seine persönliche Lebensweise zu ändern, ist oft genauso erforderlich. Mit dem Wissen über Reiki erhältst du eine neue Sichtweise, denn Reiki ist keine Religion oder Sekte, sondern eine Lebenseinstellung. Es ist notwendig, die fünf von Dr. Usui aufgestellten Lebensregeln auch wirklich zu praktizieren. Sie sind so einfach und doch so schwer, selbst als Reikimeister ist man gefordert, sie sich immer wieder mal neu ins Bewusstsein zu holen. Effektiv kann sein, wenn man sich die Regeln auf ein schönes Schild schreibt, dieses gut sichtbar an die Wand hängt und die Regeln täglich durchliest. Nur wenn man sie sich ständig aufs Neue vergegenwärtigt, fällt man nicht so leicht in das alte Muster zurück."

Die fünf Reiki-Lebensregeln
(neue Version)

1.) Gerade heute will ich dankbar sein.

Die Dankbarkeit schenkt unserem Leben Fülle. Sie schließt nicht nur ein, was uns bereits gegeben wurde, sondern die Gewissheit, den festen Glauben, dass wir immer alles bekommen werden, was wir brauchen. Leben wir im Geist der Dankbarkeit, dann beginnen wir, die Fülle geradezu anzuziehen – das ist ein Naturgesetz.

2.) Gerade heute will ich mich nicht sorgen.

„Sich sorgen" vergeudet unnötig Energie, kostet Kraft. Diese wäre viel besser im sinnvollen Anpacken der scheinbaren Probleme zu nutzen. Praktisches Handeln anstatt lähmende Ängste.

Außerdem kann „sich sorgen„ ein regelrechtes Anziehen der nichtgewünschten Situation bewirken – auch das ist ein Naturgesetz.

Anstatt dich zu sorgen triff alle Vorsorgen, die gemacht werden können, danach begib dich (dein Kind, die Angelegenheit etc.) in Gottes Hand.

3.) Gerade heute will ich nicht zürnen.

Ärger, Zorn, Hass, blind vor Wut. Das sind alles negative Energien die nur zerstören. Durch den Hass auf das, was ihm angetan wurde, wird das Opfer später oftmals selbst zum Täter und schafft so neue Opfer. Auch diese Opfer werden häufig später zu Tätern. Eine teuflische Endlosspirale entwickelt sich, die nur durch Liebe ein Ende finden kann.

Wer erkennt, dass der Täter fast immer zuerst ein Opfer war, kann leichter verzeihen und wer weiß, dass das Naturgesetz stets jedem zuspielt, was er verdient, der muss nicht mehr wütend sein – er kann eines Tages sogar Mitleid mit dem Täter empfinden, denn der erhält sowieso, was er verdient – Naturgesetz.

4.) Gerade heute will ich redlich arbeiten.

Wer redlich arbeitet, auf dessen Einnahmen liegt auch Segen. Wer Geld aber durch Lug, Betrug oder Ausbeutung verdient, dem bringt es kein Glück, sondern zieht automatisch Leid über das eigene Leben und das der Familie nach. Noch nie konnte ein Mensch, der über die Tränen seiner Mitmenschen zu Reichtum gelangte, von diesem Geld auch wirklich glücklich werden – Naturgesetz.

5.) Gerade heute will ich alle Wesen lieben und achten.

Voraussetzung dafür ist zu lernen, sich selbst zu lieben. Erkennen, dass man in keinster Weise weniger Wert ist als seine Mitmenschen. Sich sicher sein, dass man für dieses Erdenleben perfekt geschaffen wurde und zwar samt vermeintlicher Makel oder schlechten Eigenschaften. Diese gilt es zwar zu überwinden und abzulegen, doch waren sie zuvor für die Entwicklung notwendig. Niemand kann außerdem immer *„nur gut“* sein (höchstens scheinheilig).

Ohne Liebe zu sich selbst
ist jedoch Nächstenliebe unmöglich – Naturgesetz.

Wir stammen alle aus derselben Quelle und hängen voneinander ab. Es ist ebenfalls unmöglich, ein harmonisches und gesundes Leben zu führen, wenn die Erwerbstätigkeit beispielsweise mit Tierquälerei zu tun hat oder dem maßlosen Ausnutzen des Erdbodens (der Mutter Erde), der Tiere, der Menschen. Was ich anderen Wesen antue, tue ich stets automatisch mir selbst an – Naturgesetz.

„Sicherlich ist das alles schön und gut, theoretisch glaube ich daran aber praktisch schaffe ich es nicht. Kann es einfach nicht umsetzen. Ich bin eben doch furchtbar zornig in bestimmten Situationen oder ein andermal fast krank vor Angst", meinte Claudia weiter. „Ja, und genau dann kann dir das Geben der Reiki-Energie sehr helfen. Man lässt sie einfach zum *Sitz der Angst* oder des Zorns fließen, z. B. in den Magenbereich. Da die „Liebe" immer stärker ist als der „Hass" oder die „Angst" müssen diese Empfindungen weichen, wenn du deine Hand dort hinhältst und um die Reiki-Energie bittest.

Du kannst dir die Wirkung so vorstellen, wie wenn du eine Kerze in einem dunklen Raum anzündest. Licht ist immer stärker als Finsternis und erfüllt daher das Zimmer. Es gibt keine Dunkelheit, die Licht auslöschen kann, nur umgekehrt.

So muss auch das Negative deinen Körper verlassen, wenn du dich dem Positiven zuwendest, und du wirst dich daher auch erst einmal wohler fühlen. Natürlich können die gesamten negativen Schwingungen sich wieder einschleichen, wiederkehren, erneut zurückkommen. Meist sind die Muster auch so tief im Innern gespeichert, dass es mit zehn Minuten Reikigeben durch Handauflegen nicht mehr getan ist. Dies verbessert nur kurz die Situation und am nächsten Tag ist alles wieder beim Alten. Hier sollten tägliche Ganzkörper-Behandlungen ausgeübt werden." (Siehe Reiki-Ganzkörper-Eigenbehandlung, Seite 199)

„Wie viele Reiki-Grade würde ich benötigen?", interessierte sich Claudia nun doch. „Nun", schmunzelte ich, „es ist noch keine Meister vom Himmel gefallen. Jeder muss mit dem ersten Reiki-Grad beginnen. Ob du aber dann je weitermachen wirst, dich eines Tages in den zweiten und dritten Reiki-Grad einweihen lässt, ist heute unwichtig und du kannst es dir später jederzeit anders überlegen. **Die Reiki-Grade sind:**

Der 1. Reiki-Grad

Du erhältst vier Einweihungen und damit die Fähigkeit, dir selbst oder anderen die Reiki-Energie zuzuführen. Außerdem bewirkt der erste Reiki-Grad eine Verstärkung der eigenen *Inneren Stimme* und ein besseres Erkennen, welchen weiteren Lebensweg man beschreiten möchte. Reiki verbindet, was zusammengehört und trennt, was schädlich ist.

Der erste Reiki-Grad eignet sich auch für Kinder, denen dann das notwendige Grundwissen auf kindgerechte Art vermittelt wird. Er kann die kindliche Seele schützen, stärken und je nach Bedarf Ruhe oder Kraft vermitteln. Außerdem hilft er gerade sensitiven Kindern, sich selbst besser zu verstehen und vermittelt den Mut, das Leben zu lieben. Voraussetzung für eine Kinder-Reiki-Einweihung muss der wahre Wunsch des Kindes danach sein und nicht nur der Wunsch der Eltern.

Auch bei schwer kranken Menschen kann eine Einweihung in den ersten Reiki-Grad Hilfe bewirken. Damit erhalten sie die Möglichkeit, sich selbst immer wieder und zu jeder Zeit die heilende Kraft zu holen. Zusätzlich gelangen sie zu notwendigem Grundwissen speziell zum Thema ihrer Erkrankung, dem Erfahren der möglichen seelischen Ursache der Krankheit und erhalten somit eine reelle Chance zur Verbesserung des Leidenszustandes.

Selbst dem Tode geweihte Menschen empfanden die Reiki-Einweihungen und das damit verbundene Wissen als entscheidende Hilfe zum friedvollen Sterbenkönnen, sie fanden Trost in der Gewissheit auf das Wiedersehen im Jenseits.

Der 2. Reiki-Grad

Du erhältst drei weitere Einweihungen und durch diese bist du in der Lage, mit den ebenfalls zu erlernenden drei Geheimzeichen die Reiki-Kraft weiter zu verstärken. Außerdem kannst du jetzt die Energie über Raum und Zeit versenden, womit wichtige Harmonisierungen der Vergangenheit möglich sind. Egal ob unglückliche Liebe, Verletzungen aus der Kinderzeit oder Misserfolge – *wahrhaftes Verzeihen* ist lebenswichtig. Traumatische Erlebnisse können mit Hilfe des zweiten Reiki-Grades aufgelöst werden, ebenso wie wichtige Termine in der Zukunft positiv beeinflusst werden können.

Der 3. Reiki-Grad

Du erlernst noch ein Geheimzeichen, das Meisterzeichen, und um dieses verwenden zu können, erhältst du drei weitere Reiki-Einweihungen. Nun gehst du deinen Weg in eigener Verantwortung weiter und solltest dich von deinen bisherigen Lehrern wieder lösen.

Der dritte Reiki-Grad bringt meist eine recht große Veränderung, falls man bis dahin noch nicht seinen wahren Lebensweg gefunden hat. Er führt oft zu großen beruflichen oder privaten Umstellungen und trennt mit größter Energie schädliche Einstellungen.

Er führt zur Kompromisslosigkeit, den persönlichen Lebensweg betreffend, doch wenn man ihn beschreitet, führt er zu Gesundheit, Erfolg, Harmonie, zur Liebe zu sich selbst und damit auch zu allen anderen Menschen und Wesen.

Dieser Weg kann somit zur göttlichen All-Liebe und Einheit führen, Voraussetzung ist jedoch die notwendige Bereitschaft dafür.

Der 4. Reiki-Grad

ist notwendig für diejenigen, die gerne die Reiki-Lehren weiter verbreiten möchten. Dabei kann es sich um eine haupt- oder nebenberufliche Tätigkeit handeln oder auch nur um den Wunsch, seine Kinder oder den Ehepartner selbst in Reiki einzuweihen. Neben Taufe, Kommunion und Hochzeit ist es nicht nur ein ganz besonderes Erlebnis, sondern verstärkt auch die Intensität der Verbindung zum anderen. Du lernst, sämtliche Einweihungen der ersten drei Grade anzuwenden und durchzuführen. Du kannst die Reiki-Grade eins bis vier weitergeben.

„Den Vierten-Reiki-Grad werde ich sicherlich nie machen“, sinnierte Claudia vor sich hin, „aber vielleicht sollte ich wirklich mal den ersten Reiki-Grad probieren.“

„Sag nie: Nie!“, entgegnete ich, „auch ich wäre vor zehn Jahren in helles Lachen ausgebrochen, wenn mir jemand prophezeit hätte, dass ich meine Lebenserfüllung unter anderem in dem Ausüben des Berufs einer Reiki-Lehrerin erfahren darf. Heute bin ich sehr glücklich, dass ich diesen Weg gefunden habe. So rate ich dir: Lass einfach auf dich zukommen, was deinem wirklichen Sein entspricht, was deine wahre Lebensaufgabe ist. Sei im Fluss, bleib aber trotzdem auch wachsam, und lass dich nicht blindlings von jeder Strömung mitreißen.“

So habe ich es praktiziert. Ich löste mich später von allen Lehrern und Thesen und versuchte, meinen eigenen Weg zu finden. Einen Weg, der auch für meine Familie gut war, den wir gemeinsam gehen konnten. Alleine wäre ich sicherlich noch andere Wege gegangen. Nach dem schamanischen Stern-Zeichen bin ich ein Wolf. Dies Naturell lebe ich in meinem Menschsein ebenfalls aus, gehe am liebsten einen Pfad auch erst einmal ganz alleine. Ich erkunde ihn in vorsichtiger und wachsamer Ruhe. Wenn er sich für die restliche Familie auch als gut und sicher erweist, hole ich sie nach.

Ich entdeckte Wege, die ganz wunderbar waren, wenn ich sie alleine gegangen wäre, doch ohne Familie möchte ich nicht sein. Andere Wege führten in den Abgrund und zum Glück war ich aufmerksam und misstrauisch genug, mich nicht von wundervollen Versprechungen ablenken und in die Tiefe reißen zu lassen.

Reiki-Schüler begleite ich ein Stück ihres neuen Lebensweges, unterrichte und lehre sie, bitte sie später aber auch, **selbstständig weiterzugehen, sich von mir wieder zu lösen, damit ich eine neue Reiki-Schüler-Gruppe unterrichten kann, für die ich dann Zeit und Energie benötige.**

Manchmal war ich aber entsetzt, wie lebensfremd die ersten und zweiten Reiki-Grade von manchen Reiki-Lehrern(innen) vermittelt wurden. Mit Erwerb des ersten Reiki-Grades sollte man schon erfahren, welche Möglichkeiten der Eigenbehandlung man hat und vor allem auch die Techniken der Ganzkörper-Behandlungen ausführen können.

Durch die Geheimzeichen des zweiten Reiki-Grades können diese vom Zeitaufwand her stark gekürzt und noch leichter in unserem Alltag untergebracht werden.

Erlebt habe ich aber sogar schon Reiki-Schüler, denen zwar Urkunden des zweiten Reiki-Grades ausgehändigt worden waren, die jedoch nicht wussten, dass man sich selbst Reiki-Energie geben konnte und die viele Tausend Euro für Reiki-Behandlungen an ihre Meister-(innen) bezahlten.

„Mein Reiki-Meister konnte Wolken teilen. Auf einem unserer Seminare in der Toskana demonstrierte er uns dieses Wunder“, erzählte mir ein Reiki-Schüler sehr ehrfürchtig, der den dritten Reiki-Grad, den Meister-Grad, erwerben wollte. Leider wusste mein „angehender Meister“ nicht viel mehr über Reiki zu sagen, kannte weder die Geheimzeichen des zweiten Reiki-Grades richtig noch die Regeln, welche mit dem Erwerb der Symbole zu beachten sind.

Schlimm empfand ich auch, dass er noch nicht einmal wusste, dass zu einer Ganzkörper-Behandlung das Einhalten der Rückenpositionen absolut dazu gehörte. Diese waren ihm zu unbequem und so praktizierte er sie nie. Deshalb war er trotz zweier Reiki-Grade außerstande sich selbst wirklich zu helfen, er hatte nur gelernt, seinen Meister zu verehren, verbunden mit hohen Seminargebühren.

Für Reiki-Schüler(innen) kann auch eine eher unbekannte Reiki-Lehrerin, die sich aber um jeden einzelnen Schüler bemüht, wesentlich besser sein, als der oder die „hohe Meister(in)", der (die) von den Alltagsproblemen der Hausfrauen und berufstätigen Mütter wenig Ahnung hat, ihnen das „Wolken teilen" demonstriert anstatt zu zeigen, wie man aus einer Schulnote 6 zwei 3er macht. (Letztere Teilung ist mir wichtiger, sie funktioniert leider nicht immer, wir üben noch dran.)

Ebenfalls für sehr wichtig halte ich zu lernen, der eigenen inneren Stimme mehr zu vertrauen. Lehren gibt es viele, Lehrmaterial noch mehr, und wenn man zehn Bücher über Reiki von verschiedenen Autoren liest, kann man darin bis zu zehn verschiedene Meinungen finden.

„Mein Kind ist so heftig an Grippe erkrankt. Heute morgen habe ich ihm Reiki gegeben. Das muss für heute reichen, so riet es mir meine Reiki-Meisterin. Mehr darf ich nicht geben, ohne ihm zu schaden", klagte eine junge Mutter in meinem Mineralienstudio. Ich runzelte ungläubig die Stirn, mich würde nie jemand davon abhalten können, meinem erkrankten Kind die Heilenergie Reiki zu geben, wenn es dies wollte.

„Was möchte denn Ihr Sohn?", fragte ich. „Oh, gerade unser sensibler Fünfjähriger liebt es ganz besonders, wenn ich ihm Reiki über meine Hände gebe und er fühlt sich dann auch stets wohler." „Und was sagt Ihnen Ihr Herz?", regte ich die Frau weiter zum Nachdenken an: „Hm, ich weiß nicht genau, eigentlich hatte ich das starke Bedürfnis, dem Kleinen heute Nachmittag erneut die Hände aufzulegen, aber nach der Warnung meiner Reiki-Lehrerin habe ich es mich nicht mehr getraut."

„Reiki-Behandlungen wirken stets zum Wohle des Empfängers", meinte ich zu ihr. „Sie können weder missbraucht noch überdosiert werden. Wenn für die Ursache der Erkrankung Ihres Kindes genügend Heil-Energie übertragen wurde, dann schadet der Überschuss trotzdem nicht, sondern wirkt auf einer anderen Ebene zum Wohle des Kleinen."

Höre auf dein Inneres, beachte es, pflege den Kontakt zu ihm, besonders in der Stille. Empfange die göttlichen Botschaften und du wirst unabhängig von allen menschlichen Lehrern und Meistern.

Der Lehren gibt es viele,
keine scheint besser oder schlechter zu sein als die andere,
doch nur, wenn du sie alle hinter dir lässt
kannst du dein Ziel erreichen.

(Herrmann Hesse)

Meine liebe Freundin, manche Heilung hätte ich nie erreicht, wenn ich auf meine Lehrer oder Mitmenschen gehört hätte, alles wurde möglich, als ich anfing, auf Gott zu hören, auf meinen eigenen göttlichen Anteil. Indem ich meinen Weg des Selbsterlebens ging und so die für mich gültige Wahrheit fand. Reiki half mir dabei, die Kristalle, Bachblüten und Globulis, viele wunderbare Autoren mit phantastischen Büchern (siehe Quellenverzeichnis) und überall erfuhr ich ein bisschen mehr, lernte mich zu lieben, die Kinder und deren Vater, die Eltern und Verwandten und alle anderen Menschen auch. Es kamen Lehrer und sie gingen wieder, jeder war gut, zu seiner Zeit, denn auch *Ungutes* förderte letztendlich meine Entwicklung und ich entdeckte:

Die Welt ist wunderschön!
Betrachtet mit den Augen der Liebe.

Pflicht ohne Liebe

Pflicht ohne Liebe macht verdrießlich.
Verantwortung ohne Liebe macht rücksichtslos.
Gerechtigkeit ohne Liebe macht hart.
Wahrheit ohne Liebe macht kritiksüchtig.
Erziehung ohne Liebe macht widerspruchsvoll.
Klugheit ohne Liebe macht gerissen.
Freundlichkeit ohne Liebe macht heuchlerisch.
Ordnung ohne Liebe macht kleinlich.
Sachkenntnis ohne Liebe macht rechthaberisch.
Macht ohne Liebe macht gewalttätig.
Ehre ohne Liebe macht hochmütig.
Besitz ohne Liebe macht geizig.
Glauben ohne Liebe macht fanatisch.

Laotse

„Raumreinigung"

3. Kapitel

Die vermasselte Talkshow

Es war Freitagnachmittag und wir hatten uns gerade zum gemeinsamen Essen an den großen runden Tisch gesetzt, als das Telefon mal wieder klingelte. Am Apparat war die Redakteurin eines Fernsehsenders, die mich zu einer Talkshow einlud. Dort sollte ich etwas zur Heilkraft der Steine erzählen.

Ich war sehr überrascht, lehnte aber ab, denn freies Reden liegt mir weniger. Ich schreibe viel lieber und bevor ich mich dann blamieren würde, weil mir die richtigen Worte in dem Moment nicht einfielen, war es besser, das Ganze sein zu lassen. Aber die Redakteurin bat mich, es mir doch übers Wochenende nochmal zu überlegen und erzählte, wer ebenfalls eingeladen worden war.

„Ein echter Indianer-Häuptling aus Amerika wird zu Gast in dieser Sendung sein und Marco als mein Kind dürfte mich zum Auftritt begleiten", berichtete ich von dem Telefonat, worauf unser kleiner Sohn gleich in hellen Jubel ausbrach und am liebsten auf der Stelle losgefahren wäre. Einen echten Indianer-Häuptling kennen zu lernen war zu der Zeit einer seiner größten Träume.

Mich dagegen faszinierte da eher die Vorstellung, den Heilstein-Spezialisten und Autor Michael Gienger zu treffen, der ebenfalls eingeladen war. Seine Bücher begeisterten mich und ich nutzte sie häufig als Nachschlagewerke.

So langsam neigte ich doch dazu, der Einladung zu folgen und überlegte später beim Aufräumen der Küche, welche Kristalle mir helfen könnten. Was würden denn meine größten Probleme beim Fernsehauftritt sein?

1.) Lampenfieber ——— dagegen würde mir ein *Rauchquarz* helfen. Er beruhigt und bringt Gelassenheit.

2.) Freies Reden ——— ich besaß eine sehr schöne lange Chalcedon-Kugelkette. Das Blau würde zwar sicher nicht zu meiner Kleidung passen, aber ich konnte die Kette ja unter der Kleidung direkt auf der Haut tragen, da wirkte sie dann durch den direkten Kontakt sowieso am stärksten. Chalcedon ist der Stein der Redner.

3.) Schlagfertigkeit ——— die hatte ich überhaupt nicht. Die treffendsten Sätze fielen mir leider oft ein, wenn schon alles vorbei war. Vielleicht würde mir ein *Citrin* helfen. Dieser gelbe Kristall hilft schnell, klare Lösungen zu finden, weckt und öffnet den Geist. Er ist einer der extrem seltensten Steine, die nie gereinigt werden müssen, da er keine negative Energie ansammelt und speichert, sondern sie auflöst und verwandelt.

So, welchen Stein konnte ich denn noch gebrauchen? Einen Reisestein! Der *Amethyst* war da sicherlich der richtige. Einem Bekannten hatte dieser Stein auf seiner Australienrundreise so viel Glück gebracht, dass er gleich für immer auf diesem Kontinent blieb. Mit mir musste der Kristall ja nur bis München fahren und dort bleiben wollte ich sowieso nicht.

Amethyst steht für das Prinzip der totalen Verwandlung und hilft bei der Aufnahme neuer Ideen und Vorstellungen. Am besten ich trug ihn gleich, um mir klarer darüber zu werden, ob ich die Einladung wirklich annehmen wollte oder nicht.

Am Montagmorgen rief mich das Fernsehstudio erneut an und ich sagte zu. Nun bat mich die Dame, auch Kristalle zum Hauptthema der Sendung zu tragen. Es lautete: Sonne.

Der Sender war interessiert an *Sonnensteinen* (steigern das Selbstwertgefühl und Selbstvertrauen) und *Rutilquarz* (eingefangenes Sonnenlicht und hilfreich bei verdunkeltem Gemüt und bei Husten).

Oh je, wenn ich so viele Steine trug, musste ich ja aufpassen, dass ich nicht das Gleichgewicht verlor oder gar unter der Last zusammenbrach!

Der Aufzeichnungstermin war bereits in zwei Wochen, und unser Sohn Marco freute sich sehr darauf, diesen Tag mit mir zusammen in München zu verbringen.

Ich beschäftigte mich weiterhin mit den Möglichkeiten einer guten Vorbereitung der Talkshow-Aufzeichnung und entschloss mich, eine Reiki-Raum-Harmonisierung des Fernsehstudios durchzuführen, um so zu einem guten Gelingen der Aufzeichnung beizutragen:

1. Sich den Raum visuell vorstellen.
2. Bestimmen: Reiki soll fließen am ..... (Stunde, Tag, Monat, Jahr oder Situation)
3. Sagen: „*Alle Beteiligten sind frei, die Reiki-Energie anzunehmen oder abzulehnen.*“
4. Um die Reiki-Energie bitten.
5. Erstes Reiki-Zeichen (Kraftzeichen) visualisieren.
6. Drei Mal die Situation benennen (z. B. das Sendestudio des Fernsehsenders ...)
7. Drittes Reiki-Zeichen (Fernkontaktzeichen) visualisieren.
8. Zweites Reiki-Zeichen (Harmoniezeichen) visualisieren.
9. Visuell vier Raumecken vorstellen und mit der ersten Ecke beginnen, sagen: „*Alle negativen Energien verlassen jetzt diesen Raum*!“ (Drei Mal wiederholen)
10. „*Friede und Harmonie erfülle diesen Raum!*“ (Drei Mal wiederholen)
11. Text mit dem ersten Reiki-Zeichen (Kraftzeichen) versiegeln.
12. Die drei restlichen Raumecken mit dem gleichen Text affirmieren, wobei stets zu Beginn das zweite Reiki-Zeichen (Harmoniezeichen) visualisiert wird und nach dem dreimaligen Wiederholen des Affirmations-Textes dieser mit dem ersten Reiki-Zeichen (Kraftzeichen) fixiert wird.
13. Ebenso den Fußboden und die Zimmerdecke affirmieren.
14. Anschließend den Reiki-Energie-Strahl noch über den gesamten Raum fließen lassen, diesen mit Licht und Liebesenergie erfüllen.
15. Abschluss: Je einmal erstes Reiki-Zeichen, zweites Reiki-Zeichen und drittes Reiki-Zeichen in die Mitte des Raumes positionieren.
16. Fernkontakt lösen, sagen: „*Friede sei mit euch, Gott schütze euch!*“
17. Situation und Personen visuell geistig wegblasen, Hände schütteln oder reiben.
18. Für die Reiki-Energie danken.

Gelassen blickte ich nun der Aufzeichnung entgegen.

Zwei Tage vor der Reise nach München fühlte ich mich morgens wie gerädert. Ich hatte sehr unruhig geschlafen und bemerkte nun auch ein unangenehmes Kratzen im Hals.

Ich legte meine Hände auf das Hals-Chakra und ließ Reiki darauf fließen, doch im Laufe des Vormittags entwickelte sich ein so starker Hustenreiz, dass ich kaum ein paar Worte ohne Unterbrechungen sprechen konnte, ja vor lauter Husten kaum Luft bekam.

Zuerst war ich nicht sonderlich beunruhigt, denn seit ich in den Reiki-Meister-Grad eingeweiht worden war, bin ich selten länger als ein paar Stunden krank gewesen.

Früher waren meine Erkältungen stets in schwere Grippen ausgeartet, oft musste ich eine ganze Woche im Bett verbringen und kam nur mit Hilfe von Antibiotika wieder zur Gesundung. Während der Schwangerschaft mit unserer Tochter Carolin war ich sogar genötigt, acht Mal dieses Medikament einzunehmen, alle Naturprodukte wie Zwiebeltee oder Wadenwickel halfen mir damals nicht mehr, mein Körper reagierte nur noch auf stärkste Medikamentenzufuhr. Je mehr Pillen ich einnahm, desto schneller schien ich sie erneut zu benötigen.

Nach meiner Einweihung in den Reiki-Meister-Grad fiel mir positiv auf, dass ich kaum noch erkrankte. Manchmal bekam ich eine Stunde lang Husten oder Schnupfen und danach ging es mir schon bald wieder gut.

Doch nun fühlte ich mich schon einen ganzen Tag lang krank, und ich entschloss mich, einen Seidenschal anzuziehen. Reine Seide ist ebenfalls ein wunderbares Naturheilmittel bei Husten, besonders auch für Babys geeignet. In Nicki-Tuch-Größe um den Hals gebunden, die Zipfel über den Brustkorb ausgebreitet unter das Hemdchen gesteckt, lindern sie oft erfolgreich den Hustenreiz.

Aber irgendwie schien mir nichts zu helfen. Etwas besorgt ging ich an diesem Abend zu Bett und hoffte, mich über Nacht durch einen guten Schlaf zu regenerieren.

Am nächsten Morgen war mein Reizhusten in keinster Weise besser geworden und während ich mir vor lauter Husten kaum die Zähne putzen konnte, entschied ich mich nun, die Erkrankung massiver zu behandeln, mir aber auch ihren seelischen Grund anzuschauen:

Husten – zu starke Selbstkritik bedingt durch eine außenstehende Person oder Situation.

Setzte mich der bevorstehende Fernsehauftritt seelisch zu stark unter Druck?

Der *Rutilquarz* kam mir wieder in den Sinn. Ein klassischer Stein gegen chronische Bronchitis und außerdem der Kristall, den ich zur

Aufzeichnung der Talkshow sowieso tragen sollte. Mit Hilfe seiner Energie kann man ein Problem an der Wurzel packen und es auflösen, die Ursache der Störung beseitigen. Dadurch ändert sich die Situation.

Drei Wochen zuvor erreichte ich mit diesem Stein auch eine positive Veränderung bei unserem Baby Manuel. Es litt ebenfalls unter einem Reizhusten und so legte ich einen Kristall in ein Glasgefäß mit abgekochtem Wasser. Innerhalb von ein paar Stunden nahm das Wasser die Energie des Steines auf und ich bereitete Manuels Milchfläschchen dann mit dieser Essenz zu.

Um die Milchfläschchen schnell trinkfertig in die richtige Temperatur zu bekommen, benutzte ich stets frisches, heißes und abgekochtes, kaltes Wasser. Beides hatte ich in Thermoflaschen dabei, wenn wir unterwegs waren. Zusammen mit dem Milchpulver konnte ich so in jeder Situation meinem Kind ein Fläschchen zubereiten, unabhängig von den Möglichkeiten der Umgebung.

Das heiße Wasser wird mit einem Schuß kaltem Wasser in einer dritten Flasche, in der sich das aufs Gramm abgewogene Milchpulver befindet, kräftig geschüttelt und mit weiterem kühlen, abgekochten Wasser aufgefüllt. So bekam ich stets sekundenschnell trinkfertige Nahrung fürs Baby. Die lästige Prozedur des mühevollen Wiederabkühlens der zu heißen Babyflaschen entfiel durch diese Art der Zubereitung.

Bereits nach kurzer Zeit verbesserte sich Manuels Hustenreiz. Kristall-Energien wirken bei Kleinkindern häufig noch viel schneller als bei erwachsenen Personen.

Nun legte ich den Rutilquarz erneut in einen Glaskrug, denn ich musste meinen Reizhusten auch unbedingt loswerden. Schließlich konnte ich unmöglich in München vor der Fernsehkamera stehen und da hustend etwas über die Heilkraft der Steine erzählen. Die Zuschauer der Talkshow würden sich so kaum überzeugen lassen. Meine Botschaft würde vergeblich und ich unglaubwürdig sein.

Der Tag verging und ich hatte schon mindestens drei Liter Kräutertee samt Rutilquarzwasser getrunken. Es ging mir leicht besser. Statt nach jedem dritten Satz bekam ich nur noch nach jedem sechsten Satz einen Hustenanfall. Ob ich in München mehr als sechs Sätze am Stück sprechen musste?

Ich war enttäuscht. „Lieber Gott“, mokierte ich mich, „das kannst du doch nicht wirklich wollen, dass gerade jetzt, wo ich die Chance habe, einer größeren Öffentlichkeit die wunderbaren Hilfsmöglichkeiten der Steine zu erklären, meine Stimme versagt.

Ich muss dich wirklich inständig um Hilfe bitten, im Dienste der guten Sache sollte ich bis morgen gesund sein und ohne zu husten vor der Kamera stehen können."

Der häufig viel zu schnelle Griff zu hochdosierten Medikamenten machte es notwendig, auf alternative Heilmethoden hinzuweisen. Im Frühjahr 1997 war dies allerdings noch ein Kampf gegen Windmühlen.

Und wenn ich die TV-Einladung nun einfach absagte? Aber die Redakteurin würde zwanzig Stunden vor Beginn der Aufzeichnung kaum noch einen Ersatz für mich auftreiben können und ich mochte sie nun auch nicht hängen lassen.

Es gab ja noch die Möglichkeit, auf die Schulmedizin zurückzugreifen. Ich liebäugelte schon mit dem Gedanken, in eine Apotheke zu fahren. Natürlich nicht in unserem Wohnort, die Gefahr, Bekannte zu treffen, die mitbekamen, dass ich mich hier mit Hustentabletten versorgte, um dann später im Fernsehen über die Heilkraft der Steine zu sprechen, war doch zu groß.

Aber wenn ich die schwarze Faschingsperücke aufzog - sie sah recht echthaarmäßig aus und darüber ein Kopftuch drapierte, wäre, zusammen mit der Sonnenbrille, von meinem Gesicht wohl kaum noch etwas erkennbar. Drei Ortschaften weiter war somit das Risiko, erkannt zu werden, äußerst gering und ich würde mich mit Hustenmedikamenten eindecken können.

Nein! Jetzt entschied ich mich strikt gegen diese heuchlerischen Gedankengänge und betete erneut zu meinem *Himmlischen Vater*: „Lieber Gott, ich vertraue dir und fahre heute Abend zu keiner Apotheke, um mir Medikamente zu besorgen, obwohl das Risiko für mich sehr groß ist (oder doch nicht?). Aber bitte, sorge du dafür, dass ich morgen nicht immer nach ein paar Sätzen husten muss, da ich sonst unglaubwürdig bin und niemanden überzeugen kann, auch alternative Heilmethoden zu probieren. Ich danke dir."

Anschließend gab ich mir noch etwas Reiki auf das Hals-Chakra und plötzlich wusste ich, meine Entscheidung war richtig. Ich durfte meinem Himmlischen Vater vertrauen, denn wenn nicht ihm, wem sonst?

Und so war es. Am nächsten Morgen war ich vollkommen hustenfrei und erlebte mit unserem Sohn Marco einen interessanten Tag im Münchener Fernsehstudio. Ich lernte den sympathischen Mineralogen Michael Gienger persönlich kennen und staunte über sein fundiertes Fachwissen.

Marco bewunderte mehr den großen Indianerhäuptling, der einiges zum Thema Sonnenrituale berichtete, leider bekam ich davon nicht viel mit. Dafür unterhielt ich mich umso besser mit einer etwa gleichaltrigen Frau aus München, die ebenfalls zum Thema Heilsteine eingeladen worden war.

Ihr Name war Monika, eine Schauspielerin, und wir tauschten gemeinsame Erlebnisse mit Heilsteinen aus, schienen die gleiche Wellenlänge zu haben, waren uns auf Anhieb sympathisch.

Auch ein Sonnen-Guru aus Zypern war als Experte eingeladen, ebenso wie eine Sonnenanbeterin aus Ibiza, die sich auch durch Schauspielauftritte ihren Lebensunterhalt verdiente. Eine bunte Mischung verschiedenster Leute, und im Aufenthaltsraum des Senders herrschte eine positive und harmonische Stimmung, es würde sicherlich eine gute Aufzeichnung werden. Meine Reiki-Raumreinigung und -Studio-Harmonisierung waren erfolgreich gewesen, stellte ich voller Stolz fest.

Doch dann sollte ich enttäuscht werden, denn Harmonie war gar nicht von unserem TV-Gastgeber erwünscht worden. ZOFF war gefragt. „Ihr müsst eure Argumente viel aggressiver rüberbringen!", beschwor uns eine Mitarbeiterin des Senders in der für die Werbung vorbereiteten Aufnahmeunterbrechung, und ich bemerkte, dass wir eigentlich zwei gegnerische Mannschaften sein sollten - eine, die spirituelles Wissen bevorzugte, neue bzw. alt überlieferte Wege ging und eine, die die Aufgabe zu haben schien, das Ganze in die Lächerlichkeit zu ziehen.

Dabei entpuppten sich die hübsche Sonnenanbeterin aus Ibiza und ausgerechnet meine sympathische Bekanntschaft Monika als unfairste Gegner. Ich war über die Art der niederträchtigen Kritik entsetzt und staunte wieder über Michael Giengers freundliche Ausgeglichenheit, mit der er die unsachlichen Argumente aus dem Weg räumte.

Inzwischen waren wir in der zweiten Aufnahmerunde und ich dankte innerlich meinem Himmlischen Vater für meine kraftvolle Stimme. Die Heilsteine um meinen Hals bewirkten mit ihrer Schwingung auch in mir eine positive Gelassenheit.

Nein, in einen ordinären Fernsehstreit ließen wir uns nicht verwickeln, aber zukünftig würde ich mir genauer anschauen, welcher Sender mich da überhaupt einlud und nicht mehr so unbedarft zu einer Fernseh-Aufzeichnung gehen.

Vielleicht wollte mein Himmlischer Vater mir dieses Erlebnis ersparen, was auch geklappt hätte, wenn ich ihn nicht so sehr um Heilung gebeten hätte. Ach ja, mal wieder falsch gedacht und das Ego zu stark herausgekehrt.

Nach der Sendung schnappte ich mir Monika und schob sie in eine Ecke des Studios: „Warum hast du so entsetzlich gelogen? Im Aufenthaltsraum tatest du so begeistert von den Steinen und während der Fernseh-Aufzeichnung hast du dich richtig gemein darüber geäußert, warum bloß?"

Monika lachte über meine ärgerliche Miene und antwortete: „Aber Gaby, ich habe dir doch gleich erzählt, dass ich als Schauspielerin zu dem heutigen Thema eingeladen war. Meine berufliche Aufgabe war es, mit kritischen Bemerkungen das Thema *Heilsteine* zu zerreißen, aber privat würde ich nie auch nur einen Meter mit meinem Auto fahren, ohne dass mein Autoschutzstein – ein *Amethyst* – dabei ist." Freundschaftlich nahm sie mich am Arm unter und wir gingen gemeinsam zurück zum Aufenthaltsraum, um noch einen Abschiedstrunk zu nehmen.

Die Ausstrahlung der Show wurde mangels Aggressivität aus dem Programm genommen und ich beschloss, nie mehr für private Fernsehsender unaufgefordert eine Reiki-Fernsehstudio-Harmonisierung durchzuführen.

REIKI-Meisterin
bei kleineren Reparaturen

4. Kapitel

Reiki - für Auto und Wäschetrockner

Vieles, was ich in meinem Seminar zum zweiten Reiki-Grad erlernte, beeindruckte mich zutiefst, doch als meine Ausbilderin Johanna erzählte, dass sie in einer Notsituation ihr Auto mit der Reiki-Energie und dem Visualisieren von Kraftzeichen zum Anspringen gebracht hatte, zweifelte ich an den Worten.

Unmerklich schmunzelte ich in mich hinein und dachte: „Dann wäre es ohne Reiki auch angesprungen." Trotzdem merkte ich mir ihre Anleitung, man kann ja nie wissen ...

Ein paar Monate vergingen, ich war inzwischen im sechsten Schwangerschaftsmonat und wollte gerade mal schnell zur Post unseres Dorfes fahren, um dort dringend benötigte Briefmarken zu kaufen. Es goss in Strömen, und daher mochte ich unsere kleine, zweijährige Tochter nicht auch mitnehmen, zumal sie gerade so friedlich in ihrem Bettchen schlief.

Eigentlich ließ ich nie ein Kind alleine zu Hause, doch ich war ja sicher, in fünf Minuten wieder zurück zu sein und in dieser kurzen Zeitspanne würde die Kleine sicher nicht aufwachen. Ich sauste los ohne Jacke, ohne Schirm, schnell ins Auto hinein, das direkt vor der Haustüre stand.

Die Parkplätze vor dem Postgebäude waren auch alle frei, und ich war die einzige Kundin im Schalterraum. Wunderbar, gleich würde ich wieder zu Hause sein. Aber ...?

Nachdem ich von meiner Besorgung zurückgekehrt war, sprang mein Auto nicht an. Ausgerechnet jetzt, wo ich es doch so eilig hatte! (Einen günstigen Moment zum „Nicht-Anspringen" gibt es sowieso nicht.) Carolin, unser Mädchen, war ganz alleine im Haus. Wenn sie nun aufwachte und sie keiner aus dem Bettchen holte, würde sie bestimmt anfangen zu weinen. Ich fühlte mich scheußlich und wollte unbedingt schnell wieder nach Hause.

Hastig startete ich erneut mehrmals, doch ich bemerkte, dass in dieser Hektik und Aufregung schon gar nichts mehr funktionierte, wahrscheinlich war das Auto nun auch noch *abgesoffen.* Ob ich trampen sollte, wie früher als Schülerin? Anfang der 70er Jahre war es bei uns an der Tagesordnung, kleinere und auch größere Distanzen per Anhalter zurückzulegen.

Doch der Regen war so kräftig, einen Schirm hatte ich nicht dabei und wenn ich dann so mit meinem dicken Babybauch am Straßenrand stehen würde, das sah doch sehr komisch aus.

Oder sollte ich mich einfach total hilflos stellen: Hochschwangere Frau (ich war zwar erst im sechsten Monat, sah aber so dick aus wie andere Frauen kurz vor der Geburt) bekommt Wehen und muss dringend nach Hause. Aber vielleicht würde man mich dann gleich in die Klinik fahren wollen und dort mochte ich auch nicht hin, ich wollte nach Hause. Außerdem verspürte ich auch keine Lust, mein Auto überhaupt zu verlassen und meine kunstvoll eingedrehten Haare nass werden zu lassen.

Ich blickte auf das Zündschluss, vielleicht sprang das Auto ja doch noch an! Nein, es leierte nur erbärmlich. Verflixt! Ich musste nach Hause!

REIKI! Meine Reiki-Lehrerin erzählte doch auf dem Seminar zum zweiten Reiki-Grad, dass die Energie hier auch etwas bewirken konnte. Ich bat gedanklich um den Energiefluss und ließ mit dem Strahl visuell das erste Reiki-Zeichen drei Mal auf den Anlasser fließen. Dann drehte ich gespannt den Autoschlüssel herum und war enttäuscht. Es tat sich nichts, nur weiter das eklige Geleiere.

„Du bist zu hektisch, entspanne dich und atme ein paar Mal tief ein und aus!“, schaltete sich nun meine innere Stimme ein und ich kam ihrer Aufforderung nach. Dann bat ich erneut um den Reiki-Energiefluss, visualisierte abermals das erste Reiki-Zeichen drei Mal auf den Anlasser, anschließend einmal das zweite Reiki-Zeichen und sprach die Affirmation: „Spring jetzt an!“ Insgesamt drei Mal fixierte ich mit dem erneuten Visualisieren des ersten Reiki-Zeichens und zeichnete es insgesamt gleich sechs Mal über den Anlasser.

Zaghaft drehte ich den Schlüssel im Zündschloss, das Auto ließ sich problemlos starten, so als ob nie etwas gewesen wäre. Ich war baff, dann aber doch wahnsinnig dankbar und fuhr überglücklich nach Hause, wo ich unser kleines Mädchen noch friedlich schlafend in ihrem Bettchen vorfand.

Natürlich bedankte ich mich beim Universum für diese himmlische Hilfe. Oder war es nur ein Zufall?

Übrigens, bis heute hat der Anlasser nie mehr versagt.

Nach den guten Erfahrungen am Auto probierte ich es ein andermal auch am Wäschetrockner aus. An diesem Gerät ließ sich der Einschaltknopf häufig nicht drücken, und auch hier hatte ich sensationelle Erfolge mit der Affirmation: „Knopf bleib drin!", unter Eingabe der Reiki-Zeichen und der Reiki-Energie. Allerdings musste ich dieses Ritual bei jedem Trockenvorgang neu durchführen, auf die Dauer war es sehr zeitaufwändig und so bestellte ich eines Tages doch lieber einen Handwerker. Seitdem trocknet meine Wäsche auch wieder ohne Reiki.

Aber es ist ein herrliches Gefühl der Sicherheit, wenn man weiß, dass ein technisches Gerät (klappt auch bei Geschirrspülmaschinen, Computern, und eine Schülerin behandelte sogar erfolgreich ihren Reisebus) möglicherweise mit Hilfe der Reiki-Energie Kraft erhält und damit wieder zum Laufen gebracht werden kann.

Und das Schönste ist: Hände (zum Reiki geben) hat man ja immer dabei.

„Spring endlich an!"

„Mami, wie recht du hast! Ich fühle mich schon sauwohl mit deinen Heilsteinen!"

5. Kapitel

Schwangerschaft und Geburt mit Reiki und Heilsteinen

Im Alter von zwei Jahren wurde ich aus einem Waisenhaus adoptiert und wuchs als Einzelkind heran. Seit ich denken konnte, wünschte ich mir *Verwandtschaft:* Geschwister, Onkel, Tanten, Omas, Opas, Kusinen, doch leider gab es keinerlei Angehörige. Die Eltern meiner Adoptiveltern waren bereits vor meiner Geburt verstorben.

Mit zwanzig Jahren fand ich nach langjährigem Suchen den Wohnort meiner leiblichen Mutter heraus. Nachdem ich sie aufgesucht hatte, lernte ich auch meinen Halbbruder kennen. Doch meine leibliche Mutter war absolut nicht gewillt, mich nun freudig in die Arme zu schließen, sondern verbot mir vielmehr jegliche weitere Kontaktaufnahme zu ihr, ihrem Sohn oder der restlichen großen Familie.

Entsetzt über ein solches Verhalten verspürte ich nach dem kurzen Besuch bei dieser Frau keine Lust mehr, weitere Recherchen zu unternehmen, um den mir ebenfalls unbekannten leiblichen Vater zu finden. Ich kenne ihn bis heute nicht.

In meiner Vergangenheit war also nichts *Vernünftiges* an Verwandtschaft aufzutreiben und so träumte ich mich von da an in die Zukunft: Ich wollte einen netten Mann heiraten und mit ihm zusammen viele Kinder haben, eben selbst eine große Familie gründen.

Es dauerte noch zehn Jahre, doch dann lernte ich ihn kennen: meinen absoluten Traummann, und wir bekamen, vorerst ohne Reiki und Heilsteine zu kennen, innerhalb der nächsten fünf Jahre zwei Söhne und eine Tochter.

Die Schwangerschaften und Geburten verliefen alle relativ problemlos. Unser erster Sohn erblickte bereits nach vier Stunden Wehen das Licht der Welt, der zweite Sohn benötigte nur noch zwei Stunden und unsere Tochter war bereits neunzig Minuten nach der ersten spürbaren Wehe geboren.

Während der Schwangerschaft mit unserem vierten Kind ließ ich mich in den zweiten Reiki-Grad einweihen und erlebte danach das Mutterwerden als besonders inniglich, und die Geburt mit einundzwanzig Minuten vom Spüren der ersten Wehe an, war tatsächlich ein kleiner Rekord. Nur der Tatsache, dass in dieser Nacht alle Straßen vollkommen frei und sämtliche Ampeln auf Grün geschaltet waren, verdankten wir es, dass die Geburt überhaupt noch im Krankenhaus und nicht schon im Auto stattfand.

Begonnen hatte diese Schwangerschaft jedoch wie die drei vorhergehenden auch. In den ersten drei Monaten war mir von morgens bis abends übel, und vor lauter Müdigkeit ging ich, zusammen mit den drei kleinen Kindern, schon früh zu Bett. Und doch waren Übelkeit und Müdigkeit nicht so unangenehm wie bei den ersten drei Schwangerschaften.

Ein Jahr zuvor war ich in den ersten Reiki-Grad eingeweiht worden und nun wollte ich noch während der Schwangerschaft mit dem vierten Kind den zweiten Reiki-Grad erlernen. Mit seiner verstärkenden Wirkung konnte ich dann einiges an Zeit einsparen, Reiki würde intensiver werden und die Geheimzeichen überbrückten Zeit und Raum. Zum Seminartermin würde ich in der zehnten Schwangerschaftswoche sein und ich war mir sicher, dass die Einweihung nicht nur für mich, sondern auch für das kleine neue Leben in mir gut sein würde. Da verließ ich mich auf meine innere Stimme, die diesen Entschluss freudig zu bejahen schien.

Es war ein herrlicher Sommertag, als ich mich auf den Weg zu meiner Reiki-Lehrerin machte. Ich freute mich sehr auf das Seminar und vor allem auf die Einweihungsrituale. Ob ich diesmal auch wieder so außergewöhnlich schöne Bilder und Farben sehen würde?, sinnierte ich beim Autofahren.

Während der Einweihungen in den ersten Reiki-Grad war ich fasziniert von dem spirituellen Erlebnis. Vor meinem geistigen Auge tauchte ein Meer aus Farben auf, die gegen Ende der dritten Einweihung zu einem lilafarbenen Schiff zusammenflossen, welches durch ein ebenfalls lila Wolkenmeer zu segeln schien. Mir wurde in diesem Moment zutiefst bewusst, dass es eines Tages meine Aufgabe sein würde, Reiki in alle Himmelsrichtungen zu verbreiten.

Bei der vierten Einweihung des ersten Reiki-Grades sah ich erneut viele verschiedene Lilatöne, und gegen Ende formten sie sich zu einem Kopf. Ich erkannte das Antlitz Jesu mit der Dornenkrone und er sah überhaupt nicht leidend aus, sondern so strahlend schön und liebevoll, dass diese

Schwingung mein ganzes Sein durchströmte, bis tief in mein Herz hinein und jede einzelne Zelle meines Körpers durchflutete. Überall in mir verspürte ich das unbeschreibliche Gefühl seiner liebevollen Zuwendung und plötzlich erkannte ich: Jesus lebt! JESUS LEBT!

Als Kind erhielt ich zwar eine streng christliche Erziehung, doch so richtig schien diese nicht bei mir gewirkt zu haben, eher das Gegenteil passierte. Ich lehnte sie ab, entfernte mich von dieser autoritären Kirchenlehre und von Gott ebenfalls. Im Laufe der Jahre verließ ich mich lieber auf mich und kaum auf die Macht Gottes, fand ihn sowieso ziemlich ungerecht, oft blind oder weit weg. Manchmal in einer Notsituation kam er mir zwar wieder in den Sinn, aber ihn dann um Hilfe bitten mochte ich auch nicht, dazu war ich zu stolz. Außerdem wurde mir als Kind so oft prophezeit, dass ich in der Hölle landen würde, irgendwie hatte ich mich damit sogar schon abgefunden und hoffte an manchen Tagen höchstens auf die Zwischenstelle: das Fegefeuer.

Doch mit dieser Reiki-Einweihung erhielt ich ein himmlisches Zeichen, sah das Bild Jesu vor meinem inneren Auge und ich spürte diese immense Sicherheit in mir, mit der ich mich Gott zuwenden durfte. Jesus lebte und würde mir behilflich sein. Ich brauchte nicht mehr alleine kämpfen oder in der Not verzweifeln. Jesus würde mir beiseite stehen. Ich fühlte mich plötzlich so glücklich wie noch nie zuvor in meinem ganzen Leben.

Während mir so die Erlebnisse meiner ersten Reiki-Einweihung durch den Kopf gingen, fragte ich mich, was denn da wohl die Steigerung bei der zweiten Reiki-Einweihung sein könnte.

Nun ja, um es kurz zu machen: Es gab keine. Es haben sich weder bei meinen Einweihungen in den zweiten Reiki-Grad noch später in den dritten Reiki-Grad visuelle Bilder mit diesem tiefen Glücksgefühl eingestellt. Aber auch diese Seminare waren sehr schön, so harmonisch und ausgleichend.

Besonders bei der Aktivierung in das zweite Reiki-Zeichen spürte ich eine so wohlige Harmonie, und da sich ja die Gefühle der schwangeren Mutter auf das Kind übertragen, war ich mir sicher, das Richtige getan zu haben, denn nun fühlte sich mein Baby in meinem Bauch sicherlich auch himmlisch.

Nur müde war ich wieder, schrecklich müde, ein Zeichen meines Körpers, zu ruhen, damit die ganze Umwandlung, Neustrukturierung von ihm organisiert werden konnte.

Reiki-Einweihungen entgiften auf psychischer und feinstofflicher Ebene. So können auch unterdrückte oder chronische Leiden aller Art für einige Zeit sogar wieder akut werden und ihre Symptome wesentlich stärker hervortreten. Doch im weiteren Sinne gehören diese Heilungsschmerzen ebenfalls zum Vorgang der Entgiftung.

Es finden Umstrukturierungen auf allen Ebenen statt und diese können auch mal vorübergehend ein Gefühl der Unsicherheit, des Verlustes der Geborgenheit, emotionale Schwankungen und verminderte geistige und körperliche Belastbarkeit und Tatkraft bewirken.

Ist jedoch dann die neue Struktur geschaffen, stellen sich wesentlich höhere Belastbarkeit, Stabilität, Schaffenskraft und Lebensfreude ein.

Durch die Neustrukturierung findet auch ein erhöhter Energieverbrauch statt, denn die vorher genannten Prozesse erfordern viel Energie und geeignetes Material zum Aufbau neuer körperlicher Strukturen. Daher ist es von Vorteil, nach Reiki-Einweihungen genau darauf zu achten, was der Körper benötigt: mehr Schlaf als sonst, weniger Stress, viel Zufuhr von gesundem, lebendigem Wasser zur Förderung des Stoffwechsels und der Entgiftung. Ebenso gehört auch leichte, regelmäßige Bewegung dazu und gesunde Ernährung mit ausreichenden Vitalstoffen.

Der Umwandlungsprozess dauert im Schnitt einundzwanzig Tage, und in dieser Zeit ist es besonders sinnvoll, den Körper mit Reiki-Ganzkörperbehandlungen zu unterstützen. Im ersten Reiki-Grad ist eine Ganzkörper-Reiki-Behandlung zwar wunderschön, aber recht zeitaufwändig.

Nachdem ich den zweiten Reiki-Grad erworben hatte, war ich fasziniert von den Möglichkeiten, die mir die drei erlernten Geheimzeichen erschlossen:

Das erste Reiki-Zeichen – das Kraftzeichen. Wie schön, wenn man gerade während der Schwangerschaft mit dem ersten Reiki-Zeichen zusätzlich Energie erhalten kann. Wegen der drei kleinen Kinder verfügte ich nicht allzu oft über die Zeit, eine komplette Reiki-Ganzkörper-Behandlung durchzuführen, die mit dem Erlangen des ersten Reiki-Grades zwar möglich war, aber fast eineinhalb Stunden dauerte. Mittels der Geheimsymbole des zweiten Reiki-Grades war, indem ich bei jeder Position zuerst das zweite Reiki-Zeichen und anschließend das erste Reiki-Zeichen visualisierte, die Behandlung in der Hälfte der Zeit durchführbar und dennoch effizienter.

Das zweite Reiki-Zeichen - das Schutzsymbol. Es wird auch **der Schlüssel zum Unterbewusstsein** genannt. Mit dem zweiten Reiki-Zeichen kann man ausgleichen, schützen, harmonisieren und festsitzende falsche Denkmuster viel besser lösen.

Das dritte Reiki-Zeichen - das Fernzeichen, war zwar etwas schwerer zu erlernen, doch gerade von seinen Möglichkeiten, Wunden aus der Vergangenheit zu heilen und zukünftige Erlebnisse zu harmonisieren oder anderen Menschen unabhängig von Zeit und Raum Reiki über die Ferne schicken zu können, war ich überwältigt.

Eigentlich bräuchte ich gar nichts mehr zu arbeiten, am liebsten würde ich mich nur noch mit solchen Dingen beschäftigen, schoss es mir durch den Kopf. Aber das war natürlich nicht Sinn der Sache, sondern gerade unseren Alltag mittels Geheimwissenschaften zu erleichtern, darum ging es.

Als Erstes begann ich, zu Hause eine Raumreinigung (siehe Reiki-Raumreinigung, Seite 215) durchzuführen. Dadurch vertieften sich die Zeichen besser in mir und gleichzeitig profitierte die gesamte Familie davon. Die Raumreinigung vertreibt negative Schwingungen, und nicht nur die Luft wird - selbst für nicht in Reiki eingeweihte Menschen - sofort spürbar besser, es entsteht auch eine wesentlich harmonischere Schwingung im Raum.

Was konnte ich nun noch für mein ungeborenes Baby tun, überlegte ich weiter. Toll fand ich schon das grundsätzlich positive Gefühl in mir. Bei den anderen drei Schwangerschaften wurde ich oft von Ärzten verunsichert, ja sogar in Angst und Schrecken versetzt, was alles passieren könnte. Doch seit der Einweihung in den zweiten Reiki-Grad zusammen mit meinem ungeborenen Baby fühlte ich mich so gestärkt und sicher, dass diese Schwangerschaft sowie die Geburt ebenfalls gut verlaufen würden. „Alles ist gut!“, sagte mir meine innere Stimme klar und deutlich.

Allerdings hatte ich mir auf Druck meines Frauenarztes einen Termin zur Fruchtwasser-Untersuchung geben lassen. Zwar hielt ich sie für vollkommen unnötig und überlegte, ob ich den Termin nicht besser absagen sollte, denn ganz egal wie das Ergebnis ausfallen würde, abtreiben konnte ich mein Baby auf keinen Fall mehr. Es war mit mir zusammen in Reiki eingeweiht worden, eine Abtreibung kam mir nun wie ein abscheulicher Mord vor und kam unter gar keinen Umständen für mich in Frage.

Auf der anderen Seite aber war die Fruchtwasseruntersuchung ein (fast) vollkommen harmloser Eingriff und der Gedanke, mal einen Tag in absoluter Ruhe im Krankenhaus zu verbringen, war auch verlockend. Keine Kleinkinder, die am Rockzipfel hingen, das Essen bekam ich ans Bett gebracht und ich würde mich in Ruhe mit meinem Ungeborenen beschäftigen können. Vielleicht gelang es mir sogar, ohne Unterbrechungen ein paar Seiten meiner Reiki-Bücher zu lesen, und auf jeden Fall würde ich Zeit für eine ausführliche Reiki-Ganzkörperbehandlung haben.

Nach der Durchführung der Fruchtwasseruntersuchung begab ich mich sofort in das mir zugewiesene Krankenhausbett. Da ich bei den ersten beiden Schwangerschaften hinterher jedes Mal unangenehme wehenartige Schmerzen bekommen hatte, legte ich mir meinen Schwangerschaftsschutzstein direkt auf den Bauch, gab mir etwas Reiki darüber und wartete auf die Schmerzen.

Mit Erstaunen stellte ich nach einiger Zeit fest: Ich fühlte mich pudelwohl. Keinerlei Zeichen von Unwohlsein oder gar Schmerzen. War dies nun dem Reiki-Geben zu verdanken oder der heilenden Schwingung meines Steines?

Diesen so schön gebänderten, graublauen Kristall hatte ich *rein zufällig* kurz vor dem Krankenhaustermin erworben und sofort beschlossen, ihn zur Fruchtwasseruntersuchung mitzunehmen. Erst am Tag der Reiki-Einweihung erfuhr ich seinen Namen. Meine Reiki-Lehrerin erkannte ihn als **Wasserachat** mit einer Signatur wie eine Bauchhöhle mit einem kleinen Embryo darin. „Das ist ein ganz klassischer Schwangerschaftsschutzstein" erklärte sie mir und ich war fasziniert. Denn so genau hatte ich ihn mir im Geschäft gar nicht angeschaut.

***Achat** fördert die Regeneration und das Wachstum und eignet sich hervorragend als Schwangerschaftsschutzstein für Mutter und Kind. Nach der Entbindung regt er die Rückbildung der Gebärmutter an. Achat fördert die Konzentration auf das Wesentliche und vermeidet Ablenkungen. Schon in der antiken Welt sowie in Indien, Nepal und Tibet genoss er als Schutzstein und Glücksbringer hohes Ansehen.*

Als ich diesen Kristall in meinen Händen hielt, wusste ich einfach, dass er der zur Zeit richtige Stein für mich war, und ich mochte ihn nicht mehr hergeben.

Mit den Reiki-Einweihungen wurde auch der Kontakt zu meiner inneren Stimme immer stärker, ich begann ihr mehr zu trauen und verdrängte sie nicht mehr so rigoros, wenn sie mir zu unlogisch erschien.

So fing ich an, diesen Tag im Krankenhaus nun wirklich zu genießen. Freundliche Schwestern brachten mir Essen und Getränke direkt ans Bett und zum Glück blieb das zweite Bett im Zimmer frei, sodass ab acht Uhr tatsächlich auch himmlische Ruhe herrschte. Ich wusste, diese Nacht besaß ich ein Bett für mich ganz allein, kein Kleinkind würde angeschlupft kommen und das war auch mal schön.

Super ausgeruht und gut gelaunt machte ich mich am nächsten Tag wieder auf den Heimweg. Ich fühlte tief in meinem Innern, dass mit meinem Baby sowieso alles in Ordnung und es gesund war, und mit meinem Pendel fand ich heraus, dass es ein Mädchen werden würde. Dies erpendelte später auch meine Reiki-Meisterin für mich, und die musste es ja schließlich wissen.

Ca. fünf Wochen später erhielt ich das ersehnte Ergebnis der Fruchtwasseruntersuchung. Mit dem Baby war alles in Ordnung, und es war männlichen Geschlechts. Männlich? Ein Junge? Ich hatte doch schon so vielen Leuten erzählt, wir bekämen wieder ein Mädchen. Da hatte mich mein Pendel aber ganz schön zum Narren gehalten. Das hatte ich nun davon, dass ich mich so blindlings auf ihn verlassen hatte. Beim Pendeln ist das nicht angebracht.

Doch das Wichtigste war, dass der Junge gesund sein würde und wir freuten uns über einen Buben genauso wie wir uns über eine weitere Tochter gefreut hätten.

Ich hielt alle Vorsorgeuntersuchungstermine ein. Leider stellte ich fest, dass ich mich nach manchen Besuchen beim Gynäkologen richtig schlecht fühlte. Dieser war anscheinend ein Gegner von Müttern, die parallel zur Schwangerschaft auch berufstätig waren, und er erklärte mir jedes Mal, welchen Gefahren ich den Embryo aussetzte, wenn ich mich nicht sofort schonte.

„Sie sollten weniger arbeiten, sich nicht so stressen lassen und weniger essen!“, riet er mir. Doch bei meinen drei vorhergehenden Schwangerschaften hatte ich auch jeweils fast zwanzig Kilo zugenommen und bereits ein paar Monate nach der Geburt die Pfunde wieder verloren, also stets problemlos zu meinem Normalgewicht zurückgefunden.

Ich sah nicht ein, warum ich das nach dieser vierten Schwangerschaft nicht auch schaffen sollte. Außerdem kannte ich ja inzwischen auch den **Roten Jaspis**. Er ist ein regelrechter Appetitzügler und mit seiner Hilfe konnte ich dann vielleicht meine Essgelüste noch leichter in den Griff bekommen. Mein Mineralienhändler erklärte mir:

*„**Roter Jaspis** ist ein wunderbarer Kristall, der in vielen Bereichen helfen kann. Er wirkt blutstillend und kann gerade auch bei Kindern gegen das Nasenbluten eingesetzt werden, indem er im akuten Fall auf die Stirn gehalten wird. Den Kopf dabei trotzdem nach vorn gebeugt halten, damit das Blut abfließt. In der Schwangerschaft beschert er der werdenden Mutter eine harmonische Schwangerschaft und innige Liebe.“*

„Die innige Liebe empfinde ich bereits, aber wie war das mit dem Abnehmen, dafür soll doch speziell dieser Stein auch helfen?“, unterbrach ich den Fachhändler.

*„Der rote Jaspis sollte dabei am besten mit einem Magnesit und einem Bergkristall kombiniert werden. Drei kleine Steine in eine Glaskaraffe geben und als Kur über einen längeren Zeitraum dann dieses **Jaspis-Bergkristall-Magnesit-Wasser** regelmäßig - einen halben Liter vor jeder Mahlzeit - zu sich nehmen. Überschüssige Pfunde nach der Schwangerschaft verschwinden mit diesem Wasser, das man auch zum Teekochen verwenden kann. Außerdem lädt es den Körper mit frischer Energie auf, so dass man anstrengende Lebensphasen viel besser überstehen kann“*, erklärte er weiter.

Ich kaufte mir diese drei Steine zum Wasseransetzen, war aber irgendwie noch nicht dazu gekommen, sie wirklich zu verwenden. Ja, es stimmte schon, was dieser Gynäkologe sagte, ich war stets etwas im Stress, aber trotzdem fühlte ich mich wohl dabei, es war ein positiver Stress.

Die drei Kleinkinder und meine ganztätige Berufstätigkeit als selbstständige Kosmetikerin waren zwar schwer miteinander zu vereinbaren, doch ich schaffte es und war glücklich dabei. Ich mochte weder auf das eine noch auf das andere verzichten. Wir liebten die drei Kleinen und hatten uns ganz bewusst auch für das vierte Kind entschieden.

Trotzdem waren mein Mann und ich uns auch stets einig, dass die Kinder stundenweise von anderen Personen betreut wurden, damit ich in Ruhe meiner beruflichen Tätigkeit nachgehen konnte. Am Anfang bedeutete das zwar nur eine Geldhin- und -herschieberei, denn mein Verdienst wurde durch die Kosten von Babysittern und Haushaltshilfen, Kindergarten- und Hortgebühren fast wieder ganz verschlungen, doch ich blieb im Berufsleben und legte damals den Grundstein für eine später recht erfolgreiche berufliche Karriere. Instinktiv, in meinem tiefsten Inneren, wusste ich immer: Nur das ist mein Weg. Ich will beides - ein glückliches Familienleben **und** erfolgreich sein im Beruf.

Daher verließ ich mich nun auch immer weniger nur auf die Aussagen des Arztes und förderte weiter das *In-mich-Hineinhorchen* und das direkte Abfragen, wie es unserem Baby ging. Und diese schöne Schwingung, die es ausstrahlte, vermittelte mir ein wohliges Gefühl von Sicherheit. Alles war gut.

Die Wochen verstrichen rasch und ich begann zu überlegen, wie ich mich mittels Reiki und Heilsteinen optimal auf die Geburt vorbereiten konnte. Die Wehenschmerzen hatte ich ja nach jeder Geburt schnell wieder vergessen, doch je näher der Termin rückte, umso intensiver erinnerte ich mich wieder an sie. Sie waren vor der Geburt brutal, aber bei mir auch sehr schmerzhaft als Rückbildungswehen.

Ich entschloss mich, einen Vorrat an Reiki-Kraftzeichen zu visualisieren und diese im Kreißsaal an die Decke zu hängen. Mittels der im zweiten Reiki-Grad erlernten Techniken war das möglich, und ich brauchte dann die Zeichen während der Geburt einfach nur herunterziehen und konnte mich so mit frischer Reiki-Energie versorgen. Leider fiel mir damals überhaupt nicht mehr ein, wie die Übung auszuführen war und welches Datum ich zu programmieren hatte.

Doch mein Wunsch, den Kreißsaal mit Reiki-Kraftzeichen zu präparieren, wurde mir schneller erfüllt als ich ahnte. Bei einer Vorsorgeuntersuchung äußerte mein Gynäkologe den Verdacht auf einen möglichen Sauerstoff-Mangel beim Baby und überwies mich umgehend zu einem Wehenbelastungstest ins Krankenhaus.

Obwohl ich mich bis zu diesem Arzttermin so gut fühlte und rundherum glücklich war, entschloss ich mich zwar, seine Anweisungen zu befolgen, mich jedoch nicht beirren zu lassen. Es konnte unmöglich stimmen, dass mein Baby unter Sauerstoffmangel litt, wenn ich mich gleichzeitig so wohl fühlte. Nein, ich würde jeden Mangel meines Babys ebenfalls bemerken und war nicht gewillt, mich durch die Worte des Arztes aus der Fassung bringen zu lassen.

Aber es war sowieso gerade Fasching, und auf den Fastnachtstrubel mit den kleinen Kindern hatte ich in diesem Jahr überhaupt keine Lust. Hochschwanger mich in den erhitzten, lauten und überfüllten Faschingshallen zu bewegen und dabei die drei Kleinen zu beaufsichtigen war garantiert schlechter für mein Baby als ein erneuter Tag im *ruhigen Krankenhaus*. (Alles ist relativ. Bei meinem ersten Kind empfand ich den Krankenhausalltag als geräuschvoll und hektisch, nun als inzwischen dreifache Mutter kurz vor der vierten Geburt eher still, vor allem die Nächte.)

Daher fuhr ich doch wieder in die Klinik und wurde noch am gleichen Morgen im Kreißsaal an das Gerät zum Wehenbelastungstest angeschlossen. Ich bestückte den Raum sogleich mit vielen Kraftzeichen, und als ich mittags zum erneuten Wehenbelastungstest in den zweiten Kreißsaal des Krankenhauses kam, konnte ich auch hier direkt vor Ort meine Energie-Zeichen anbringen. Ca. hundert Reiki-Kraftzeichen verteilte ich, versorgte auch gleich die Vorzimmer und den Eingangsbereich mit.

Wenn die Geburt losging, würde ich nun bestens vorbereitet sein. Um allen Patientinnen und dem Personal noch etwas Gutes zu tun, reinigte ich auch noch die Station mittels der Reiki-Energie, harmonisierte sie und fuhr am nächsten Morgen, am Aschermittwoch, erholt und ausgeschlafen wieder nach Hause.

Die Untersuchungen ergaben, dass es dem Baby bestens ging und es keinen Mangel litt, exakt so, wie ich es erfühlt hatte. Einige Tage später erfuhr ich, dass die Geräte des untersuchenden Arztes einen Defekt aufwiesen und deshalb zunächst die schlechten Werte für unser Baby zustande gekommen waren.

Pass auf, was du dir wünschst, es könnte in Erfüllung gehen. Ja, mein Wunsch, den Kreißsaal für meine Geburt mit Reiki-Zeichen zu bestücken, war so übermächtig gewesen und ich bekam ihn wohl mit Gottes Hilfe erfüllt. Hatte *Er* am Ende den Gerätedefekt bewirkt? Nein, das kam mir nun doch lächerlich vor. Es war wohl nur ein *Zufall*, denn garantiert hatte Gott wichtigere Dinge zu tun als medizinische Untersuchungsgeräte zu manipulieren, weil eine Reiki-Schülerin vergessen hatte, wie man die Zeichen per Fernkontakt richtig installiert.

Doch egal, Hauptsache die Reiki-Kraftzeichen waren nun an den Stellen angebracht, wo ich sie haben wollte und schon bereiteten mir die auf mich zukommenden Wehenschmerzen nicht mehr so große Sorgen.

Weniger gut gefielen mir allerdings meine immer stärker werdenden Krampfadern. Durch das Gewicht des Babys und durch meine totale Abneigung, mich in Gummistrümpfe zu zwängen (erst bekommt man sie nicht an und dann nicht mehr aus) waren die Adern ziemlich hervorgetreten und mein wunderbarer Arzt prophezeite mir schon, dass sie operativ entfernt werden müssten. Doch ich nahm mir vor, die betroffenen Stellen nach der

Geburt erst einmal mit Reiki zu versorgen, vielleicht konnte diese himmlische Energie auch bei Krampfadern etwas bewirken.

***Krampfadern** sind durch Stauungen des Blutrücklaufes entstandene Erweiterungen oberflächlicher Venen, die meistens an den Beinen auftreten. Ursache ist eine Schwäche des umliegenden Bindegewebes oder der Venenklappen, die den Rückstau des Blutes verhindern sollen.*

Hormonelle Umstellungen in der Schwangerschaft begünstigen diese Faktoren, weshalb es gerade hier oft zur Bildung von Krampfadern kommt. Eine ursächliche Behandlung ist auf körperlicher Ebene jedoch nur durch Entschlackung möglich, da schwaches Bindegewebe nur durch eine gründliche Reinigung wieder an Festigkeit gewinnt und auch die Gefäßwände der Venen auf diese Weise stabiler werden.

*Hierbei kann der Achat unterstützend wirken. Als besonders geeignet erweisen sich dabei Achate mit kreisrunden, konzentrischen Zeichnungen, so genannte **Augenachate.** Sie können zur äußeren Anwendung direkt auf die betroffene Stelle aufgelegt werden und zur inneren Anwendung kann das Wasser getrunken werden, in das die Kristalle für ein bis zwei Tage hineingelegt wurden.* (Quelle: Die Heilsteine Hausapotheke von Michael Gienger, Neue Erde Verlag)

*In den letzten Schwangerschaftswochen bewahrt **Roter Jaspis** vor starken Kreuzschmerzen, Wasseransammlungen in den Beinen und vermindert Krampfadern.*

Bei Gelegenheit musste ich mir unbedingt noch einen Augenachat besorgen und endlich das Kristall-Wasser mit den drei Steinen (Roter Jaspis-Bergkristall-Magnesit) ansetzen, überlegte ich mir. Bloß wusste ich überhaupt nicht mehr, wo ich sie zur kindersicheren Aufbewahrung hingetan hatte. Einen Kristall zur Gedächtnisförderung brauchte ich auch unbedingt.

Aber ich machte aus irgendeinem Grund keines von beiden, sondern entschied ganz spontan, mich umgehend in den dritten Reiki-Grad einweihen zu lassen. Die Reiki-Energien der beiden ersten Grade brachten so viele positive Veränderungen in mein Leben, jetzt wollte ich die Meisterenergie auch noch nutzen lernen. So kurz vor dem Geburtstermin verfügte ich doch über mehr Freizeit und nach der Geburt würde ich so schnell keine Möglichkeit mehr finden, zu einem Seminar fahren zu können.

Da ich aber nicht mehr eine lange Autofahrt in Kauf nehmen wollte, suchte ich mir eine Reiki-Lehrerin in der näheren Umgebung. Ich stellte bei dieser Lehrerin mit Verwunderung fest, dass bei den ersten beiden Reiki-Graden meine Füße nicht mit eingeweiht wurden. Nun, bei meiner Einweihung in den Meistergrad wurde dies nachgeholt und dabei erlebte ich fasziniert, dass während des Einweihungsrituals die Beine sich so ungeheuer wohltuend entspannten. Ich konnte es kaum erwarten, bis ich die Augen öffnen durfte und zog sofort meine Hosenbeine hoch. Die dicken Krampfadern waren fast vollkommen verschwunden, es war sensationell.

Zwar ahnte ich sofort, dass die Krampfadern durch den konstanten Druck des Babys wieder hervortreten würden, aber das sollte tatsächlich ein paar Tage dauern und ich konnte meinem Ehemann und sogar meinem Arzt die fast *krampfaderfreien* Beine noch zeigen. Die beiden waren allerdings irgendwie weniger beeindruckt als ich.

Nach einer Woche waren die Krampfadern leider auch wieder zurückgekehrt, doch längst nicht mehr so stark wie vor der Reiki-Meister-Einweihung. Es verlieh mir jedoch die absolute Sicherheit, dass eine Operation nicht nötig sein würde. Ließ die Reiki-Energie die Krampfadern einmal verschwinden, dann würde ich es sicherlich nochmals erreichen können, nach der Geburt, wenn ich wieder beweglicher war.

Außerdem konnte ich das *Augenachatwasser* trinken oder das *Roter Jaspis-Bergkristall-Magnesit-Wasser* und die Adern zusätzlich affirmieren. Ich las den seelischen Grund der Krampfadererkrankung in dem Buch *Heile deinen Körper* von Louise L. Hay nach. Auf Seite einunddreißig stand bei Krampfadern als wahrscheinliche seelische Ursache: *Du stehst in einer Situation, die du hasst. Entmutigt, frustriert.*

Nun, das traf auf mich gar nicht zu. Ich genoss es, schwanger zu sein. Eher aber stimmte dann doch der folgende Satz: *Du fühlst dich überarbeitet und überlastet.* Natürlich, so kurz vor der vierten Geburt brauchte ich nur eine Stunde zu arbeiten und fühlte mich schon überlastet. Ich entschied mich, neue Gedankenmuster von Louise auf einen Karton in schöner Schrift zu malen und dieses so zu platzieren, dass ich sie mehrmals am Tag automatisch las:

Ich stehe in Wahrheit und Leben und bewege mich in Freude.
Ich liebe das Leben und zirkuliere frei.

Nach der Reiki-Meister-Einweihung fiel mir aber noch etwas ganz anderes gravierend auf. Es war wieder Frühling, und die Jahre zuvor hatte ich stets unter Heuschnupfen gelitten. Von Jahr zu Jahr verschlimmerte er sich und im vergangenen Jahr konnte ich keine Behandlungen in meinem Kosmetikstudio ausführen, wenn ich nicht allmorgendlich eine Allergie-Tablette einnahm.

Während der Schwangerschaft verzichtete ich auf die Einnahme, doch erst jetzt fiel mir so richtig auf, dass überhaupt keine allergischen Reaktionen mehr bei mir auftraten. Zufall? (Anmerkung: Sieben Jahre blieb ich vollkommen beschwerdefrei, dann bemerkte ich ein erneutes Auftreten. Doch ließen sich die Symptome wunderbar durch mehrmalige morgendliche Reiki-Ganzkörper-Behandlungen und leichte einprozentige Salzwasser-Nasenspülungen behandeln. Nach kurzer Zeit war ich wieder vollkommen beschwerdefrei.)

Die letzten Tage bis zum Geburtstermin verliefen ohne Besonderheiten, der Termin kam, wir waren voller Erwartung, und er verstrich wieder. Unser Baby ließ auf sich warten. Die Tasche fürs Krankenhaus war bereits seit fünf Wochen gepackt und jetzt fügte ich doch noch Medikamente bei.

Nur auf die Reiki-Energie und die heilende Kraft der Kristalle mochte ich mich plötzlich nicht mehr verlassen. So beruhigte mich der Gedanke, falls die Naturheilkundeerfolge ausblieben, konnte ich ja auf die Schulmedizin zurückgreifen. Ich besorgte mir vorsichtshalber Medikamente gegen das Wochenbettfieber und den Milchstau. Bei allen drei vorhergehenden Geburten hatte ich damit heftige Probleme gehabt.

Seit der Gesundheitsreform sind die Krankenhäuser gezwungen zu sparen und erinnern sich ebenfalls immer öfter an die altbewährten Hausmittel. Nach der Geburt unserer Tochter Carolin bekam ich Milchstau und musste die schmerzenden Brüste selbst mit Quarkpackungen behandeln.

Sicherlich ist es sehr lobenswert, wenn auch die Schulmedizin neue Wege geht und die Naturheilkunde mit einbezieht, doch in meinem Fall halfen die Wickel gar nichts. Das Fieber blieb, ebenfalls die dicken, heißen Brüste und das, obwohl ich eine Quarkpackung nach der anderen auftrug. Seitdem verabscheue ich Quark und kann ihn selbst im Kuchen nicht mehr essen.

Damals musste ich alle meine Überredungskünste einsetzen, um vom diensthabenden Arzt Tabletten gegen Milchstau zu erhalten. Letztlich half nur die Drohung, dass ich mich zur Weiterbehandlung in eine andere Klinik begeben würde. So ein Theater wollte ich mir diesmal ersparen und besorgte mir die Tabletten im Voraus. (Ich hätte diese im Krankenhaus aber nur in Absprache mit den Medizinern eingenommen.)

Als Heilstein gegen das Wochenbettfieber packte ich noch meinen Universal-Heilstab, den ***Aventurin*** ein. Gerade hatte ich ihn erst wieder erhalten und ihn zum Reinigen von den aufgenommenen negativen Energien vierundzwanzig Stunden auf ein Amethyst-Segmentstück gelegt. Anschließend lud ich ihn auf einer Bergkristall-Gruppe mit neuer Energie auf.

Er war eine Zeitlang von meiner Freundin Monika benutzt worden, deren Tochter sich mit einem Hautausschlag quälte. Das leichte Massieren mit der stumpfen Seite des Stabes half ihr gegen den Juckreiz, und die Nächte über hielt die Kleine den Aventurin-Stab fest in der Hand, sie mochte *ihren Schlafstein* gar nicht mehr hergeben.

Monika berichtete mir, dass ihre Tochter seitdem so wunderbar durchschlief und die restlichen Familienmitglieder dadurch ebenfalls ruhige Nächte hatten. Nun besorgte Monika für ihr Kind einen eigenen Aventurin-Stab und ich erhielt meinen rechtzeitig zurück.

Aventurin *fördert die Entspannung, Regeneration und Erholung. Er hilft gegen Einschlafstörungen, macht geduldig und beruhigt bei Wut und Ärger. Außerdem wirkt er entzündungshemmend, lindert Hauterkrankungen, Ausschläge und Allergien und stärkt das Bindegewebe. Aventurin wirkt schmerzlindernd.*

So, von mir aus war ich soweit, das Baby konnte kommen. Doch es geschah nichts. Manuel ließ weiter auf sich warten.

Ich erinnerte mich an den Malachit-Kristall. Vier Wochen vor dem Geburtstermin begann ich, den grünen Donut am Band um den Hals zu tragen.

Malachit wird heute noch im Volksmund als „Hebammenstein" bezeichnet, da er die Geburt beschleunigt und erleichtert.

Aber eines Morgens fiel er mir einfach vom Band. Dieses hatte ich noch um den Hals, doch der kleine grüne Kristall lag zerbrochen auf den Fliesen in unserem Badezimmer. Erst erschrak ich, fragte mich, was das wohl zu bedeuten hatte. Ging jetzt etwa die Geburt gleich los? Oder war er vielleicht gar nicht der richtige Stein für mich und hatte sich daher wieder losgelöst?

Meine innere Stimme hatte mich nämlich davon abbringen wollen, ihn zu tragen, doch mein Verstand entgegnete, dass er sicherlich hilfreich die Geburt beschleunigen konnte.

Jetzt war der Kristall kaputt und er war nicht gerade billig gewesen. Ein bisschen ärgerte es mich ja, aber dann dankte ich ihm trotzdem und vergrub ihn im Garten. Kristalle, die man getragen hat und zu denen man irgendeine Beziehung hatte, möchten nicht einfach erst im Mülleimer und anschließend auf einer stinkenden Müllhalde landen. Ein Blumenbeet im Garten ist für sie eine viel schönere Umgebung, hier gebe ich sie voll Dankbarkeit der Mutter Erde zurück.

Anschließend suchte ich in dem Mineraliengeschäft nach einem neuen Stein. Es sollte einer zur Geburtserleichterung sein, aber diesmal hörte ich auf meine innere Stimme und wollte ihn nicht umhängen, sondern zur Geburt mitnehmen. Ich trug ja inzwischen stets den Achat als Schwangerschaftsschutzstein am Band, wahrscheinlich war dies zur Zeit einfach ausreichend an Kristall-Energien.

Ich schwankte in dem Geschäft zwischen einem *Amazonit* und der *Biotit-Linse.*

*Der **Amazonit** ist ein grüner Stein aus der „Feldspat-Familie". Er wirkt entspannend, krampflösend und hilft bei der Ausdehnung des Muttermundes.*

*Die **Biotit-Linse** ist grau-braun. Sie kann die Wehentätigkeit auslösen und ebenfalls die Geburt beschleunigen, wenn sie auf das Schambein gelegt wird.*

Ob das die Hebamme machen würde? Egal, mir gefielen beide Steine, die Biotit-Linse und der Amazonit, und so erwarb ich beide und fügte die Kristalle der Krankenhaustasche bei.

Ich fühlte mich gut versorgt. Mein Achat beschützte uns, der Amazonit oder die Biotit-Linse konnten vielleicht helfen, die Geburt zu beschleunigen und der Aventurin-Heilstab würde mir nach der Geburt helfen, mich wieder zu regenerieren, die Schmerzen zu mildern.

Ein paar Tage später, es war zehn Minuten vor Mitternacht und wir waren gerade schlafen gegangen, verspürte ich einen furchtbaren Druck im Unterleib und das Gefühl, dringend zur Toilette zu müssen. Mein Mann begann sich sofort wieder anzukleiden und schenkte meinen Beteuerungen keine Beachtung. „Es tut sich noch nichts, es sind keine Wehen, nur so ein furchtbares Druckgefühl", hatte ich erklärt, doch es reichte ihm aus, um sofort die Schwägerin aus dem Nachbarhaus herüber zu holen, damit unsere Kinder während der Geburt nicht alleine im Haus blieben.

Genau im Moment ihrer Rückkehr platzte bei mir die Fruchtblase und ich stand im „Nassen". Also doch! Die Geburt ging los und ich musste schnellstens im Liegen (wegen der geplatzten Fruchtblase) ins Krankenhaus gefahren werden.

Sogleich verspürte ich auch einen heftigen Wehenschmerz und dieser wiederholte sich intervallartig alle zwei Minuten. Ich packte meinen Aventurin-Stab und während der Autofahrt zum Krankenhaus hielt ich ihn während jeder Wehe fest in meinen Händen (die Spitze des Stabes muss dabei vom Körper wegdeuten, um den Schmerz richtig abzuleiten), und er half mir sehr.

Die Wehenschmerzen waren zwar noch sehr heftig, trotzdem spürte ich deutlich die schmerzerleichternde Schwingung, die von diesem Stab ausging. Sobald eine Wehe nachließ, begab ich mich in die Meisterenergie, visualisierte das Meisterzeichen und zog es über mich. Während der nächsten Wehe quetschte ich den Heilstab und ließ den Schmerz visuell durch ihn zur Spitze auf den Erdboden deutend ableiten.

Inzwischen war es zehn Minuten nach Mitternacht und das Krankenhaus mit der Entbindungsstation noch einige Kilometer entfernt. Es ging jetzt Schlag auf Schlag: Wehe – Aventurin-Stab drücken und Schmerzen ableiten – kurze Pause – Meisterzeichen visualisieren – nächste Wehe - Festhalten des Heilstabes und Schmerz ableiten.

Zehn Minuten vor halb eins erreichten wir endlich das Krankenhaus und ich freute mich schon auf die ganzen dort installierten Reiki-Kraftzeichen, die mich erwarteten. Mein Mann organisierte einen Rollstuhl, da ich mich absolut nicht mehr bewegen konnte und nur gekrümmt auf dem Autositz lag. In einer Wehenpause wechselte ich vom Autositz auf den Rollstuhlsitz und mein Mann schob mich nach kurzem Austausch mit dem Pförtner den langen Flur entlang in Richtung Kreißsaal.

Anscheinend hatte der Pförtner die Hebamme telefonisch von unserer Ankunft informiert, sie kam uns ein Stück entgegen. Allerdings recht schlecht gelaunt, da ihre Nachtruhe jetzt zu Ende ging. Ruppig und barsch schnauzte sie mich an: „Verkrampfen Sie sich doch nicht so, Sie müssen entspannen!", und ich wollte ihr schon eine patzige Antwort geben, da merkte ich erneut den ungeheuren Druck, gab ihm nach und spürte etwas zwischen meinen Beinen.

Immer noch im Rollstuhl, mehr hängend als sitzend, entgegnete ich ihr schwer schnaufend: „Ich glaube, gerade ist der Kopf durchgekommen."

Und mit einer erneuten Wehe spürte ich, dass der ganze Körper ebenfalls herauskam. Unser Baby war geboren und lag in meiner Schlafanzughose. Jetzt begann die unwillige Hebamme doch etwas Tempo zuzulegen und ich kam flugs auf das Bett im Kreißsaal.

Wir waren seit genau drei Minuten im Krankenhaus und mein Reiki-Baby war ganz alleine auf die Welt gekommen, ohne die Hilfe weiterer Steine oder der angebrachten Reiki-Zeichen.

Der diensthabende Arzt und die Hebamme kümmerten sich inzwischen sehr gut um uns. Manuel wurde abgenabelt, gebadet und in ein schönes Tuch gehüllt. Er sah so süß aus und schaute mich mit seinen großen blauen Augen an, als wollte er sagen: „Das haben wir zwei Reikis aber gutgemacht, Mami."

Mir kam der zerbrochene Malachit wieder in den Sinn. Ich wollte ihn ja damals tragen, um mit seiner Hilfe eine *schnellere* Geburt zu erreichen. Oh, je! Noch schneller? Wenn ich ihn weiter getragen hätte, wäre Manuel sicher im Auto zur Welt gekommen oder hätte vielleicht sogar einen Schock erlitten, da ihm überhaupt keine Zeit zur Umstellung geblieben wäre. Wie gut, dass der Malachit zerbrach. Ob mein *Himmlischer Vater* da seine Hände mit im Spiel gehabt hatte? Würde *Er* wirklich Steine für mich zerbrechen lassen, nur weil ich sie falsch aussuchte oder gab es da vielleicht einen Extra-Engel, der für solche Aufgaben zuständig war? Ach, es wird wohl alles ein *Zufall* gewesen sein, dachte ich.

Dann fielen mir die ganzen Reiki-Kraftzeichen wieder ein, die ich bei dem Wehenbelastungstest in der Entbindungsstation angebracht hatte und die nun hier noch überall herumhängen mussten. Ich brauchte sie nicht. Die schnelle Geburt in nur siebenundzwanzig Minuten vom Platzen der Fruchtblase an und die Leichtigkeit, mit der Manuel auf die Welt kam, hatte mich kaum gefordert, zumindest nicht so, dass ich die Kraftzeichen selbst benötigte. Doch Ordnung muss sein, ich wollte sie nicht einfach weiter herumhängen lassen und so bat ich die Zeichen, sich jeweils einen Patienten zu suchen, der ihrer Energie bedurfte und sie auch annehmen mochte.

Inzwischen wurde unser Baby Manuel untersucht und danach bestätigt, dass er vollkommen gesund war. Überglücklich betrachtete ich ihn und dabei fiel mein Blick auch auf meinen Schwangerschaftsschutzstein, den Achat, den ich immer noch um den Hals trug. Durch die Spontangeburt war keine Zeit geblieben, Schmuckstücke abzulegen.

Mit Erstaunen bemerkte ich, dass ich diesen Kristall noch gar nicht ausziehen wollte und das, obwohl die Schwangerschaft vorbei war. Doch ich dankte ihm innerlich und bat ihn, mir noch ein bisschen beizustehen und die Rückbildung der Gebärmutter zu fördern. Ein paar Tage später erst konnte ich mich wirklich von ihm trennen und hängte ihn an Manuels Wiege. Für ihn war es sicherlich auch gut, weiterhin die positive Schwingung seines ersten Schutzsteines zu erhalten.

Manuel war unser erstes Kind, das bei seiner Geburt vollkommen gesund war. Ansonsten hatten wir schon einiges mitgemacht, zum Teil auch durch nicht so gute Ratschläge von Schulmedizinern.

Unser erster Sohn bekam eine leichte Gelbsucht zur Geburt und wurde direkt danach in ein entferntes Kinderkrankenhaus verlegt.

Fast alle Menschen machen ihre erste Gelbsucht kurz nach der Geburt durch. In der Gebärmutter können die Föten nicht atmen. Sie bekommen den Sauerstoff durch das Blut der Mutter. Um ausreichende Konzentrationen zu erzielen, benötigen sie mehr rote Blutkörperchen.

Wenn das Neugeborene anfängt selbst zu atmen, braucht es nicht mehr so viele Erythrozyten. Diese werden schnell abgebaut. Dadurch wird viel indirektes Bilirubin freigesetzt. Das fettlösliche indirekte Bilirubin wird vermehrt im Gehirn abgelagert. Das Gehirn ist aber beim Neugeborenen sehr empfindlich gegen Bilirubin. Bleibt der Wert zu lange hoch, muss eine Austauschtransfusion durchgeführt werden und daher ist eine Gelbfärbung der Haut grundsätzlich ein Anlass, in schulmedizinischer Obhut zu sein.

Nach ein paar Tagen durfte unser Sohn aus der Kinderklinik zu mir zurückkehren, doch die Zeit bis dahin kam mir ewig vor.

Der zweite Sohn hatte Wasserhoden und Hämangiomen.

Ein Hämangiom (Blutschwamm) ist eine gutartige, angeborene Gefäßanomalie. Wahrscheinlich handelt es sich hierbei um eine nicht vererbbare Störung in der embryonalen Gefäßentwicklung.

Die eigentliche Ursache ist noch unbekannt. Drei Prozent aller Neugeborenen kommen mit einem Blutschwamm zur Welt, davon befinden sich fünfundsechzig Prozent im Gesicht. Etwa siebzig Prozent der Blutschwämme bilden sich bis zum zehnten Lebensjahr spontan (d. h. von selbst) zurück.

Bei der Geburt ist ein Hämangiom gar nicht, nur als roter Punkt oder als hellroter Fleck sichtbar. Dann wächst es explosions- und tumorartig.

Nicos Hämangiom befand sich im Augenbereich, und er bekam einen ganz dicken Tränensack. Verschiedene Ärzte stellten unterschiedliche Diagnosen und gaben diverse Behandlungsanweisungen: „Augensalbe ist sehr wichtig! Bitte drei Mal täglich direkt in das betroffene Augenlid geben!“ Doch die Creme schien zu brennen, Nico schrie jedenfalls wie am Spieß und ich setzte sie wieder ab, wechselte den Arzt. „Rotlichtbestrahlung ist sehr wichtig! Bitte sorgen Sie dafür, dass er beim Bestrahlen die Augen geschlossen hält!“ (Nico war zwei Monate alt und dachte nicht daran, die Augen geschlossen zu halten.)

Ich wechselte erneut den Augenarzt. „Wahrscheinlich hat das Kind einen gefährlichen Tumor, der sofort herausoperiert werden muss“, meinte der dritte von mir aufgesuchte Arzt und bat mich, einer Klinikeinweisung zuzustimmen.

Nach einer schlaflosen Nacht - damals kannten wir leider noch nicht Reiki und die Heilkraft der Steine - schnappte ich mein Baby und fuhr in die entgegengesetzte Richtung: zur Universitäts-Klinik nach Heidelberg. Nico war inzwischen vier Monate alt und mir reichte die Augenärzteodyssee.

Aufgeregt erwartete ich im Aufenthaltsraum die Rückkehr meines Babys, das eine Krankenschwester zur Untersuchung ohne mich mitgenommen hatte. „Sie haben ein wunderbares Kind. Bei den ganzen Untersuchungen hat er gelacht. Wir haben viel Spaß mit dem kleinen Kerl gehabt und geben ihn nur ungern wieder her“, sagte ein junger Klinikarzt und hielt mir lächelnd unser Baby entgegen. „Sorgen Sie sich nicht wegen des Hämangioms. Dieser Blutschwamm verwächst sich meist bis spätestens zum dritten Lebensjahr und muss wirklich nur in den seltensten Fällen operativ entfernt werden.“

Und so war es auch. Knapp ein Jahr später war nichts mehr sichtbar, die Schwellung verschwunden und die Tränensäcke ganz normal gebildet und wir Eltern überglücklich, dass die Schwellung nur ein harmloses Hämangiom gewesen war.

Weniger gut schien sich das mit seinem Wasserbruch zu entwickeln.

Die Hydrozele entsteht bereits im Rahmen der embryonalen Entwicklung im Mutterleib. Bei männlichen Neugeborenen sind ein bis zwei Prozent davon betroffen. Die angeborene Hydrozele tritt ein- oder beidseitig auf und verschwindet meist spontan in den ersten drei bis vier Lebensmonaten.

Im Frühstadium ist sie weder schmerzhaft noch verursacht sie Beschwerden, mit zunehmender Größe kann sich das aber ändern. Wenn sich der Wasserbruch des Hodens nicht bis zum ersten Lebensjahr spontan zurückbildet, ist eine Operation erforderlich. Im schlechtesten Fall kann sich auch eine Bruchpforte für Darmschlingen bilden und es kommt zu einem anderen Krankheitsbild: dem angeborenen Leistenbruch.

Drei Jahre nach seiner Geburt stand fest, Nico würde innerhalb der nächsten vier Wochen operiert werden müssen. Der Urologe sah keine Möglichkeit mehr, dass es zu einer Spontanheilung kommen würde und meinte, dass es nun an der Zeit sei, das Kind zu operieren.

Allein der Gedanke, dass Nico für ein paar Tage in ein Krankenhaus musste, war für mich beinahe unerträglich. Inzwischen wusste ich mehr über Reiki und die Heilwirkungen der Kristalle. So begann ich, die vier Wochen bis zu dem vereinbarten nächsten Untersuchungstermin zu nutzen, massierte die Bruchstelle täglich mit dem Aventurin-Stab und zwar immer exakt so lange, wie er es duldete. Manchmal waren es zehn Minuten, an einem anderen Tag höchstens zwei. Sein kindlicher Instinkt wusste genau, welche (Zeit-)Dosis für ihn die richtige war.

Begleitend dazu begann ich, für ihn die Reiki-Deprogrammierung (siehe Seite 217) auszuführen, kombiniert mit einer Reiki-Fernkontakt-Gabe direkt auf den betroffenen Bereich.

Nach ein paar Behandlungstagen fing der Dreijährige an zu jammern und hielt sich öfters die Hände an die Leisten. Zuvor war das nie geschehen. Bekam er etwa Heilungsschmerzen? Ich beobachtete das Kind genau, und da sich der Schmerz in Grenzen hielt und für ihn zwar lästig, aber nicht wirklich beeinträchtigend war, blieb ich bei meinen Behandlungsmethoden und versorgte ihn trotzdem weiter mit Reiki direkt, Fernreiki und Heilstein-Massagen.

An eine wirkliche Heilung glaubte ich allerdings nicht und begann immer mehr, mich mit dem Gedanken zu befassen, ihn operieren zu lassen. Inzwischen waren vierzehn Tage vergangen. Da bemerkte ich, dass seine Wasserhoden abgeschwollen waren. Schließlich fiel das sogar meinem Mann auf, es war also doch nicht nur in meiner Einbildung geschehen.

Ich erwartete gespannt den Untersuchungstermin, der nochmals kurz vor der dann geplanten Operation stattfinden sollte. „Kann es sein, dass es in der Zwischenzeit doch noch zu einer Spontanheilung der Wasserhoden und der Bruchstelle gekommen ist?", fragte ich erwartungsvoll den behandelnden Arzt. Er lachte mich freundlich aus und erklärte vor der Untersuchung: „Das ist unmöglich, wenn die Heilung nicht bis zum ersten Lebensjahr eingetreten ist, findet ein Verschluss auch später nicht mehr statt, die Operation ist nun unumgänglich." Dann wandte er sich dem Ultraschall-Gerät und dem Kind auf der Liege zu.

Nach einiger Zeit wurde sein Gesichtsausdruck immer erstaunter, denn weder Bruch noch Wasserhoden waren erkennbar.

Nico war gesund, eine Operation nicht notwendig. Die überraschende und äußerst seltene Spontanheilung war eingetreten, *zufällig* in den vierzehn Tagen der Reiki-Deprogrammierung und Massagen mit Aventurin-Heilstäben. Wir waren so dankbar und froh über diese Wende.

Unsere Tochter hatte bei der Geburt eine Klumpfußhaltung. *Pes equinus varus – genau übersetzt bedeutet das: nach innen gekrümmter Pferdefuß. Es handelt sich hierbei um eine Deformität der Füße und es ist die zweithäufigste orthopädische Fehlbildung bei Neugeborenen. Die Ursache für die Entstehung einer Klumpfußhaltung beruht auf einer Lageanomalie während der Schwangerschaft. Die Deformation kann ein- oder beidseitig auftreten, wobei Jungen doppelt so häufig wie Mädchen betroffen sind. In der Regel korrigiert sich diese Haltung in den ersten Lebenswochen spontan.*

Davon waren meine behandelnden Ärzte leider nicht überzeugt und überredeten uns Eltern zu zwei redressierenden Gipsverbänden, die unserer neugeborenen Tochter von den Zehen bis an die Knie reichten. Sie schrie und jammerte erbärmlich, verlor sofort ein Riesenmaß an Lebensfreude, da sie zu weiterer Reglosigkeit verurteilt war. Mit diesen Gipsverbänden an beiden Unterschenkeln konnte sie sich weder bewegen, geschweige denn lustvoll strampeln. Mehrere Monate würde sie diese aber anhaben müssen, prophezeite man uns.

Doch bereits nach einer Woche war die zarte Haut aufgescheuert und blutete leicht. Jetzt machte sich meine *innere Stimme* lautstark bemerkbar: „Das kann es ja wohl nicht sein. So darf man nicht weitermachen!"

Danke! Ich ließ die Gipsverbände nach einer Woche wieder entfernen, verabschiedete mich freundlich von dem behandelnden Professor, für immer, und suchte mit meiner Tochter einmal wöchentlich eine gute Krankengymnastik auf.

Von Woche zu Woche wurde Carolins Fußhaltung besser. Durch die liebevolle Druckmassage der Krankengymnastin und die Möglichkeit zu strampeln, sich frei zu bewegen, kräftigte sich ihre Fußmuskulatur so sehr, dass sie innerhalb kurzer Zeit keine Auffälligkeiten mehr aufwies und später auch wunderbar laufen, springen und rennen konnte.

Unser Reiki-Kind Manuel aber durfte von der ersten Stunde seiner Geburt an bei mir bleiben, und wir waren alle sehr glücklich darüber.

Schon im Krankenhaus war er unkompliziert und zufrieden, vorausgesetzt er bekam genügend zu essen und ausreichend ungestörten Schlaf. Daher besaß ich genügend Freiraum, um auch mich zu regenerieren.

Die Rückbildungswehen machten sich wieder bemerkbar. Schon beim ersten Kind bekam ich vor der Geburt kaum Wehen, dafür aber massive Rückbildungswehen hinterher. Diese verschlimmerten sich von Geburt zu Geburt. Den Schmerz, den viele Frauen vor der Geburt durchmachen mussten, bekam ich, zumindest teilweise, hinterher zu spüren. Jetzt, nach der vierten Geburt rechnete ich mit ganz heftigen Rückbildungswehen.

Vorsichtshalber legte ich mir noch in der Geburtsnacht den Aventurin-Heilstab auf den Bauch und der Slip fixierte diesen recht gut. Schon bald spürte ich die angenehme Schwingung des Steines, Einbildung hin oder her, er tat mir auf jeden Fall unheimlich gut.

So wenig Schmerzen hatte ich noch nie nach einer Geburt gehabt. Die Gebärmutter zog sich wunderbar zurück und die behandelnden Ärzte waren über diese besonders gute Rückbildung erstaunt. *Zufall?*

Mein Krankenhauszimmer reinigte ich visuell ebenfalls mit Reiki und beauftragte meinen Mann, noch folgende Kristalle mitzubringen: Zwei weitere Aventurin-Heilstäbe zum Wechseln, eine Bergkristall-Gruppe als Energie-Spender und eine Rosenquarz-Schörl-Kombination als Strahlenschutz. (Gerade in Krankenhäusern, bedingt durch die vielen Apparaturen und menschlichen Schicksale, befindet sich oft eine Anhäufung sehr negativer Strahlungen.)

Da ich selbst stets gut inmitten von Kristallen schlafe, legte ich sie alle auf meinen Nachttisch. (Bei Schlaflosigkeit oder Schlafstörungen unbedingt alle Steine aus dem Schlafbereich entfernen.)

Eine Dame vom *Krankenhaus-Putzgeschwader* sagte eines Morgens zu mir: „Ihr Zimmer putzen wir am liebsten. Bei Ihnen herrscht stets so eine

Harmonie, in diesem Zimmer fühlt man sich so richtig wohl." Ich schmunzelte, ja, ja, die Schwingungen der Kristalle erreichen jeden.

Ein paar Tage nach der Geburt bemerkte ich aber wieder dieses Hartwerden der Brüste und das ansteigende Fieber. Sofort klemmte ich mir einen zweiten Aventurin-Heilstab zwischen die Brüste - mit der Spitze nach unten - und fixierte ihn mit dem BH. Überraschend schnell, innerhalb der nächsten vierundzwanzig Stunden, sank das Fieber, die Brüste wurden wieder normal und ich vollkommen beschwerdefrei.

Dies war meine erste Entbindung ohne jegliche Medikamente gewesen. Weder vorher noch nachher benötigte ich irgendein medizinisches Mittel. Sogar die Krampfadern verschwanden nach einiger Zeit fast vollständig.

Ich bin so dankbar, dass ich Reiki und die wunderbaren Heilkräfte der Kristalle kennen gelernt habe, zum Wohle meiner Kinder und mir zur LIEBE.

Mit REIKI zum Nichtraucher ...

6. Kapitel

Mit Reiki zur Nichtraucherin

Ich liebte es, zu rauchen, voll auf Lunge, mit Genuss. Gründe zum Rauchen fand ich immer. Nach dem Essen oder auch vorher, zum Überbrücken des Hungers, wenn es mir gut ging und erst recht, wenn es mir schlecht ging. Besonders wichtig war mir die Zigarette in Stresssituationen, denn ich meinte, diese ohne Rauchen nicht überstehen zu können. Meist kam ich auf ungefähr eine Schachtel pro Tag, in langen Nächten konnten es dann auch schon mal zwei werden.

Während meiner ersten Schwangerschaft hörte ich zunächst mit dem Rauchen auf. Gezwungenermaßen. Sicherlich wollte ich auch dem Baby zuliebe nicht mehr rauchen, aber es war mir die ersten drei Monate ständig übel und allein der Gedanke an eine Zigarette verstärkte damals dieses Übelkeitsgefühl sofort. Reiki und Heilsteinkenntnisse besaß ich zu der Zeit noch nicht.

Ungefähr acht Monate nach der Geburt unseres ersten Kindes fing ich wieder an zu rauchen und hörte bei der nächsten Schwangerschaft wieder auf, so ging das vier Mal. Als unser viertes Kind sieben Monate alt war, rauchte ich schon wieder eine Schachtel pro Tag (oder Nacht), meistens heimlich. Ich geriet dadurch in einen noch viel größeren Stress, als den, den man als vierfache Mutter sowieso schon hat. Ich mochte nicht, dass meine Kinder mich rauchend vorfanden, auch mein Ehemann sollte es nicht bemerken und schon gar nicht die Kundinnen meines Kosmetikstudios. In der Öffentlichkeit lehnte ich Rauchen ab und vor meinen Reiki-Schülerinnen rauchte ich sowieso nicht. So blieb kaum Zeit übrig, und trotzdem schaffte ich es, auf fast eine Schachtel Zigaretten pro Tag zu kommen.

Doch eines Tages reichte es mir. Ich wollte wirklich aufhören und zwar jetzt und sofort. Das Rauchen war mir zu ungesund, zu zeitraubend und zu anstrengend geworden, mit den ganzen damit verbundenen Heimlichkeiten. Während ich so meine *letzte* Zigarette rauchte, besonders genüsslich jeden Zug auskostend, überlegte ich, wie ich es diesmal anstellen sollte.

Während meiner vierten Schwangerschaft half mir eine Reiki-Programmierung, die ich an drei aufeinanderfolgenden Tagen je drei Mal wiederholte (und die an anderen Personen nur mit deren ausdrücklicher Genehmigung und deren Einverständnis durchgeführt werden darf, Voraussetzung ist hierbei der zweite Reiki-Grad des Gebers):

1. Hände waschen, Schmuck ablegen, um Reiki bitten.
2. Auf die Person (eventuell mittels Foto) einstimmen.
3. Sagen: „*Du bist frei, Reiki anzunehmen oder abzulehnen.*"
4. Drei Mal den kompletten Vor- und Zunamen wiederholen.
5. Das dritte Reiki-Zeichen, das Fernkontakt-Zeichen, visualisieren.
6. Das zweite Reiki-Zeichen, das Harmonie-Zeichen, auf die Person visualisieren.
7. Das erste Reiki-Zeichen, das Kraft-Zeichen, auf die Person visualisieren.
8. Gedanklich eine Hand an der Medulla Oblongata (unterer Hinterkopf) postieren, mit der anderen Hand in das Kronenchakra der Person zeichnen:
9. Zweites Reiki-Zeichen (Harmonie-Zeichen).
10. Erstes Reiki-Zeichen (Kraft-Zeichen).
11. Drei Mal den kompletten Vor- und Zunamen sagen.
12. Drei Mal sagen: „*Du bist frei von der Sucht des Rauchens!* (Eventuell auch öfter)
13. Fixieren mit dem ersten Reiki-Zeichen (Kraft-Zeichen).
14. Sich die Person nun verkleinert vorstellen, in beide Hände gebettet.
15. Sagen: „*Friede sei mit dir, Gott schütze dich!*"
16. Person wegblasen und Hände ausschütteln, um den Kontakt zu lösen.
17. Für Reiki danken.

Die einzig
dauerhafte
Überwindung
aller Süchte und
Abhängigkeiten
liegt darin,
dass man
sein wahres
spirituelles Wesen
entdeckt.

Deepak Chopra

Nach jener Programmierung verspürte ich kein Verlangen mehr nach Zigaretten und blieb Nichtraucherin, zumindest während der ganzen Schwangerschaft.

Doch diesmal wollte ich auf der Stelle mit dem Rauchen aufhören und in zehn Minuten schon erwartete ich die nächste Kundin in meinem angrenzenden Kosmetikstudio. So wählte ich intuitiv eine vereinfachte Form:

Ich visualisierte das Reiki-Meister-Zeichen (möglich mit dem Erreichen des dritten Reiki-Grades) und bat während der Meisterenergie-Aufnahme meinen *Himmlischen Vater* inständig darum, mir behilflich zu sein, dass ich mich von der Sucht befreien konnte, dass ich nicht bei der nächstbesten Gelegenheit rückfällig wurde und dass ich keine Entzugserscheinungen bekam.

Dann bereitete ich mich auf die Kosmetik-Kundin vor, schrubbte meine Finger kräftig ab, damit ich keine Nikotinreste mehr daran hatte, wenn ich ihr Gesicht berührte.

Pünktlich erschien Frau H., ebenfalls eine leidenschaftliche Raucherin, ein paar Minuten später. Sie entledigte sich rasch ihrer Oberbekleidung und ließ sich auf der bereits angewärmten Kosmetik-Liege nieder. Während ich sie zusätzlich in ein paar flauschige Decken hüllte, fragte sie mich erregt: „Frau Hilf, rauchen Sie eigentlich?" Etwas keck antwortete ich ihr: „Nein, ich rauche nicht mehr", und sinnierte darüber nach, ob ich jetzt die Wahrheit gesagt hatte oder nicht. Schließlich waren erst zwanzig Minuten seit dem Rauchen meiner letzten Zigarette vergangen und das Meisterzeichen mit der Bitte des Stoppens der Sucht war gerade mal vor zehn Minuten von mir visualisiert worden.

„Warum fragen Sie?", wollte ich nun wissen und begann mit kreisenden Bewegungen sanft die Reinigungsmilch auf ihr Gesicht aufzutragen. Frau H. erzählte mir daraufhin: „Ich komme im Moment aus dem Krankenhaus. Meine beste Freundin liegt im Sterben. Sie hat Lungenkrebs und die Ärzte sehen keine Heilungsmöglichkeiten mehr für sie. Karin ist erst zweiundvierzig Jahre alt und hat eine Tochter, die erst vierzehn ist. Der Lungenkrebs kommt zweifelsfrei von ihrem jahrelangen und viel zu hohen Zigarettenkonsum und Karin bereut nun bitterlich, so viel geraucht zu haben."

Ich war zutiefst betroffen und erschüttert über dieses Schicksal. Die Worte drangen tief in mich ein und schienen sich intensiv zu verbreiten.

Jede Zelle schien die Information aufzunehmen: Rauchen macht krank, Rauchen kann dich töten.

Nachdenklich entfernte ich mit ein paar warmen Kompressen die Reinigungsmilch und begann anschließend, das Peeling mit feuchten Fingern leicht einzumassieren. Frau H. berichtete unterdessen weiter: „Im Krankenhaus habe ich so viel Leid und Elend gesehen, das durch Rauchen verursacht wurde, dass ich selbst letzte Woche sofort mit dem Rauchen aufgehört (ohne Reiki!) und mir auch vorgenommen habe, vor allem rauchende Eltern von noch kleinen Kindern davon abzubringen. Es ist so furchtbar, wenn man sterben muss, solange die Kinder noch klein sind und einen besonders brauchen.

Viele bittere unvermeidbare Schicksalsschläge sind grausam genug, aber durch Rauchen zu sterben wäre vermeidbar und ist unnötig."

Ich antwortete nicht mehr darauf. Schließlich wusste ich selbst, wie recht Frau H. hatte. Es bedurfte keiner Bestätigung und durch mein Stillschweigen kam auch sie langsam zu Ruhe, entspannte sich.

Dieses *zufällige* Gespräch an diesem Morgen bewirkte ein tatsächliches Beenden meiner Raucherkarriere für lange Zeit. Ich dachte oft an diese arme Frau, die ihre Tochter nun alleine auf Erden zurücklassen musste und wegen des zu hohen Zigarettenkonsums verstarb.

Aber ich war auch überzeugt, dass dieses Gespräch an diesem Morgen nur von einem arrangiert worden sein konnte: **Mein Himmlischer Vater, ich danke dir dafür!**

Kristalle, die unterstützend gegen die Süchte eingesetzt werden können:

Durmotiriert:
Hilft, zwanghafte Verhaltensmuster zu erkennen und aufzulösen.

Versteinertes Holz:
Beruhigt die Nerven und schafft Wohlbefinden.

Mami ich will lieber diese gräßlichen, nervtötenden, blinkenden, quäkenden und piepsenden Dinger mit tausend Schaltern und Knöpfen, als ständig diese Geröllhalden.

7. Kapitel

Heilsteine – die große Hilfe aus der Natur

Unsere gesamte Familie, der Freundes- und Bekanntenkreis, sowie die Kundinnen meines Kosmetikstudios staunten immer wieder, wie sehr die Schwingungen der Kristalle unser Leben positiv beeinflussten und so nicht nur zur Harmonie, sondern auch zu Gesundheit führten und Arztbesuche immer seltener werden ließen.

Doch sollte man beachten, dass Kristallbehandlungen alleine keine ärztlichen Behandlungen ersetzen. Vor allem ist es notwendig, dass man sich sorgfältig untersuchen und eine richtige Diagnose stellen lässt. Einen Aventurin-Heilstab bei Bauchschmerzen aufzulegen, deren Ursache ein Blinddarmdurchbruch ist, kann lebensbedrohliche Folgen haben. Bei Bauchschmerzen durch Schulstress wiederum erzielten wir hervorragende Ergebnisse.

So ist es mir stets wichtig gewesen, einem Kind nicht nur einen Heilstab aufzulegen, sondern auch genau aufzupassen, wie der weitere Krankheitsverlauf sich entwickelte. Stets schliefen unsere Kinder durch die Schwingungen von Reiki und Kristallen entspannt ein und ich sorgte dann für ein weiterhin ruhiges Umfeld, indem ich das Telefon leise stellte und die Haustürglocke abschaltete, aber ich ließ die Kleinen nicht unbeobachtet. Meistens schliefen sie sich in diesem tiefen, ruhigen Zustand - bewirkt durch Reiki- und Heilstein-Energien - regelrecht gesund. Wäre dem aber nicht so gewesen, hätte ich sofort um fachärztliche Hilfe nachgesucht.

Wenn man sich mit der Diagnose der Erkrankung sicher ist, dann können Heilsteine eine große Hilfe sein.

Während meiner vierten Schwangerschaft bemerkte ich plötzlich ein immer größer werdendes Gewächs an der Nasenscheidewand. Als Erstes behandelte ich es lokal mit einem Tropfen naturreinem Teebaumöl. Falls es eine virusbedingte Warzenart gewesen wäre, hätte dieses australische Heilpflanzenöl am schnellsten geholfen. (Nachtrag: Weitere Möglichkeiten zur erfolgreichen Warzenbehandlung können Soleanwendungen sein, oder den frischen Saft aus dem Blattstengel der Schöllkrautpflanze auftragen, und auch der eigene Morgenspeichel – vor dem Zähneputzen auf die Warze getupft - soll helfen.)

Doch mein Gewächs schien nicht auf das Öl anzusprechen und nach zwei Tagen ging ich zu meiner wunderbar toleranten niederländischen Hausärztin in unserem Dorf, die mich schulmedizinisch stets gut begleitete und meine Heilstein-Eigenbehandlungen akzeptierte. Doch diesmal überwies sie mich umgehend zu einer Hals-Nasen-Ohren-Praxis eine Ortschaft weiter. Der Arzt entnahm eine Gewebeprobe und erklärte, dass er mir den Befund erst nach ungefähr acht Tagen mitteilen könne.

Während der Heimfahrt war ich unwillig, mich solange mit diesem Gewächs abfinden zu müssen. Wenn man genau schaute, konnte es jeder an meiner Nase erkennen und außerdem störte es mich beim Atmen. Ich beschloss, mich mit meinem Aventurin-Heilstab zwischenzeitlich selbst zu behandeln.

Mit der stumpfen Seite des Heilstabes massierte ich in kleinen linkskreisenden Bewegungen das unliebsame Gewächs an meiner Nasenscheidewand. Das Gute an den Aventurin-Heilstäben war, dass man hiermit keine Behandlungsfehler machen konnte. Manchmal nützte er nichts und es war keine Heilwirkung zu erzielen, aber einen Schaden oder eine Verschlechterung der Situation bewirkte er nie.

So massierte ich ungefähr drei bis vier Tage, immer mal wieder ca. zehn Minuten und stellte danach fest, dass sich das Gewächs verkleinerte, ja regelrecht zu schrumpfen schien. Von da an bildete es sich dann rasch zurück und am sechsten Massage-Tag mit dem Aventurin-Stab war das Geschwür gänzlich verschwunden, die Haut glatt wie zuvor. Trotzdem rief ich nach insgesamt zehn Tagen in der HNO-Arztpraxis an, um nach dem Befund der Gewebe-Entnahme zu fragen. Der Arzt erklärte mir, dass es sich um ein ganz harmloses Geschwür handle, aber trotzdem operativ entfernt werden musste. Allerdings sollte ich den kleinen Eingriff erst nach der Geburt des Babys vornehmen lassen. Bis dahin hätte ich mich damit abzufinden.

Ich antwortete ihm, dass es in der Zwischenzeit wieder verschwunden war und er schien mir das am Telefon fast nicht richtig glauben zu wollen. Als ich ein paar Tage später bei meiner Hausärztin vorbeischaute, war auch diese erstaunt: „Inzwischen bin ich ja von Ihnen einiges gewöhnt, aber dies überrascht mich doch“, entgegnete sie mir. „Trotzdem ist es gut, dass Sie verantwortlich handeln und gerade auch bei Hautveränderungen erst einmal zum Facharzt gehen, anstatt diese mit Heilsteinen selbst behandeln zu wollen", betonte sie freundlich.

Ja, die Toleranz bei den Schulmedizinern ist gewachsen und immer mehr beschäftigen sich ausführlicher mit den heilenden Wirkungen der Kristalle. So gibt es allein in unserer Umgebung schon zwei Zahnärzte, die ihren Patienten hin und wieder Bernsteinketten empfehlen, nicht nur für zahnende Kinder.

Wie kommt es zu der „heilenden Wirkung" eines Steins? „*Das Geheimnis ist seine ‚Strahlung' oder ‚Schwingung' oder ‚Energie'*", erklärt der Mineraloge Michael Gienger. „*Wir alle, Menschen, Tiere, Pflanzen und Steine geben Energien ab und empfangen auch ständig welche. Über die Strahlung stehen wir mit unserer Umwelt in Verbindung. Kristalle besitzen eine sehr gleichmäßige, konstante Strahlung, ähnlich einem Radiosender mit stets gleichem Programm.*"

Inzwischen wissen auch viel mehr Menschen über die schädlichen Strahlen von Funkweckern, Handys und Computern Bescheid und wie gesundheitsgefährdend das Arbeiten vor dem Bildschirm und Rechner ist, wenn man sich nicht zu schützen versteht.

Ein Beispiel: Zwei Frauen teilten sich einen Arbeitsplatz. Beide saßen den halben Tag ungeschützt vor dem gleichen Computer. Eine klagte nach einiger Zeit immer häufiger über Rückenbeschwerden, die andere Frau plagte sich mit Migräneattacken herum.

Was sie nicht wussten: Über ihre Chakras (Energiezentren am Körper) konnte die schädliche Computer-Strahlung in den Körper gelangen und wurde dort an die Schwachstellen (Denkfehler, Handlungsfehler) weitergeleitet.

Rückenschmerzen. Möglicher seelischer Grund - Denkfehler: *Fühlt sich nicht genügend unterstützt, fühlt sich ungeliebt und hält Liebe zurück.*

Migräne. Möglicher seelischer Grund - Denkfehler: *Empfindet starke Abneigung gegenüber einer bestimmten Person, fühlt sich getrieben.*

Die wahre seelische Ursache der Erkrankung waren bei der einen Frau die Schwierigkeiten in ihrer Ehe und bei der anderen Berufstätigen die Ablehnung der eigenen Mutter, mit der sie ständig im Streit und Unreinen war.

Der Computer war das ausführende Organ. Die gleiche Ursache, die Computerstrahlung, ließ zwei ganz verschiedene Krankheitsbilder entstehen, da eben auch zwei verschiedene Denkfehler vorlagen: a) fühlt sich ungeliebt (Ehemann) und b) empfindet Abneigung (Mutter).

Als Erstes galt es, sich vor weiterer Computer-Bestrahlung zu schützen, indem sie einen Schörl vor das Gerät platzierten oder direkt auf ihrer Kleidung einen Turmalin-Quarz trugen. (Männer bevorzugen ihn als Donut und tragen ihn lieber unter dem Hemd.)

***Turmalin-Quarz** leitet Spannungen ab und eignet sich dadurch hervorragend als Computer-Schutzstein. Er kann verwendet werden, um die innere Kraft wiederzufinden und so unglückliche Beziehungen oder Situationen zu verbessern.*

Beide Frauen trugen eine Turmalin-Quarz-Spitze und konnten es kaum fassen. Nach einiger Zeit wurden sie tatsächlich beschwerdefreier. Sie saßen nun immer mittels ihres Kristalls geschützt bei ihrer Arbeit vor dem Computer. Und sie lernten, dass Krankheiten jemanden nicht willkürlich befallen, sondern stets auch ein seelischer Grund vorhanden ist. So waren sie von nun an in der Lage, sich Gedanken über ihr weiteres Verhalten zu machen.

Sie waren zu Veränderungen bereit. Die eine Frau entschloss sich, an ihrem Selbstvertrauen zu arbeiten. Zu lernen, sich selbst wieder zu lieben, und so unabhängig von der Liebe des Ehepartners zu werden. Dazu trug sie häufig einen **Granat-Kristall**: *Er tröstet, wenn man sich einsam fühlt, lässt die Erkenntnis reifen, frischen Wind in sein Leben zu bringen, verleiht Geduld und stärkt die persönliche Anziehungskraft.* Die andere Frau entschied sich, ihre eigene Mutter zukünftig mit mehr Wohlwollen zu betrachten und verwendete einen **Morganit:** *Er stärkt das Streben nach liebevollem Handeln und vereinigt das Juwel der Weisheit mit der Gelassenheit des Verstandes. Er reinigt, aktiviert und stimuliert das Herz-Chakra.* Die Schwingungen der Kristalle unterstützten die beiden Frauen in ihrem Veränderungsprozess.

Beide berichteten anschließend, die Steine hätten sie geheilt. Aber das war es nicht allein. Die Heilung wurde vor allem auch durch das Loslassen des fehlerhaften Denkmusters erreicht. Steine können uns helfen, harmonische und liebevolle Gedanken in uns zu entwickeln, unsere Seele zum Frieden zu führen und damit zur Gesundheit.

Die Schwingungsabgabe eines einzelnen Steines kann zwischen fünf und einhundert Prozent liegen und sie ist abhängig von Größe, Qualität, der geologischen Entwicklung, in welchem Umfeld er lag oder unter welchen Umständen er abgebaut wurde.

Michael Gienger, der Mineraloge, meint: „*Die gleichmäßige Strahlung eines Kristalls ist wie bei einem Radiosender mit stets gleichbleibendem Programm. Diese Information wird eingestrahlt in den Organismus und löst dort bestimmte Reaktionen aus. Leiden wir z. B. unter Eisenmangel, so können wir unseren Körper durch das Tragen von Hämatit (ein stark eisenhaltiges Mineral) daran 'erinnern', das Eisen aus der Nahrung aufzunehmen und zu verwerten.*

Durch das dauerhafte Tragen des Steines führen wir dem Körper ständig die Information 'Eisen' zu. Dadurch wird der Stoffwechsel animiert, mehr Eisen zu verarbeiten.

Als Folge davon wird die Bildung roter Blutkörperchen angeregt, mehr Sauerstoff kursiert im Blut, wir fühlen uns gesünder, vitaler und lebendiger. Seit alters her wird der Hämatit auch 'Blutstein' genannt, da sich das Wasser bei seinem Schleifen blutrot färbt.'

Die Steinheilkunde ist somit eine wertvolle Ergänzung zu anderen Heilmethoden. Die Haltbarkeit der Kristalle ist sozusagen fast unbegrenzt und man kann sie sogar als Schmuck tragen.

Was man außerdem beachten sollte: Es gibt Mineraliengeschäfte, die sich inzwischen auf Heilsteine spezialisiert haben und sie bemühen sich besonders um Kristalle, die eine starke Ausstrahlung haben. Dabei geht es gar nicht um die Schönheit eines Steines. Diese ist in keinster Weise ein Garant für Qualität. Vielmehr ist manch schöner Stein gefärbt oder bestrahlt worden und somit wertlos. Dagegen ist oft ein Stein zum absoluten Liebling seines Trägers geworden, der nicht vollkommen makellos war und trotzdem sehr hilfreich war. Gerade bei Kindern kann man das oft beobachten.

Wer also einen *echten Heilstein* erwerben möchte, erkundigt sich am besten in einem darauf spezialisierten Fachgeschäft. Möglicherweise sind die Kristalle dort scheinbar etwas teurer, aber Qualität hat nun einmal auch hier ihren Preis. Gerade bei Kristallen, die als Heilsteine eingesetzt werden sollen, ist vom Abbau bis hin zum Endverbraucher wesentlich mehr Aufwand erforderlich, in der Behandlung, Lagerung und natürlich auch in der Beratung.

Oft werden Steine gefälscht, zu edel aussehenden Kristallen umgefärbt und anschließend in Billigläden oder auf Flohmärkten verramscht. Besonders häufig geschieht dies bei Rubinen, dem Lapislazuli, dem Citrin, Topas und bei Aquamarin. Sie sehen dann zwar als Schmuckstück sehr schön aus, haben jedoch keinerlei Heilkraft-Wirkungen.

Also auch bei Steinen gilt: Lassen Sie sich richtig fachlich beraten, am besten in einem Geschäft, in dem Fachpersonal konstant erreichbar ist, damit bei evtl. auftauchenden Problemen jemand auch noch nach dem Kauf beraten kann.

Denn ein Stein verursacht manchmal auch Heilungsschmerzen. Häufig kommt dies z. B. beim Amethyst vor. Allerdings ist es für manchen Heilungsprozess sehr wichtig, erst einmal die vorhandenen *negativen Energien* herauszuholen oder sie aufzulösen.

Auf den Kursen erkläre ich dies gerne mit folgendem Beispiel: Du hast eine sehr alte Bratpfanne, hundert Mal benutzt und doch oft nicht richtig gereinigt. Von weitem sieht sie auch gar nicht so schlimm aus (oder wenn man keine Brille auf hat). Eines Tages beschließt du, sie wirklich einmal ganz gründlich zu säubern und beginnst zu schrubben. Jetzt stellst du fest, dass sich mit Wasser und Scheuerpulver manch fester Dreck auch lösen lässt, doch während dieser Reinigung sieht die Pfanne noch viel schlimmer aus. Sie beinhaltet nun gar eine üble, stinkende Brühe.

Würdest du jetzt vor lauter Angst, etwas falsch zu machen oder weil es dir unangenehm ist, mit der Reinigung wieder aufhören und alles wieder antrocknen lassen, so ginge das zwar, doch du schiebst alle Probleme nur auf die lange Bank.

Eines Tages wirst du dich doch damit beschäftigen und mit der Reinigung erneut beginnen müssen. Wenn du aber gleich weiterschrubbst, reinigst und säuberst, mit viel Wasser nachspülst, dann wird deine Mühe nach einiger Zeit belohnt werden, denn der alte Glanz kann wieder hervorkommen.

So geschieht es auch mit den Kristall-Wirkungen im Körper. Das Herausholen der negativen Energien ist gesundheitlich gut, auch wenn es mal mit ein paar unliebsamen Begleiterscheinungen verbunden sein kann.

Doch wenn unser wahrer Glanz, unser echtes Sein, endlich wieder zum Vorschein gekommen ist, klarer und reiner, dann können wir unsere Mitmenschen mehr erfreuen, als mit uns umgebender Dunkelheit oder mit Krankheiten.

Es ist besser, ein Licht anzuzünden,
als auf die Dunkelheit zu schimpfen.

Uns ist so viel Wissen abhanden gekommen,
doch die Existenz gibt es
und mit ihr die Möglichkeit,
ein neues Verhältnis zur Natur zu erlangen,
in Dankbarkeit und Fürsorge
der Schöpfung Gottes.

Die Kristalle haben mir das Muttersein sehr erleichtert und oft geholfen. Ich bin sehr dankbar und froh, dass ich diese Möglichkeit der Hilfe für mich und meine Familie entdeckt habe.

Doch jeder sollte sich darüber im Klaren sein: Heilsteine ersetzen keine fachärztliche Behandlung. Aber das Eine schließt das Andere nicht aus. So kann man zusätzlich zur ärztlichen Behandlung auch Kristalle begleitend dazu verwenden, oder man setzt sich eine Frist, d. h. wenn innerhalb eines absehbaren Zeitraumes keine Besserung zu erkennen ist, ersuche ich um Hilfe bei einem Arzt.

Doch die meisten Menschen kämpfen nur gegen ihre Krankheiten und benötigen dafür ungeheure Kraft, anstatt auch Energie zum Entschlüsseln der wahren seelischen Ursachen ihrer Erkrankung zu verwenden und sich damit zu beschäftigen, was ihr Körper ihnen durch die Krankheit mitteilen will, um dann an Verhaltensänderungen zu arbeiten und ihr Energiesystem wieder aufzubauen. Ein Naturgesetz lautet:

Fülle dich mit Gesundheit
(mit gesunden Dingen, gesunder Energie)
und die Krankheit wird dich von selbst verlassen.

Wir müssen uns nicht nur mit gesünderen Nahrungsmitteln ernähren, sondern vor allem auch unsere Einstellung in einen positiven Bereich bringen, d. h. gute Gedanken denken, anstatt zu schimpfen und zu zetern, uns zu ärgern oder zu grämen. Unser Energiesystem aufbauen, liebevoll zu sich selbst und zu seiner Umgebung zu werden, dafür die Energie verwenden, anstatt sie im ausschließlichen Kampf gegen die Krankheiten stets weiter zu verlieren.

Heutzutage sterben leider noch viel zu viele Menschen an den Folgen der Chemotherapien. Zwar wird die Krebserkrankung manchmal auch erfolgreich besiegt, doch gleichzeitig werden wichtige Organe oder Funktionen im Körper des Patienten auf andere Weise zerstört.

Bei der Schulmedizin wird selten die seelische Ursache der Krebserkrankung in Betracht gezogen. Auch die körperliche Reinigung mittels hochwertigem, lebendigen Wassers und der Aufbau durch lebendige und wirklich gesunde Nahrung (wie zum Beispiel ganz frische Milch von Ziegen) hat noch keine Bedeutung bei den meisten Nachsorgegesprächen.

Dabei sollte nach jeder erfolgreichen Tumorentfernung zum Wohle des Patienten auch ein Informationsgespräch stattfinden, in dem über die seelische Ursache der Erkrankung aufgeklärt wird und ebenso über die Wichtigkeit des Strahlenschutzes (Handys, Computer). Es sollten Hilfestellungen zu neuer Lebenssichtweise geboten werden, sei es mit Yoga, Chi Gong, Meditation, Reiki, autogenem Training, Atemtherapien oder sonstigem. So würden die Chancen steigen, dass sich nicht wieder disharmonisches Zellgewebe entwickelt. Wer auf die Botschaften seines Körpers hört, sie zu deuten versteht und danach entsprechend handelt, Konfliktsituationen wieder ausgleicht, sorgt mehr für seine Gesundheit, als mittels ausgeklügeltstem Überwachungsgerät.

Umdenken lernen! Durch liebevollere Gedanken am körperlichen Aufbau arbeiten. Mit einem kräftigen und starken Immunsystem kommen zwar ebenfalls Viren und Bakterien auf einen zu, aber diese können keinen Schaden anrichten und werden erfolgreich abgewehrt. Mit genügend Liebe zu sich selbst, das heißt einem starken persönlichen Energiefeld, ist man viel besser gefeit gegen die Meinungsattacken anderer Menschen. Das persönliche Gleichgewicht bleibt besser erhalten.

Verfügt man jedoch nur über ein schwaches Immun- und Energiesystem, hat man sich zusätzlich auch noch über Jahre völlig verausgabt, gegrämt, gesorgt oder ist verbittert, so ramponiert dies die Gesundheit, denn wenn die Seele erkrankt, ziehen automatisch körperliche Beschwerden auf.

Was kann man tun?

Nur sich selbst kann man ändern. Die Umgebung lässt sich nicht ändern. Der Ehemann nicht, die Schwiegertochter nicht, nicht der Sohn und schon gar nicht die Nachbarin. Seinen Chef kann man nicht ändern und auch nicht die Kolleginnen. **Nur sich selbst kann man ändern. Nur sich selbst darf man ändern. Nur sich selbst braucht man zu ändern.**

Denn wenn man dazu bereit ist, ändert sich erstaunlicherweise (oder logischerweise) auch die Umgebung.

Wenn man selbst ruhiger und konzentrierter wird,
werden es auch die Kinder.
Wenn man selbst harmonischer wird,
werden es auch die Kolleginnen.
Wenn man selbst liebevoller wird, wird es auch der eigene Mann wieder.

Und genau dabei können Kristalle hilfreich den eigenen Wunsch und Willen unterstützen. So ist z. B. der *Serpentin* ein Stein, der bei *Stress und Nervosität beruhigt. Mit ihm kann man seinen persönlichen inneren Frieden finden.*

Es ist vollkommen unwichtig, ob man dabei an die Wirkung des Steines glaubt oder nicht. Inzwischen ist zur Genüge bekannt, wie hilfreich die Babybernsteinketten sind und Babys glauben auch nicht an die Wirkung der Ketten. Entscheidend ist vor allem der Wille nach Gesundheit, den Kinder und Tiere meist instinktiv haben.

Sven, der achtjährige Sohn meiner Freundin, bekam häufig Nasenbluten. Sie kaufte ihm einen kleinen Rosenquarz, als Trommelstein gebohrt, und er trug diesen an einem Band unter der Kleidung. *Nasenbluten* – seelische Ursache: *fühlt sich nicht genügend geliebt.* Es besagt nicht, dass er nicht genug geliebt wurde, sondern lediglich, dass er einen Mangel an Liebe empfand.

Der Rosenquarz ist der *Stein der Liebe*. Er vermittelt Urvertrauen. Die *Liebesschwingung* des Kristalls bewirkte, dass Nasenbluten kein Thema mehr war und die Mutter unterstützte den Heilungsprozess zusätzlich mit einem täglich ausgesprochenen: „Ich liebe dich, mein Schatz!“, beim Schlafengehen. Dieser kleine Satz bewirkte eine harmonischere Beziehung für beide, tat allen gut.

So ist es eben wichtig, sich nicht nur den entsprechenden Kristall auszusuchen, sondern sich auch stets mit der seelischen Ursache der Erkrankung zu beschäftigen. Sehr hilfreich kann dabei das Buch *Heile deinen Körper* von Louise L. Hay sein. Hierin stehen sehr viele seelisch-geistige Gründe für körperliche Krankheiten.

Die Autorin hatte Unterleibskrebs (der wahrscheinliche seelische Grund waren Vergewaltigungen im Kleinkindalter). Die Ärzte gaben ihr noch drei

Monate zu leben. In diesen drei Monaten handelte Louise und krempelte ihr Innenleben total um. Sie lernte anders zu denken, zu verzeihen, die Vergangenheit hinter sich zu lassen. Sechs Monate später hatte sie keinerlei Formen von Krebs mehr und dies ist inzwischen viele Jahre her.

Es ist also nicht allein entscheidend, ob man daran glaubt, dass der Kristall hilft, sondern wichtig ist vielmehr der Wille, gesund zu werden und die Bereitschaft, sich dafür in seinem Verhalten zu ändern. Ein paar Beispiele:

Problem:	**Wahrscheinlicher Grund:**	**Neues Gedankenmuster:**
Arthritis	Fühlt sich ungeliebt. Kritiksucht. Groll.	Ich bin Liebe. Ich beschließe, mich zu lieben und zu akzeptieren. Ich sehe andere mit den Augen der Liebe.
Grüner Star	Starre Unversöhnlichkeit. Druck lange bestehender Verletzlichkeit. Alles ist zuviel.	Ich sehe mit Liebe, Vergebung und Zärtlichkeit.
Bandscheiben-Vorfall	Fühlt sich vom Leben im Stich gelassen. Unentschlossen.	Das Leben unterstützt alle meine Gedanken. Deshalb liebe und akzeptiere ich mich. Alles ist gut.
Bluthochdruck	Lange bestehendes, ungelöstes emotionales Problem.	Freudig lasse ich die Vergangenheit hintermir. Ich bin im Frieden.
Bettnässen	Angst vor einem Elternteil.	Dieses Kind wird mitLiebe gesehen + behandelt.

Blasenprobleme	Ängstlichkeit. Hält an alten Vorstellungen fest.	Leicht und mühelos lasse das Alte gehen und heiße das Neue willkommen.
Hoden	Maskulines Prinzip. Männlichkeit.	Es ist gut, ein Mann zu sein.
Husten	Verlangen, die Welt anzubellen	Ich werde auf positive Weise bemerkt und geschätzt und geliebt.
Magengeschwür	Angst. Glaube, du seiest nicht gut genug.	Ich liebe und akzeptiere mich.
Rheumatismus	Fühlt sich schikaniert. Mangel an Liebe. Chronische Verbitterung.	Ich erzeuge meine Erlebnisse selbst. So wie ich mich selbst und andere liebe und annehme, werden meine Erfahrungen besser.
Krebs	Tiefe Verletzung. Lange bestehender Groll. Tiefes Geheimnis oder Trauer, die am Selbst nagen. Hass in sich. Empfindet Sinnlosigkeit.	Liebevoll vergebe und löse ich alles Vergangene. Ich beschließe, meine Welt mit Freude zu füllen. Ich liebe und akzeptiere mich.
Ohrenschmerzen	Wut. Will nicht hören. Zuviel Durcheinander. Eltern streiten.	Ich vertraue meinemHöheren Selbst. Ich lausche mit Liebe dem Angenehmen und Guten. Ich bin ein Mittelpunkt der Liebe.

Deshalb ist es so wichtig, eheliche Schwierigkeiten nicht ständig vor den Kindern auszutragen. Zu lernen, seinen Ärger oder die Wut auch mal zu beherrschen und nicht gleich bei jedem Unrecht, das einem widerfährt, aufzubrausen.

Je stabiler die Selbstsicherheit und der eigene Wert einem bekannt sind, desto weniger kann ein anderer Mensch sie zerstören. Damit sind wir bei der Berufstätigkeit der Frauen. Diese macht unabhängiger und lässt den Wert klarer erkennen. Hiermit meine ich nicht die Summe auf dem Gehaltszettel, sondern die Möglichkeit, selbstständig und ohne andere Unterstützung (anderes Einkommen) das Leben zu meistern. Wenn die Unterstützung trotzdem vorhanden ist, durch einen liebevollen Ehemann oder wunderbare Eltern - toll. Aber sollte sie aus irgend einem Grund nicht mehr da sein, sei es durch Trennung, Unglücks- oder gar Todesfall, so ist der Absturz in die neue Realität nicht so brutal und man kommt aus dem seelischen Tief besser wieder heraus.

Vier Kinder habe ich nur, weil ich stets berufstätig sein konnte. Ein oder zwei Kinder zu haben und mit denen den lieben langen Tag zu verbringen, halte ich für viel nervenaufreibender, als zu arbeiten. Der Beruf sollte jedoch in erster Linie auch Erfüllung schenken, sodass man ihn gerne ausüben kann. Es ist besser für das Wohlbefinden, einen Job mit Freude anzunehmen, bei dem man vielleicht etwas weniger verdient, als einen höheren Stundenlohn zu haben und die Berufstätigkeit lieblos auszuüben. Das stresst dann wirklich.

Ich freue mich jeden Tag nach getaner Arbeit stets sehr auf die Kinder und spätestens am Sonntagabend sehne ich den Montagmorgen herbei, den Beginn meiner beruflichen Tätigkeit. Genieße die Pause von meinem Muttersein.

Viele Mütter würden gerne zwei bis drei Mal die Woche einen Beruf ausüben, aber leider gibt es kaum geeignete Arbeitsplätze, zuwenig bzw. zu teure Krippen- und Hortplätze, zuwenig Ganztagsschulen und auch nicht unbedingt die Unterstützung des Ehemanns oder seitens der Verwandtschaft.

„Bleib die ersten Jahre zu Hause und kümmere dich um die Kinder und den Haushalt, da hast du genug zu tun. Oder willst du, dass die Kinder durch das Fremdbetreuen Schaden nehmen?“, heißt es immer noch.

Dabei haben Studien erwiesen, dass Mütter, die neben der Kindererziehung noch einem erfüllenden Beruf nachgehen, meist ausgeglichener sind, die Kinder selbstständiger und der Haushalt bestimmt genauso ordentlich.

Von dem selbstverdienten Geld kauft man auch gerne etwas für sich oder für die Familie, was sonst vom Haushaltsetat nicht möglich gewesen war. Die Industrie und der Handel sollten dankbar sein und berufstätigen Müttern praktizierbare Arbeitsstellen anbieten. Denn gerade sie sorgen nicht nur für die zukünftigen Verbraucher, Steuerzahler und Rentenbeitragseinzahler, sondern müssen nicht jeden Cent dreimal rumdrehen, geben das Geld etwas lockerer aus.

So wie ich für einen *Quiesel.* Quiesel war eine Handpuppenfigur aus dem Lesebuch unseres ersten Kindes Marco.

„Die Kinder lernen mit dieser Figur viel leichter lesen und am meisten lieben sie ihren Quiesel, wenn ihn die Mama selbst gebastelt hat", klärte die Lehrerin auf dem Elternabend der Klasse 1 d uns Muttis auf. „Außerdem ist er durch die Eigenleistung natürlich erheblich preisgünstiger."

„Ich denke, am geschicktesten ist es, den Quiesel in Gemeinschaftsarbeit herzustellen. Das reduziert dann durch effektiveres Aufteilen zusätzlich Materialkosten. Wir werden deshalb drei Abende dafür festlegen. Einen Abend zur Gestaltung und zum Bestellen des benötigten Materials, einen Abend zum Zuschneiden und einen Abend zum Nähen der Handpuppe", informierte uns die kinderlose Lehrerin weiter. Fast alle Mütter nickten zustimmend, bloß ich rutschte vor Schreck fast von dem unbequemen Kinderstühlchen. Drei Abende futsch und das für eine Handpuppe, die es zu der Zeit in jeder Buchhandlung für sieben Euro zu kaufen gab.

Doch die meisten nicht berufstätigen Mütter schienen sich sehr auf diese Bastelabende zu freuen und überlegten schon eifrig, wie man sie organisatorisch unterbringen konnte. Ich persönlich hasse es zu basteln, mochte es als Kind schon nicht.

Ich bewundere zwar, was andere so geschickt aus ihren Händen entstehen lassen, doch ich selbst habe damit nichts am Hut. Mir reicht es schon, wenn ich einen Knopf annähen muss. Zum Glück erfand ein kluger Kopf das Nähklebepulver, das zwar bei Knöpfen auch nicht hilft, aber manchen aufgerissenen Saum habe ich damit erfolgreich an seinen Platz zurückbefördert.

„Wenn wir eine Sammelbestellung für den Quiesel im Geschäft aufgeben, würden wir vielleicht auch einen Rabatt bekommen", wand ich vorsichtig ein, erntete aber sogleich vernichtende Blicke der Lehrerin und verschiedener Mütter.

„Kinder bevorzugen Selbstgebasteltes, da spüren sie die Liebe der Mutter“, wurde ich belehrt. Wenn ich drei Abende nicht zu Hause bin, fehlt ihnen mehr Liebe, als ihnen die Puppe je vermitteln kann, schmollte ich, sagte aber nichts mehr dazu. Später zu Hause erklärte ich meinem Mann, dass er wahrscheinlich zwei bis drei Abende die Kinder alleine zu Bett bringen musste.

Doch gerade durch meine Berufstätigkeit blieb ich so gerne abends bei ihm und den Kleinen und alles in meinem Inneren sträubte sich, die gemütlichen Familienabende zugunsten von Nähkursen aufzugeben.

Wenn ich schnell einen Rat benötige, wie von einer guten Freundin, dann nehme ich das Buch *Meditationen für Körper und Seele* von Louise L. Hay zur Hand und formuliere klar die Frage und schlage dann eine Seite auf. Durch das Gesetz des Zufalls erhalte ich genau die Seite mit dem Text, der mir jetzt weiterhilft.

Ich holte mir das Buch, fragte: „Soll ich auf diese Nähabende gehen?“ und schlug einfach eine Seite auf. Es war die Seite neunundsechzig und da stand: *Ich habe mir für dieses Leben genau die richtige Familie ausgesucht.*

Und für meine Kinder bin ich die perfekte Mutter, auch wenn ich nicht nähen und basteln mag, ergänzte ich gedanklich.

Von Tag zu Tag sehe ich meine Aufgabe deutlicher, sie besteht darin, mich aus alten Schranken zu lösen, fiel mir aus dem Text noch besonders auf und ich fühlte mich plötzlich wie verwandelt. Es ist wunderbar, eine Buch-Freundin zu haben, die mir immer die entscheidenden Sätze vermitteln kann, die ich gerade benötige.

Doch ich entschloss mich, auch unseren Sohn selbst zu befragen. „Marco, möchtest du, dass ich dir einen Quiesel selbst nähe? Dann bin ich allerdings zwei bis drei Abende nicht zu Hause. Oder soll ich dir einen kaufen?“

„Uh, näh bloß keinen, ich möchte viel lieber einen gekauften Quiesel!“, stöhnte er auf und rollte dabei mit den Augen. „Aber glaubst du nicht, dass du einen Selbstgenähten viel mehr lieben wirst, als einen gekauften? Es wäre ein Liebesbeweis von mir an dich“, forschte ich weiter.

„Ich weiß, dass du mich liebst, dafür brauchst du mir keinen Quiesel zu nähen, denn ich weiß auch, wie sehr du nähen hasst“, entgegnete er selbstsicher.

Vielleicht fürchtete er aber auch, dass ein von mir eigenhändig genähter Quiesel mit Abstand die hässlichste Figur der ganzen Klasse werden würde.

Egal, ich umarmte ihn dankbar, denn er hatte Recht! Er benötigte keinen extra Liebesbeweis und schon gar keinen, der nicht aus reinem Herzen geschah. Schließlich mussten unsere Kinder auch keinen Spinat essen, um mir ihre Liebe zu beweisen.

Ich kaufte frohgemut den Quiesel im Ladengeschäft und genoss die Abende zu Hause und die Liebe meiner Familie, die sich erst richtig entwickeln konnte, seit ich lernte, zu mir zu finden, mich selbst anzunehmen, so wie ich war und aufhörte, mich von Meinungen der Mitmenschen länger abhängig zu machen.

Inzwischen kaufte ich nicht nur Quiesel, sondern gerade Extra-Vergnügungen, die von der Haushaltskasse nicht abgezweigt werden konnten, leisteten wir uns von meinem Zusatzverdienst. Noch wichtiger war mir aber stets, dass ich durch die Arbeit auch eine gewisse Unabhängigkeit besaß und es mir bei eventuellem Scheitern der Ehe nicht so schwer fallen würde, wieder vollständig den Lebensunterhalt für mich und die Kinder verdienen zu müssen.

Mir widerstrebte es stets, nur auf das Einkommen des Ehemanns angewiesen zu sein, in guten Zeiten nutzten wir die Vorteile der Doppelverdiener und bei Vertrauensbrüchen hätte ich gehen können, müsste nicht weiter in einer lieblosen Beziehung leben.

Doch gerade diese Selbstständigkeit war es, die letztendlich zur Ehe-Harmonie und deren Erhalt beitrug. Da keiner den anderen wirklich brauchte, war stets klar, dass wir in Liebe freiwillig zusammenblieben. Und nach inzwischen einundzwanzig Jahren gemeinsamen Lebens genießen wir die schönen Seiten einer langjährigen Verbindung – ein sich in guten und schlechten Zeiten Aufeinander-verlassen-Können.

Es ist sinnvoll, sich von veralteten Vorstellungen wie „gute Mütter haben alles für ihre Kinder aufzugeben“ zu lösen. Es ist aber auch genauso wichtig, zu neuen Bevormundungen durch übertriebene Empfehlungen **Nein** zu sagen. Denn würde ich alles tun, was manche Lehrer, einige Schulmediziner oder sonstige Therapeuten dringend raten, bräuchte ich bei vier Kindern, die wir inzwischen ja haben, gar nicht mehr arbeiten zu gehen.

Ich müsste von einem Termin zum nächsten hetzen, die Kinder im Schlepptau. So hat für mich besonders das Thema *Zahnspangen* absurde Formen angenommen, denn inzwischen soll fast jedes Kind sie tragen. Die Metall-Gestänge haben zum Teil so extreme Größen und Formen, dass es den Kids kaum mehr möglich ist, verständlich zu sprechen. Damit ist eine zusätzliche logopädische Betreuung auch schon vorprogrammiert. Wenn auch in etlichen Fällen eine Zahnkorrektur Sinn macht, ein Übermaß an Kinder-Behandlungen ist Unsinn und mit den Beiträgen der Krankenkassen könnten wirklich notwendigere Behandlungen gemacht werden, für die das Geld inzwischen fehlt.

Nein, zu übertriebenen Schönheitskorrekturen, die zum Teil durch die große Metallmenge im Mund im Moment noch unabsehbare Nebenwirkungen nach sich ziehen können, dafür gebe ich meine Kinder nicht her.

Die Kristalle unterstützen mich mit ihrer Energie, dieses voller Selbstvertrauen auch durchzusetzen, ohne Gewissensbisse zu bekommen und sich als Rabenmutter zu fühlen, weil man nicht allen Behandlungsvorschlägen und Therapien bei Kinder-Psychologe, Logopäde, Kinderarzt, Zahnarzt, Spangenarzt, Orthopäde, HNO-Arzt, Mütterberatungsstelle etc. folgt.

Mit der Energie der Steine gelang es mir, mich besser ins Gleichgewicht zu bringen und zu überzogenen Ratschlägen auch mal ein klares **Nein** zu formulieren.

Das ABC der Heilsteine

Folgende Steine halfen mir, meiner Familie oder meinen Kundinnen ganz besonders und zählen inzwischen zu unseren beliebtesten Kristallen. Wir tragen diese lose am Band um den Hals, als Schmuckstück, als Armband. Besonders intensiv in ihrer Wirkung sind Kugelketten, da diese den gesamten Kopf- und Schulterbereich konstant umstrahlen:

Aventurin:	Ist ein Heilkristall mit *Breitbandspektralwirkung*. Er ist ein wunderbarer Einschlaf- oder Durchschlafstein, verhindert Albträume und fördert die Herzregeneration.
Achat:	Glücksstein. Vermittelt geistige Reife + seinem Träger Schutz, Sicherheit, Geborgenheit. Fördert die Konzentration auf das Wesentliche (Lernstein für die Schule). Für spezielle körperliche Beschwerden sollte ein Achat ausgewählt werden, der die Signatur des betreffenden Organs zeigt. Schwangerschaftsschutzstein.
Aquamarin:	Für die spirituelle Entwicklung. Er schützt vor Verletzungen bei *auszufechtenden Kämpfen* (Ehepartner, Vorgesetzte, Kollegen, pubertierende Kinder, Schwiegermütter). Mit ihm können wir uns selbst besser verstehen lernen.
Amethyst:	Gleicht rechte und linke Gehirnhälfte aus und harmonisiert damit das Weibliche und das Männliche in uns: Gefühl und Verstand im Einklang. Bei Albträumen, Suchtproblemen, Hautbeschwerden, Darmerkrankungen. Unterstützt die Bewältigung von Verlusten und lindert Trauer. Schmerzlindernd. Schenkt inneren Frieden, Kraft, Stabilität. Verhilft zu gesundem Menschenverstand und bringt Erfolg in geschäftlichen Angelegenheiten. Segment-Stücke eigenen sich zum Reinigen anderer Kristalle.Drusen reinigen und schützen Wohnräume.

Azurit-Malachit: Gegen Tumore, entgiftend. Vertreibt Arroganz und Eitelkeit und schenkt Ruhe und Trost, indem er Ängste, die im Zusammenhang mit einer Krankheit stehen, abbaut, dadurch belastende Gedanken losgelassen und positive neue Gedanken aufgenommen werden können.

Bergkristall: Verleiht Kraft und Energie, Wissen und Selbstsicherheit, lenkt den Geist zu Gott. Bergkristall-Gruppen laden andere Kristalle wieder mit Energie auf. Eine Spitze verstärkt jeden Stein, der darunter getragen wird in seiner Wirkung.

Bernstein: Für zahnende Kinder als Babykette. Fördert ein sonniges Gemüt, lindert Rückenschmerzen, reinigt Körper, Seele und Geist.

Bronzit: Hilft bei Entscheidungen von ungelösten Lebensproblemen. Schutzschild für die Seele – schirmt krankmachende und seelisch stark belastende Einflüsse ab. Vermittelt die notwendige Ruhe, um bei Konflikten oder in Extremsituationen richtig reagieren zu können. Krampflösend, schmerzlindernd. Bereits vorhandene Verwundungen der Seele können mit ihm beinahe narbenfrei geheilt werden.

Calcit: Ist entwicklungsbeschleunigend und macht tüchtig und erfolgreich, verleiht Selbstvertrauen sowie Stabilität. Normalisiert den Herzrhythmus. Orangencalcit ist stimmungsaufhellend. Blauer Calcit unterstützt bei schwierigen Verhandlungen und Gesprächen.

Chalcedon blau: Hilft, Prüfungen besser zu bestehen. Reduziert Lampenfieber auf ein erträgliches Maß. (Klassenarbeit, Abitur, Führerschein, Vorstellungsgespräch etc.) Hilft, im entscheidenden Moment das Richtige zu sagen oder zu schreiben. Er ist blutdrucksenkend und entzündungshemmend. Ein klassischer Kinderschutzstein – oft sehr hilfreich gegen Ohrenschmerzen, aber auch bei Wechseljahrbeschwerden oder Diabetes. Er vermittelt Leichtigkeit bei Gereiztheit oder Melancholie.

Charoit: Lässt erkennen, dass sich eine Tür öffnet, wenn sich eine andere schließt. Er hilft, tiefgreifende Veränderungen im Leben ruhig zu meistern und sicher eine eine Angelegenheit nach der anderen zu regeln. Er bringt Gutes in allen Situationen und macht unangreifbar bei Stress und Sorgen.

Carneol: Hilft, begonnene Aktivitäten zu Ende zu führen. Beschützt vor Neid, Angst und Wut. Schenkt Lebensfreude und Lachen. Er fördert die Aufnahme von Vitaminen, Nähr- und Mineralstoffen im Dünndarm. Er ist auch Glücksstein für alle Menschen, die mit dem Theater zu tun haben.

Chrysokoll: Bewirkt in turbulenten Zeiten einen klaren Kopf. Stabilisiert Beziehungen, wirkt aber oft auch hilfreich bei Liebeskummer oder gebrochenen Herzen.

Chrysopras: Bei Neurodermitis. Fördert seelische und körperliche Entgiftung. Vermittelt Vertrauen und Geborgenheit. Unserer Tochter hat das Tragen dieses Steines sehr bei ihrer Neurodermitis geholfen. (Siehe weiter unten in diesem Kapitel)

Citrin: Kann Urängste vertreiben und fördert Konzentration und Durchhaltevermögen. Auch bei Bettnässen – und gegen Verdauungsstörungen. Er hilft, sich von bedrückenden Einflüssen zu befreien und schenkt Lebensfreude.

Dumortiriet: Kann Sturheit und Überdrehtheit abbauen. (Klassischer Teenager-Stein) Verleiht Geduld und erdet in Liebesbeziehungen (verhindert das verliebte Abheben; vielleicht), wird auch als *Take-it-easy-Stein* bezeichnet und unterstützend bei Suchttherapien eingesetzt.

Epidot: Fördert Erholung und Regeneration nach schweren Erkrankungen oder Erschöpfungen. Löst falsche Selbstbilder auf.

Falkenauge: Hilfreich bei Stimmungsschwankungen. Schenkt Überblick in komplizierten Situationen.

Fluorit: Verbessert die Konzentrationsfähigkeit. Bringt Ordnung ins Chaos (aufgeräumt werden muss trotzdem noch) und bewahrt vor chaotischen, hinderlichen und ungeordneten Wachstumsprozessen. *Blau* verbessert er die Kommunikation und ordnet die Gedanken. *Farblos* bringt er die Chakren in Einklang. In *grün* vertreibt er negative Schwingungen. *Purpur* vertieft er auf dem Dritte-Auge-Chakra spirituelle Erlebnisse. *Gelb* fördert er den Gruppenzusammenhalt.

Granat: Wenn die Welt zusammenbricht. Hilft in aussichtslosen Situationen oder in extrem schwierigen Lebenssituationen. Gibt Vertrauen in eine bessere Zukunft.

Magnesit: Hilft, sich anzunehmen und so zu lieben wie man ist (Teenager-Kristall) und wirkt entspannend, beruhigend und gut gegen Nervosität. Bei Magnesiummangel.

Moosachat: Bringt der Seele Erholung. Hilft beim Neubeginn und verstärkt die positiven Charaktereigenschaften. Befreit von geistigen Ketten und Verhaftungen. Fördert den Lymphfluss.

Moqui-Marbles: Auszehrende Arbeitswut lässt nach, dafür wird der Wunsch nach Erholung und gesundem Leben stärker. Lehrt, geschehen zu lassen und nicht immer zwanghaft etwas zu tun. Sehr gute Einschlafsteine, auch Tiere lieben sie ganz besonders.

Mondstein: Wird den Mädchen in Indien geschenkt, wenn sie das erste Mal ihre Periode bekommen. Bringt den inneren Hormonzyklus in Übereinstimmung mit den Rhythmen der Natur. Sorgt für ungestörten, ruhigen Schlaf besonders vor / in und nach Vollmondnächten.

Obsidian: Schützt vor menschlichen, negativen Schwingungen, vor geistigen Angriffen, z. B. vom Ehepartner oder vor Mobbing im Berufsleben. Aus Obsidian war die erste Waffe und Klinge des Menschen hergestellt. Mit ihm kann man schneiden sowie Blut stillen. Außerdem hilft er Menschen mit chronisch kalten Händen und Füßen.

Rauchquarz: Wichtigster Anti-Stress-Stein. Er löst Verkrampfungen und lindert Rückenschmerzen. Er stärkt die Nerven und ist mir z. B. ganz besonders in der terminreichen Vorweihnachtszeit eine unentbehrliche Hilfe.

Rhodonit: Heilt alte seelische Wunden, ermöglicht zu verzeihen und befreit von seelischem Schmerz und gärender Wut. Zeigt Wege aus scheinbar aussichtslosen Situationen und ermöglicht selbst in Extremsituationen, in Gefahr oder bei Bedrohung und unter starker Belastung, klar und bewusst zu bleiben. Verhindert Traumatisierungen, wenner sofort angewendet wird (Notfallstein). Er fördert die Fruchtbarkeit beider Geschlechter, festigt Freundschaften.

Man sollte nicht übertreiben …

Roter Jaspis:	Fördert die Kriegernatur und stärkt die Willenskraft. Er verleiht die Courage, auch unangenehme Aufgaben zu bewältigen und verhindert Ablenkungen.
Rosenquarz:	Bringt Ruhe, Klarheit und Harmonie in den Geist. Stärkt das Herz, löst Stress und verleiht Urvertrauen. Macht Mut, das Leben zu lieben. (Der wichtigste Stein für Kinder, aber auch für Erwachsene.) Reduziert elektromagnetische Schwingungen und eignet sich auch als Computer-Schutzstein. Gut auch gegen Husten und Bronchitis.
Schörl:	Bewahrt davor, das Opfer der negativen Energie eines anderen zu werden. Auch ein hervorragender Stein für Menschen, die möglicherweise großen Mengen von Strahlungen ausgesetzt sind.
Schörl mit Glimmer:	Schickt Verwünschungen oder Verfluchungen an den Absender zurück.
Schörl kombiniert mit Bergkristall:	Wandelt negative Energie in positive Kraft um und statt zu schwächen, stärkt diese Kombination sogar das eigentliche Opfer
Sodalith:	Wenn die Stimme versagt. Ein hervorragender Stein bei Heiserkeit und auch sehr beliebt bei Lehrer(innen) und Kindergärtner(innen), aber auch in der Faschingszeit bei Büttenrednern.
Smaragd:	Stärkt das Herz, verbessert die Sehkraft, lindert Rheuma und ist oft sehr hilfreich bei Entzündungen der Nebenhöhlen.
Turmalin-Quarz:	Leitet schädliche Computer-Strahlung ab. Vermindert Nervosität und verleiht innere Entspannung. Gleicht Energiemangel und -überschuss im Körper aus.

Türkis: Gut einsetzbar gegen Wetterfühligkeit. Schützt durch Abgrenzung und gleicht Stimmungsschwankungen aus. Fördert die Intuition und löst seinen Träger aus der *Opferhaltung* heraus.

Variscit: Beruhigt die Nerven und befreit von der harten Schale, die durch Erziehungsfehler, Einbildungen oder falsche Vorbilder entstanden ist und **gibt dem Träger seine eigentliche Natur zurück.**

Das war eine Auswahl der Kristalle, mit denen wir in den letzten Jahren wunderbare Erfahrungen machen durften. Aber natürlich gibt es viele mehr und es ist faszinierend, ihre Kräfte zum persönlichen Nutzen zu entdecken.

Neurodermitis – das hat uns geholfen

Ganz besonders hilfreich unterstützten uns auch die Schwingungen der Kristalle bei der Neurodermitis unserer Tochter Carolin. Ich erinnere mich nur noch zu gut an die anstrengende Zeit davor.

Es war grausam. Carolin rollte sich auf dem Boden hin und her, versuchte sich an allen möglichen Stellen zu kratzen und weinte dabei. Sie weinte und wollte mit Heilstäben aus Aventurin massiert werden. Jetzt, sofort!

Aber unser Baby Manuel war zu diesem Zeitpunkt gerade wenige Wochen alt und wollte sein Fläschchen haben. Herrgott! Was war eigentlich schlimmer, Hunger bei einem Baby oder quälender Juckreiz bei einer Zweijährigen? Beide schrien im selben Moment wie am Spieß und ich versuchte, inzwischen selbst aufgeregt, beiden gleichzeitig zu helfen.

Mit der rechten Hand gab ich nun Manuel sein Fläschchen, an dem er sogleich gierig saugte, und mit der linken Hand massierte ich, mit der stumpfen Seite des Aventurin-Stabes, kleine linksdrehende Kreise auf den juckenden Hautbereichen Carolins.

Aventurin: Kommt meistens aus Brasilien oder Indien. Seinen Namen hat er seit dem 17. Jahrhundert vom italienischen „a ventura" – „aufs Geratewohl".

Seelisch fördert er die Entspannung, Regeneration und Erholung. Er hilft gegen Einschlafstörungen, indem man einfach den Heilstab in die Hand nimmt. Die Spitze sollte dabei vom Körper wegweisen.

Aventurin-Schwingungen machen auch geduldig und beruhigen bei Wut und Ärger.

Körperlich fördert Aventurin die Herzregeneration. Ideal auch zusammen mit einem Rosenquarz, was in der Kombination die Herz-Chakra-Farben rosa und grün ergibt. Damit lassen sich oft tiefsitzende Verletzungen aus der Kleinkinderzeit heilen und das Urvertrauen wieder herstellen. Diese Kombination verleiht Hoffnung – alles wird gut.

Aventurin regt die Zellerneuerung an, kann den Cholesterinspiegel senken, ist entzündungshemmend und lindert Hautkrankheiten, Ausschläge und Allergien. Er stärkt das Bindegewebe, ist schmerzlindernd, entgiftend und beruhigend. Aventurin-Massagen sind für jeden Hauttyp geeignet.

Die Massage half Carolin auch diesmal und sie beruhigte sich wieder. Ihre Neurodermitis bemerkten wir im Alter von drei Monaten und wir bekamen sie anfangs durch die Nahrungsumstellung auf hyperallergene Babymilch auch recht gut in den Griff. Als Carolin älter wurde, musste ich darauf achten, dass sie keinerlei Kuhmilchprodukte zu sich nahm und auch Eis, Eier, Nudeln oder Pfannkuchen waren für sie verboten.

Zwischenzeitlich beschäftigte ich mich schon ausführlicher mit der Steinheilkunde und erpendelte eines Tages für Carolin einen Kristall. Ich befragte eine Pendel-Tafel mit Heilsteinen, welcher wohl der geeignetste für unsere Tochter sei, und mein Bergkristall-Pendel schwang sich auf das Wort Chrysopras ein. Damals kannte ich diesen Stein noch nicht und las nach, was ich über ihn geschrieben fand:

***Chrysopras** ist ein apfelgrüner Chalcedon, der seine Farbe durch Nickeleinlagerung erhält. Bereits Hildegard von Bingen sprach ihm eine entgiftende Wirkung zu und erwähnte auch insbesondere seine Heilkraft bei Gicht.*

Seelisch schenkt Chrysopras Vertrauen und Geborgenheit. Körperlich entgiftet er und befreit von belastenden Bildern (Fernsehbildern: Nachrichten, brutale Szenen) bzw. hilft, diese zu verarbeiten.

Er beendet wiederkehrende Albträume, gerade auch bei Kindern, die nachts verstört weinend erwachen. Mental hilft er bei negativen Geisteshaltungen, diese auf positive Ereignisse zu lenken.

Chrysopras kann als Kette oder Anhänger lange Zeit getragen werden und unterstützt auch Fastenkuren durch seine entschlackende Wirkung.

Bei unserem ältesten Sohn Marco zeigte sich im Alter von fünf Jahren ebenfalls eine Neurodermitis. Damals kannten wir weder Reiki noch Heilsteine, doch schon immer beobachteten wir unsere Kinder sehr genau. So stellten wir fest, dass der Kleine im Sommer stets beschwerdefrei war und keine juckenden Hautreizungen an den Beinen hatte, dass sich jedoch von Herbst bis Frühjahr von Jahr zu Jahr eine Verschlechterung des Hautzustandes einstellte.

Eines diesigen Herbsttages beschloss ich, meiner Intuition zu folgen und den Kleinen in meinem Kosmetikstudio jeden dritten Tag für kurze Zeit, ca. zehn Minuten, auf die Sonnenbank zu legen. Es half! In diesem Winter mit kurzer UV-Bestrahlung blieb der Juckreiz aus und kam auch die nächsten Jahre nicht wieder.

Bei unserer Tochter Carolin war die Situation anders gelagert. Für die Sonnenbank war sie noch viel zu klein und außerdem liebte sie es inniglichst, wenn ich sie mit den Heilsteinen behandelte.

Wenn man der *inneren Stimme* des Kindes eine Chance gibt, sich zu entwickeln, dann sagt sie einem recht gut, was wirklich zum Wohle des Kindes ist. Doch leider hören viele Mütter nur auf Ärzte, eigene Mütter, Freundinnen oder sonstige Ratgeber, anstatt darauf zu achten, was ihre Kinder wirklich benötigen.

Mir wurde damals geraten, Carolins juckende Körperstellen mit Fettcremes zu behandeln, doch das mochte die Kleine nicht. Die Ekzeme traten vor allem dann auf, wenn sie etwas aß, was sie nicht vertrug. Je mehr sie davon zu sich nahm, desto schlimmer sah ihre Haut anschließend aus. Diese schlug jedes Mal bei falscher Ernährung sofort Alarm. Was für andere Kinder gesund zu sein schien, war für unsere Tochter nicht geeignet. Ihre Haut fing an zu entgiften – trockene Stellen entstanden –, aber genau das war auch wichtig und sollte als Alarmsignal beachtet werden, ihrem Körper nicht länger ungewollte Nahrungsmittel zu verabreichen:

Was der Darm nicht entgiftet, entgiftet die Niere,
was die Niere nicht entgiftet, entgiftet die Haut,
was die Haut nicht entgiftet, kann den Tod bedeuten.
(Eine alte chinesische Weisheit)

Carolin wollte ausschließlich mit dem Aventurin-Heilstab massiert werden. Aventurin hilft zu entgiften und beruhigt dadurch wieder die Haut.

Lediglich den Juckreiz durch das Auftragen von Fettcremes zu beheben unterstützt keine Entgiftung, sondern erschwert diese sogar noch. Die Pampe hindert die Haut an ihrer natürlichen Funktion.

Noch schlimmer für den kindlichen Organismus sind cortisonhaltige Präparate. Natürlich helfen und heilen sie scheinbar sofort und die Eltern müssen sich nicht mehr überlegen, welches Produkt ihr Kind nicht verträgt. Cortison heilt nicht wirklich, sondern mildert nur für eine gewisse Zeit. Cortison stellt jedoch nur die Alarmsignale ab.

Wir besitzen einen wunderbaren Körper mit super ausgeklügelten Funktionen. Einfach göttlich – wir müssen nur wieder lernen, die Sprache des

Körper zu verstehen, auf seine Mitteilungen zu hören und vor allem, seine Alarmsignale zu beachten.

Man kann sich den menschlichen Körper auch wie einen Computer vorstellen. Bei falscher Behandlung oder Eingaben kommen Warnmitteilungen, um zu signalisieren: Halt! Hier läuft etwas schief!

Wenn man jetzt einen Computer-Spezialisten kommen ließe und der würde, anstatt den Grund der Fehlermeldung zu suchen, einfach nur das Alarmsignal-Programm entfernen, damit keine Warnungen mehr erscheinen und auf dem Bildschirm stören können - keine Firma würde mit solch einem *Spezialisten* zufrieden sein. Niemand würde seine Rechnung begleichen wollen.

Denn jeder weiß, möglicherweise könnte man nach solch einem unsinnigen Tun vielleicht nochmals eine Zeitlang in Ruhe arbeiten, aber letztendlich wird das Programm zusammenbrechen, der Computer abstürzen und wichtige Daten und Funktionen könnten für immer verloren gehen. Hinterher bedarf es noch viel mehr Arbeit, alles wieder so einzustellen, wie es sein sollte.

Daher behandelt niemand so seinen Personal-Computer, seinen eigenen menschlichen Körper hingegen schon. Und doch sind es ausschließlich die Computer, die jederzeit nachkaufbar sind, der eigene Körper dagegen bleibt unersetzlich.

Immer noch wollen viel zu viele Menschen zwar geheilt werden, das jedoch ohne sich ändern zu müssen, ohne sich Gedanken über ihre falschen Verhaltensmuster zu machen, ohne neue Richtungen einzuschlagen und die trügerische Sicherheit des gewohnten alten Weges verlassen zu müssen. Tabletten schlucken scheint dagegen viel einfacher zu sein. Ja, der Arzt soll gefälligst heilen, oder der Heilpraktiker, der Wunderheiler, das Naturheilmittel oder der Kristall. Aber bitte möglichst ohne eigenes Zutun, ohne sich mit dem eigenen Fehlverhalten auseinandersetzen zu müssen, ohne den ursprünglichen Konflikt zu lösen (z. B. eine tiefe Schuld verzeihen oder eine dramatische seelische Verletzung).

Doch zum Glück gibt es zwischenzeitlich auch immer mehr Schulmediziner, die ebenfalls bereit sind, neue Wege zu gehen und nicht nur zu naturheilkundlichen Präparaten ermuntern, sondern auch mal eine unnötige Behandlung ablehnen, ungesundes Material boykottieren und dafür wichtige Ratschläge zur Verbesserung der Lebenssituation geben.

Bei Carolin stellte ich immer wieder mit Überraschung fest, wie gut ihr diese Massagen mit dem Heilstab aus Aventurin halfen, aber es war furchtbar anstrengend und zeitaufwändig.

Die Lage spitzte sich kurz vor Ostern dramatisch zu. Obwohl ich die Menschen in meinem Umfeld immer wieder darum bat, unsere Kinder nicht so mit Süßigkeiten vollzustopfen, war schon die eigentliche Fastenzeit eine Katastrophe. Weder Verwandte noch Bekannte hielten sich an meine Bitten und zu jedem Besuch gab es Eier in allen Variationen, gefärbt oder aus Schokolade und ich hatte hinterher das Theater mit dem sich kratzenden Kind.

Nahm ich Carolin die geschenkten Eier gleich wieder ab, schrie sie vor Enttäuschung, und ließ ich sie diese essen, schrie sie vor Juckreiz. Mir graute schon vor Ostersonntag, pro Kind war durch die große Verwandtschaft meines Mannes mit Riesenmengen Schokoosterhasen zu rechnen. Wir zählten in manchen Jahren bis zu dreißig Stück, pro Kind! Mit Nikoläusen war es nicht anders und meist blieb mir nichts anderes übrig, als sie nach einiger Zeit an Kindergärten oder sonstige Einrichtungen zu verschenken und somit doch noch Freude zu bereiten.

Ein anderes Problem war, dass wir zwei Söhne hatten, die all die für unsere Tochter verbotenen Dinge problemlos essen konnten. Marco, damals sieben und Nico, zu der Zeit vier Jahre alt, bat ich daher, nicht in Carolins Gegenwart Jogurt, Schokolade oder Eis zu essen. Na, ja, es klappte selten und der Eismann klingelte ab Frühjahr zweimal täglich direkt vor unserer Tür.

Obwohl ich dankbar für die heilende Wirkung der Kristalle war, mochte ich nicht länger mit einer Hand Baby Manuel füttern und mit der anderen Carolins Ekzeme massieren. Ich brauchte Hilfe, und zwar schnellstens.

Inzwischen war mein Verhältnis zu meinem *Göttlichen Vater* von mir wiederentdeckt und gepflegt worden und so bat ich ihn inständig, mir einen Weg zu zeigen, wie ich unsere Tochter Carolin von ihren stets wiederkehrenden Juckreizattacken befreien konnte. Möglichst ohne ständig darauf achten zu müssen, dass sie das Klingeln des Eiswagens nicht mitbekam oder Schokoladentafeln sah. Meiner Tochter nicht ständig alle Genüsse verbieten zu müssen, das war mein Traum.

Der Chrysopras-Heilstein, den Carolin am Textilband auf ihrer Brust trug, wirkte nur ausreichend bei gleichzeitiger Reduzierung der allergieauslösenden

Nahrungsmittel. Und da diese Einschränkung zu Ostern nicht mehr möglich war, brauchte ich unbedingt etwas Intensiveres.

Vom Vertrauen beim Beten (LK11,9-13): *„Bittet, dann wird euch gegeben. Suchet, dann werdet ihr finden. Klopfet an, dann wird euch geöffnet. Denn wer bittet, der empfängt, wer suchet, der findet, und wer anklopft, dem wird geöffnet.*

Oder ist einer unter euch, der seinem Sohn einen Stein gibt, wenn er um Brot bittet? Oder eine Schlange, wenn er um einen Fisch bittet?

Wenn nun schon ihr, die böse seid, euren Kindern gebt, was gut ist, wie viel mehr wird euer Vater im Himmel denen Gutes geben, die ihn bitten."

Ist es nicht herrlich, so einen Vater zu haben? Lange Zeit war er mir sehr fern, da er mir nur als strafend, verurteilend und richtend vermittelt wurde.

Als Kind war ich umgeben von ganz streng katholisch-gläubigen Erwachsenen, die mir mein scheinbar ständig fehlerhaftes Verhalten durch ein Übermaß an Schlägen herauszuprügeln versuchten. Doch die Züchtigungen bewirkten lediglich meine Entfernung vom Glauben, mit solchen Menschen und einem solchen Gott wollte ich sowieso nichts zu tun haben. Ich entschloss mich, lieber „gradlinig böse" zu bleiben, als scheinheilig.

Besonders *nahe bei Gott* war eine Tante, die Schwester meiner Oma. Sie arbeitete als Haushälterin in einer holländischen Pfarrei und trug den „Heiligenschein" für jedermann gut sichtbar, direkt oben auf dem Kopf. Alle Ferien bei ihr in den 60er Jahren dienten meiner Erziehung, doch selbst körperliche Misshandlungen wie das büschelweise Herausreißen meiner langen Haare bewirkten einfach keine positiven Resultate bei mir. Ich wurde nicht frommer.

Doch auch vielen anderen Gemeindemitgliedern erschwerte die Pfarreihaushälterin mit ihren Bösartigkeiten und Verleumdungen das Leben. Trotzdem galt sie als *Rechte Hand Gottes* und ich stellte mir als Kind immer vor, dass sie im Himmel einen Platz unmittelbar neben ihm bekommen würde.

Da ich aber freiwillig keinesfalls auch nur in ihrer Nähe sein wollte, war es besser, sich auch möglichst weit von Gott zu entfernen. So löste ich den innerlichen Kontakt zu ihm so weit wie möglich auf, weigerte mich zu beten.

Als ich acht Jahre alt war, verstarb die ach so christliche Tante überraschend und ich musste meine Eltern zur Beerdigung in die kleine holländische Gemeinde begleiten. Das erste Mal, dass ich gern hinfuhr. Wie dort zu dieser Zeit üblich, empfingen die Angehörigen vor der Totenmesse die Trauergemeinde vor dem Kirchenportal, um die Kondolenzen entgegenzunehmen.

So stand ich zusammen mit meinen Eltern da und sah die vielen Leute mit ihren traurig dreinschauenden Mienen. Mir war klar, dass mindestens die Hälfte wahrscheinlich dachte: Endlich ist die alte Hexe nicht mehr in der Lage, so gemein zu sein.

Und zum Entsetzen aller fing ich an zu lachen. Ich lachte, lachte und lachte, bekam einen Lachkrampf und konnte einfach nicht mehr aufhören, bis mir meine Mutter mit einer immensen Empörung eine kräftig schallende Ohrfeige verabreichte. Endlich weinte ich jämmerlich.

Erst durch meine Reiki-Einweihung entwickelten sich wieder sanfte Bande zu Gott. Davor wäre ich nie auf die Idee gekommen, ihn bei meinen alltäglichen Problemen um Hilfe zu bitten. Doch nun schickte ich ein Gebet zu meinem *Himmlischen Vater* und erklärte, dass ich als Mutter langsam dabei war, mich zu überfordern, ja eigentlich kurz davor war, meine Nerven zu verlieren.

Es vergingen ein paar Tage, da meinte ich, mich schon wieder aufregen zu müssen. Eine meiner Kosmetik-Kundinnen sagte am späten Vormittag kurzfristig ihren für fünfzehn Uhr ausgemachten Kosmetik-Termin ab, und auf die Schnelle ließ sich diese Lücke in meinem Terminplan auch nicht mit einer anderen Kundin besetzen. Da ich den bereits engagierten Babysitter trotzdem bezahlen musste, waren solche kurzfristigen Absagen für mich nicht nur ärgerlich, sondern auch kostspielig.

Doch dann beschloss ich, den Freiraum anderweitig zu nutzen. Mein Wäschekorb türmte sich mal wieder ins Unermessliche und ich wollte diesen Berg etwas abarbeiten. Bügeln, ohne dabei fern zu sehen, ist mir zu langweilig, und so schaltete ich den Apparat ein.

Eine Talkshow begann gerade, mit Jürgen Fliege. Von ihm hatte ich zuvor noch nie gehört, denn normalerweise arbeitete ich ja auch stets zu dieser Uhrzeit in der Kosmetik-Kabine. Es war eine Sendung über die Möglichkeiten, Wasser zu beleben. Gerade wollte ich schon umschalten, da begann eine ältere Frau über die Neurodermitis-Probleme ihrer Enkeltochter zu sprechen. Wie elektrisiert schaute ich nun doch hin und vergaß dabei sogar das Bügeln.

Intuitiv wusste ich, hier bekam ich eine Antwort auf die Fragen, die mich so beschäftigten: Hilfe für meine Tochter Carolin. Und die vermeintliche

„blöde kurzfristige Absage" meiner Kosmetik-Kundin entpuppte sich als glücklicher Zufall. Denn hätte sie eher abgesagt, wäre der Termin an eine andere Kundin vergeben worden. Doch nun konnte ich in Ruhe dem Geschehen auf dem Bildschirm folgen.

Wasser konnte heilen, belebtes Wasser, lebendiges Wasser. Doch leider gab der Sender als Bezugsquelle nur eine österreichische Adresse an und es würde furchtbar umständlich und teuer für mich werden, mir dieses regelmäßig schicken zu lassen. Der Vertreiber erklärte Jürgen Fliege: „Dank des Energiewassers konnten viele außergewöhnliche Heilungen bewirkt werden. Der Mensch besteht zu zwei Dritteln aus Wasser und wenn der Körper einwandfrei funktionieren soll, ist jede Zelle auf gesundes Wasser angewiesen.

Wasser ist ein Informationsträger und nimmt alle Einflüsse aus der Umwelt auf, also positive oder negative, und gibt diese gespeicherten Informationen an das Zellwasser weiter. Je ungesünder das Trinkwasser ist, desto mehr schadet es dem Körper."

Ja, das leuchtete mir sofort ein. Wenn Wasser schlechte Informationen speichern konnte, uns dadurch erkranken ließ, musste es auch umgekehrt funktionieren und gesundes Wasser konnte den Körper regenerieren. Es fiel mir wie Schuppen von den Augen, Carolin musste ihren Chrysopras-Heilstein nicht nur tragen, sondern seine Schwingungen auch mittels Wasser trinken. (Dic Experimente des japanischen Wissenschaftlers Dr. Masaru Emoto über *Lebendiges Wasser* fanden erst mehrere Jahre später statt.)

Sofort suchte ich ihr aus meinem sich inzwischen stetig vergrößernden Ladensortiment einen qualitativ hochwertigen Chrysopras aus und legte diesen in einen kleinen, mit stillem Wasser gefüllten Glaskrug. Nach ungefähr einer Stunde waren die Informationen von diesem Wasser aufgenommen worden und ich gab ihr einen Schluck davon zu trinken. Sie spuckte es sofort wieder aus. Keine Chance, so wollte sie das Wasser nicht. Daraufhin mischte ich das Wasser in ihren heißgeliebten Karottensaft. Ein Drittel Chrysopras-Wasser und zwei Drittel Karottensaft, diese Mischung schmeckte ihr und sie trank pro Tag auf diese Weise mehrere ihrer Trinkfläschchen leer.

Zusätzlich fand ich in einem Heilstein-Spezial-Geschäft noch fertig hergestelltes Chrysopras-Elixier und dieses fügte ich noch tröpfchenweise in ihre Mahlzeiten oder Getränke. Schon nach wenigen Tagen konnten wir erkennen, dass sich die Haut an den Kniekehlen und in den Armbeugen glättete und die juckenden Attacken ausblieben. Aber am tollsten war, dass

Carolin nach einiger Zeit sogar wieder alle zuvor verbotenen Nahrungsmittel essen und trinken konnte, ohne einen Rückfall zu bekommen. Sogar Eis hinterließ keine Rötungen mehr, im Jahr davor waren schon nach Kleinstmengen Flecken im ganzen Gesicht aufgetreten.

Seit diesem Sommer brauchten wir ihr nichts mehr verbieten. Solange sie täglich ungefähr einen halben bis einen Liter Chrysopras-Wasser trank, blieb sie beschwerdefrei. Nur wenn sie nicht genug von dieser Flüssigkeit zu sich nahm oder die Energie des Steines langsam nachließ, fingen die Hautreizungen wieder an.

Ungefähr drei Jahre trug sie weiterhin ständig einen kleinen Chrysopras am Textilband auf ihrer Brust und wir ließen ihn auch beim Baden oder Duschen an, denn somit erhielt er ebenfalls eine regelmäßige Wasserreinigung. Hin und wieder kam er zur Intensiv-Reinigung auf ein Amethyst-Segment-Stück und wurde anschließend auf einer kleinen Bergkristall-Gruppe aufgeladen oder erhielt Reiki-Energie. In dieser Zeit trug Carolin dann einen zweiten Chrysopras, ihren Ersatzstein.

Nach ungefähr drei Jahren wollte sie ihn plötzlich nicht mehr anziehen. Ich zwang sie nicht dazu, gab ihr auch kein Chrysopras-Wasser mehr zu trinken und doch kehrten die Hautprobleme nie mehr zurück. Heute ist Carolin neun Jahre alt, isst worauf sie Lust hat, und erinnert sich kaum noch an die Zeit ihrer Hautprobleme. Ich aber habe sie nicht vergessen und bin heute noch dankbar über die wundervolle Hilfe der Zufälle und der Kristalle.

Zufälle sind Geschenke Gottes, wenn er inkognito bleiben will.

Auch die Schutzsteine Obsidian und Schörl haben uns oft erstaunlich gut vor negativen Energien bewahrt, die in irgendeiner Form auf uns zukamen. Negative Schwingungen können durch Geräte wie zum Beispiel durch Computer, Handy, Mikrowelle oder Fernseher entstehen. Aber auch jedes gedachte und erst recht das gesprochene Wort ist eine Schwingung. *Gute Worte* erzielen eine positive Schwingung und *böse Worte,* deren Schwingung uns trifft, bringen uns aus unserem Gleichgewicht, versetzen uns in Disharmonie. Wir Menschen bestehen zu 75% aus Wasser. Dieses ist in der Lage, Informationen aufzunehmen, ja sie sogar zu speichern.

Dem japanischen Wissenschaftler Masaru Emoto gelang der Nachweis in einem Experiment. Er und seine Mitarbeiter füllten destilliertes Wasser in kleine Fläschchen, die sie mit Musik beschallten. Dann froren sie das Wasser bei minus zwanzig Grad Celsius tröpfchenweise ein und fotografierten

Studium des
„Belebten Wassers"

die Eisklümpchen unter einem Mikroskop mit 200- bis 500-facher Vergrößerung. Mit Überraschung erkannten sie: Wasser, das klassischer Musik oder spirituellen Gesängen ausgesetzt war, bildete schöne, fein verästelte Kristalle. Heavy-Metal-Musik dagegen ließ die Kristalle zerbrechen.

Sogar schriftliche Botschaften, die auf die Fläschchen geklebt wurden, zeigten Wirkung: Bei dem sanften Wort *Danke* bildeten sich filigrane Kristalle, bei Drohungen hingegen nur zerrissene Fragmente. Das liebevoll gesprochene Wort und besonders das Gebet wiederum bringt wunderbare Kristalle hervor, Beschimpfungen dagegen entstellen.

Jede liebende Mutter, die sich dessen bewusst wird, dieses Naturgesetz anerkennt, wird sich davor hüten, ihre eigenen Kinder zu beschimpfen. Denn wer möchte schon entstellten Nachwuchs? Es ist besser, ein Licht zu entzünden, als auf die Dunkelheit zu schimpfen. Es ist besser, liebevolle Worte zu sagen, als durch Aggressivität noch mehr Schaden anzurichten. Daher zerstören auch brutale Video-Filme nicht nur die Kinderseele, sondern die gesamte körperliche Struktur. Wenn Eltern meinen, solche Filme anschauen zu müssen, sollten sie wenigstens darauf achten, dass sich keine Kinder im Raum befinden, weder wach noch schlafend.

Bei direktem Kontakt mit jemandem, der uns Böses will, beleidigend ist oder negative Schwingungen schickt, gedanklich oder durch Worte, ist eine gute Möglichkeit zu schnellem Schutz das *Verschränken der Arme*.

Viele Menschen, und auch gerade Kinder, machen das instinktiv. Wenn wir die Arme verschränken, blockieren wir und keine negativen Energien kommen an uns heran. Wollen wir noch stärker blocken, können wir zusätzlich auch die Füße überkreuzen. Dagegen sollten wir uns öffnen, Arme und Füße nicht überkreuzen, wenn wir positive Energien empfangen. Durch beispielsweise liebe Worte oder Zuwendungen auch an schönen Plätzen in der Natur.

Wenn wir allerdings geladen sind, mit negativen Energien aufgeladen wurden, so ist zum Beispiel eine sinnvolle Körperreinigung das Hinausschleudern dieser Energien. Mit schnellen Drehbewegungen (auch tanzen) können wir vieles loswerden.

Die Kleinkinder machen das automatisch gern, doch leider werden sie oft von unwissenden, besorgten Eltern davon abgehalten. „Dreh dich nicht so schnell, dir wird taumelig! Du fällst bloß hin, hör auf!“ Falsch! Die Kinder sollen sich drehen, um negative Energien hinauszuschleudern und ihre

Körper energetisch zu reinigen. Wir Erwachsenen müssen nur aufpassen, dass sie sich dabei nicht verletzen.

Sehr viel negative Energien nehmen wir heutzutage leider auch über Fleisch und Eier auf. Wenn das Schwein seiner Lebtag durch den Leidensweg der Massentierhaltung gehen musste, weder den Himmel sah noch frische Luft bekam, ihm nur die Qualen engster Stallhaltung widerfuhren, so kann das Schweinefleisch keine gesunde energetische Schwingung enthalten, sondern sein „Wasser“ enthält nur zerfetzte Strukturen. Es trägt alles Leid in sich gespeichert. Über solche *preisgünstige Nahrung* essen wir uns krank, wenn wir nicht aufwachen und umdenken lernen.

Was gestern preiswert war, wird uns morgen teuer zu stehen kommen, sei es durch Krankheiten, Allergien oder Immunsystemschwächen. Wenn wir heute die Kinder ausschließlich *billig ernähren*, wenn wir nicht bereit sind für qualitativ hochwertige Nahrung, zum Beispiel vom Biobauernhof, auch mal mehr zu bezahlen, werden die Krankenkassen immer schneller mit Beitragserhöhungen reagieren müssen. Ein krankes Volk wird heranwachsen.

Qualität muss ihren Preis haben, aber je mehr Menschen auf gesunde Produkte umsteigen, desto günstiger können sie letztendlich auch produziert werden. Heute ist es noch Utopie, eine mehrköpfige Familie allein mit Bioprodukten ernähren zu wollen, doch ich hoffe, es wird in absehbarer Zeit möglich sein. Der Wert wird mit dem Gegenwert dann genau übereinstimmen. Etwas Billiges dagegen ist meist nichts wert, auch wenn es gut eingefärbt wurde. Ein lebenslang leidendes Tier kann uns als Nahrung nur Krankheit und keinesfalls Gesundheit bringen, egal ob es sich um Fisch, Huhn, Pute, Schwein oder Rind handelt. Wir nehmen über dieses Fleisch die negative Energie in unserem Organismus auf: Erst stirbt das Tier und dann der Mensch!

Besonders wichtig ist es, bei bereits bestehenden Erkrankungen auf solche tierischen Nahrungsmittel zu verzichten. Ebenso sollte aber auch der gesamte Schmuck abgelegt werden: Silber- und Goldketten, Armbänder, Uhr und Fingerringe, damit die Körperenergien fließen können. Schmuck (außer Steinketten) verhindert ein Abfließen der negativen Energien.

Mittels Kristallen, Steinketten oder durch Reiki-Behandlungen können positive Informationen bzw. Schwingungen in unseren Körper, das Körper-Gewebewasser, eingebracht und wieder schöne Strukturen geschaffen werden.

Nicht umsonst wurden Steine schon seit Beginn der Menschheitsgeschichte als *Glücksbringer* verwendet. Ihre Strahlung verändert uns, verändert unsere Ausstrahlung, und da sich jegliche Strahlung reflektiert, erhalten wir so positive Schwingungen zurück.

Wenn wir Menschen
eine Zukunftschance haben wollen,
bleibt uns gar nichts anderes übrig,
als die Liebe zur Grundlage
unseres Seins zu machen.
(Stefan von Jankovich)

„Jetzt streng dich doch ein bißchen an, Schatz: Wo sind meine Tennis-Socken?"

8. Kapitel

Kleine Seele in Not

M. war ein Kleinkind aus Bayern und durch ihn erlebte ich ein für mich außergewöhnliches, spirituelles Erlebnis, das mich letztendlich nicht nur tief bewegte, sondern auch meinen Glauben an die Wiedergeburt festigte und mir die Sicherheit verlieh, dass mit dem Erdentod nicht alles endgültig vorbei war. Am meisten faszinierte mich, dass man sogar nach dem Ableben eine Chance besaß, etwas für die Hinterbliebenen zu bewirken.

Seitdem fühle ich mich viel wohler und denke, wenn ich eines Tages nicht mehr lebe, so kann ich vielleicht doch irgendetwas vom Himmel aus für meine Kinder und Enkelkinder tun, ihnen Segen und Schutz zukommen lassen. Diesen Gedanken finde ich einfach schön.

Das Erlebnis begann ganz harmlos. Einer Freundin erzählte ich im Februar 1995 von meinen Erfahrungen mit Heilsteinen. Da wir seit langem keine Zeit mehr fanden zu telefonieren, gab es viel zu berichten. Ute war erstaunt über meine Arbeit mit den Kristallen und meinte dann: „Wenn du so gut mit Energien (Schwingungen) umgehen kannst, dann kannst du sicherlich auch pendeln.“ „Ich kann bestimmt nicht pendeln“, entgegnete ich. „Ich habe es noch nie versucht und wenn ich ehrlich bin, wüsste ich auch gar nicht, zu welchem Zweck ich es probieren sollte.“ „Also manchmal ist es schon hilfreich, wenn man auf dieses Weise herausfinden kann, was einem gut tut oder was schadet“, klärte mich meine Freundin auf. „So kannst du austesten, ob ein Produkt gesund oder unverträglich für dich ist, welche Vitamine dir fehlen, welche Bachblüten für dich zur Zeit gut sind oder zum Beispiel auch durch welchen Wirkstoff eine Allergie ausgelöst wird.

Natürlich kannst du auch auf diese Weise den zur Zeit für dich richtigen Kristall herausfinden.“ „Nein, das brauche ich nicht, das erfühle ich lieber“, entgegnete ich lachend. „Gerade bei Kristallen mit ihrer wunderbaren Energie kann man auf so schöne Weise erkennen, ob sie im Moment die geeignete Ausstrahlung haben, die man benötigt. Sie werden in der Hand warm oder sprechen einen so an, dass man aus tiefstem Inneren heraus einfach weiß, dass dies im Moment der richtige Stein ist. Pendelst du eigentlich?“, wollte ich aber dann doch, neugierig geworden, von ihr wissen.

„Ja, mein erster Pendel war mein Ehering. Ich band ihn einfach an einen ungefähr zwanzig Zentimeter langen Zwirnfaden.“ „Und was hast du dann genau gemacht?“, erkundigte ich mich weiter.

Ute erklärte: „Als Erstes habe ich mich aufrecht auf einen Stuhl gesetzt, beide Beine fest auf den Erdboden. Anschließend hielt ich das Pendel über mein rechtes Knie und stellte klar die Frage: Wie bewegst du dich, wenn du mir die Antwort JA mitteilen möchtest? Der Ehering-Pendel begann in einer sanften Schwingung nach rechts zu kreisen. Anschließend stellte ich deutlich die Frage: Wie bewegst du dich, wenn du mir ein NEIN mitteilen möchtest? Dabei hielt ich das Pendel über das linke Knie. Hier begann es kreisende Bewegungen nach links zu machen.

Nun hielt ich es noch in die Mitte zwischen den Beinen und wollte wissen: Wie bewegst du dich, wenn du nicht antworten möchtest? Es schwang in heftigen Bewegungen nach rechts. Die letzte Frage in der gleichen Position lautete dann: Wie bewegst du dich, wenn du nicht antworten kannst? Es schwenkte daraufhin von links nach rechts.

Jedes Pendel *antwortet* auf seine eigene Art, bewegt sich anders. Es gilt herauszufinden, welche Bewegungen für welche Mitteilungen stehen. Aber es ist trotz allem auch wichtig, sich nicht hundertprozentig darauf zu verlassen, denn es kann dich ganz schön auflaufen lassen. Wer sich in seine Abhängigkeit begibt, wird möglicherweise durch Fehlentscheidungen negative Erlebnisse anziehen. Ein Pendel kann ein wertvolles Hilfsmittel sein, wenn man z. B. auf andere Weise einen Allergie-Erreger nicht feststellen kann, aber wenn wichtige Entscheidungen zu treffen sind, würde ich diese auch nicht vom Pendel abhängig machen.“

Nach einem kurzen weiteren Austausch erlebter Neuigkeiten beendeten wir das Gespräch und nahmen uns fest vor, uns endlich auch mal wieder zu treffen. Das Gespräch über das Pendeln kreiste weiter in meinen Gedanken, meine Neugierde war geweckt und ich machte mich auf die Suche nach meinem Ehering. Wo war der denn bloß geblieben?

Als Kosmetikerin trage ich überhaupt keinen Handschmuck. Und seit ich Reiki praktiziere, meistens überhaupt keinen Silber- oder Goldschmuck mehr. Dieser verhindert ein freies Fließen der Energien, und es ist mir zu lästig, vor jeder Behandlung erst mal meine Ketten ausziehen zu müssen.

„Der schönste Schmuck sind die Arme meiner Kinder, liebkosend um meinen Hals gelegt“, sagte die italienische Schauspielerin Sophia Loren einst bei einem Interview. Als Mutter von vier Kindern konnte ich dem nur beipflichten.

Aber meinen Ehering wollte ich nun doch unbedingt finden. Ach ja, richtig, nun erinnerte ich mich wieder. Der Ring befand sich im Badezimmerschrank neben dem Ehering meines Mannes, der seinen aus beruflichen Gründen ebenfalls nicht tragen kann. Zwischen Aftershave und Rasiercreme lagen die zwei. Eigentlich schade, dachte ich. Tragen mochte ich ihn trotzdem nicht und so konnte er sich ja in Zukunft als Pendel nützlich machen. Ich band den Ehering an einen Faden, setzte mich in gerader Haltung auf einen Esszimmerstuhl und stellte dann die erste Frage: „Wie bewegst du dich, wenn du JA sagen möchtest?“ Ich erschrak fast ein bisschen, als er nun klar und deutlich in großen rechtsdrehenden Kreisen zu schwingen begann. Erst ganz langsam und schließlich immer schneller werdend, ohne dass ich dabei meine Hand auch nur im Geringsten bewegte.

Nun ließ ich mir noch die anderen drei Bewegungsarten zeigen und erfuhr, dass ein NEIN bei meinem Pendel eine Schwingung von links nach rechts war.

Von diesem Ergebnis begeistert, besorgte ich mir ein paar Tage später im Buchhandel ein paar Pendeltafeln, unter anderem enthielt dieses Set auch ein Pendelalphabet und ein Pendel. Jetzt musste nur noch eine günstige Gelegenheit kommen, bei der ich mit den Tafeln experimentieren konnte.

Bis Ostersamstag hatte ich mich zu gedulden, dann erst fand ich Zeit dazu. Mein Mann entschloss sich nämlich dazu, mit unseren Kindern zu einem Ostereinkauf zu fahren und ich wusste, dass mir so ca. zwei Stunden zur alleinigen Verfügung standen. Rasch schaltete ich den Anrufbeantworter ein und die Haustürklingel ab, ich wollte absolut ungestört bleiben.

Rein *zufällig* lag noch die Samstagsausgabe unserer Tageszeitung auf dem Tisch und schien mich magisch anzuziehen. Das Foto eines kleinen Jungen mit großen schwarzen und sehr traurigen Augen war direkt vorne auf der Titelseite abgebildet. Eigentlich weiß ich bis heute nicht genau, was mich so spontan bewog, dieses in meine ersten Pendelversuche einzubeziehen. Geleitet oder geführt? Irgendwie intuitiv holte ich mir noch einen klaren Bergkristall-Stab dazu und hielt mit der linken Hand die stumpfe Seite des Stabes auf das Stirn-Chakra des Jungen, führte meinen Zeigefinger empfangend auf die Spitze des Bergkristalls und hielt dann mein neu erworbenes Pendel über die alphabetische Pendeltafel.

Mir war inzwischen bekannt, dass man mittels der Bergkristall-Spitze sehr gut mit dem Unterbewusstsein anderer Personen Kontakt bekam, Botschaften empfangen durfte, immer vorausgesetzt, man bat um Erlaubnis. So fragte ich: „Darf ich mit dir in Kontakt treten?", und sogleich begann mein Pendel, rechtsdrehende Kreise auszuführen. JA. Dann hielt ich das Pendel über die Pendeltafel und bat mir die Buchstaben anzuzeigen, mit denen ich einen Satz erstellen konnte. Diese schrieb ich dann der Reihe nach auf ein leeres Blatt Papier: SUCHEMICHRETEMEINEBRÜDER.

Nach kurzem Überlegen konnte ich den Satz in seinen einzelnen Worten erkennen und erschrak, das hieß ja: Suche mich! Rette meine Brüder! Was um Himmels willen hatte das zu bedeuten?

Erst jetzt begann ich, den zum Bild gehörenden Artikel in der Zeitung durchzulesen. Darin wurde von dem rätselhaften Verschwinden des kleinen Jungen berichtet. Sein Zwillingsbruder war laut Aussage der Eltern der einzige Zeuge, als M. anscheinend von einem unbekannten Autofahrer entführt wurde. In einem verzweifelten Appell baten die Eltern den unbekannten Entführer, ihr geliebtes Kind doch wieder freizulassen und der Familie zurück zu geben.

Das war ja furchtbar, das arme Kind, die armen Eltern! Seit ich selbst Mutter bin, erschüttern mich solche Begebenheiten ganz besonders. Doch dann wandte ich mich wieder dem Foto des kleinen M. zu und stellte ihm direkte Fragen.

„Bist du am Leben?" Mein Pendel begann von links nach rechts zu schwingen. Gänsehaut kroch über meinen Rücken und es wurde mir ganz kalt. Diese Antwort bedeutete: NEIN. Ich mochte es einfach nicht glauben und fragte daher noch einmal: „Bist du tot?", und die Schwingungen des Pendels zeigten nun wieder große, rechtsdrehende Kreise. Ich war entsetzt.

Versuchte hier der Geist eines toten Kindes in Kontakt mit mir zu treten und das ausgerechnet bei meinen ersten Pendelversuchen? Das Beste war, ich hörte sofort mit all dem wieder auf und widmete mich meiner Hausarbeit.

Und wenn das tote Kind meiner Hilfe bedurfte? Aber es gab doch so viele medial begabte Menschen in Deutschland, jede Menge Hellseher, Wahrsagerinnen und auch weiße Hexen. Warum teilte sich der Geist dieses Kindes denn ausgerechnet mir mit? Ich mochte ihn aber auch nicht enttäuschen und jetzt einfach im Stich lassen. Vielleicht waren alle anderen Medien in Deutschland gerade anderweitig *besetzt* und die Angelegenheit schien möglicherweise wirklich dringend zu sein.

Daher fasste ich allen Mut zusammen und fragte weiter: „Versuchst du mir etwas mitzuteilen?", und hielt das Pendel erneut über die Pendeltafel, schrieb alle Buchstaben auf, die es anzeigte: JASUCHEMICHRETEMEINEBRÜDER.

Ja, suche mich! Rette meine Brüder!

Wieder diese eindringliche Botschaft, die mir durch Mark und Bein zu gehen schien. Sie ließ mich verzweifeln. „Lieber M., du hast dir leider die vollkommen falsche Person ausgesucht", sprach ich einfach nun wörtlich mit der Kinderseele. „Es war nur ein reiner Zufall, dass ich bei dir gelandet bin und ich habe überhaupt keine Ahnung, wann, wo und wie ich dich suchen sollte. Ich bin kein Medium, sondern Kosmetikerin von Beruf und komme noch nicht einmal zum Einkaufen aus dem Haus." Das erledigt zum Glück meist mein Mann.

„Wir haben drei Kleinkinder und ich verfüge beim besten Willen weder über die notwendige Zeit, dich zu suchen, noch über das notwendige spirituelle Wissen, was in solchen Situationen zu tun ist. Bitte, nimm noch mit jemand anderem Kontakt auf, die Gefahr, dass ich alles vermassele ist zu groß", versuchte ich die Seele zu überzeugen.

Doch eine innere Stimme schien mich aufzufordern, unbedingt weitere Informationen einzuholen, in Kontakt zu bleiben. Daher stellte ich die Frage, die mich inzwischen am meisten bewegte: „Wer hat dich getötet?"Das Pendel begann heftig zu kreisen und pendelte sich dann langsam auf den Buchstaben M ein. Danach folgte ein U, dann ein T, ein E und ein R. MUTER. Mutter?

Oh, mein Gott, wie schrecklich! Etwa die gleiche Person, die so scheinheilig um die Rückgabe ihres vermeintlich geliebten Kindes bat? Ich war dermaßen entsetzt, dass ich die gleiche Frage nochmals stellte, und zu meinem Erstaunen zeigten die Pendelschwingungen nun das Wort Vater an. „Ja wer denn nun, war es deine Mutter oder dein Vater?", wollte ich erneut wissen und die Botschaft lautete nun: ELTERNMUTER. Hm, also wahrscheinlich war seine Mutter die Täterin, die Haupttäterin, doch der Vater musste sich auf irgendeine Weise beteiligt haben. Und deshalb auch diese eindringliche Bitte: „Rette meine Brüder!“

Solange die Eltern nicht verhaftet und als Kindermörder entlarvt waren, schwebten die Brüder in höchster Lebensgefahr, insbesondere der Zwillingsbruder, der möglicherweise sogar doch mehr gesehen hatte als den Eltern lieb war.

Diese kleine Kinderseele, mit der ich hier in Verbindung war, konnte anscheinend erst ihren Frieden finden, wenn die Tat aufgeklärt war und sich die Brüder in Sicherheit befanden. Sicherheit hieß in diesem Fall, getrennt von den eigenen Eltern. Das war ja eine ganz schreckliche Situation. Ich war vollkommen erschüttert und entsetzt.

Doch wo war bloß die Zeit geblieben? Schon hörte ich unser Auto wieder die Straße heranfahren und kurz darauf kleine Füßchen die Treppe herauftrampeln. „Mami! Wir sind wieder da! Schau mal, was wir alles eingekauft haben!“, bestürmten mich unsere Kinder und ich versuchte, eine erwartungsvolle Miene zu machen. „Wienerle, Pudding, Brot“, zählten sie stolz auf und ich dachte, wenn die wüssten, wie sehr mich das im Moment interessiert!

Mein liebevoller Ehegatte las mir jedoch anscheinend an der Nasenspitze ab, dass mich etwas zutiefst bewegte. Obwohl ich mich bemühte, ihm meine Aufgeregtheit nicht zu zeigen, fragte er sofort: „War hier irgendetwas los während unseres Einkaufs?“ Ich schilderte ihm in kurzen Worten das Erlebte und er reagierte so, wie ich es hätte erwarten können: „Wie ich dich kenne, willst du jetzt auch etwas unternehmen. Eine Bitte um Hilfe kannst du nie ablehnen, dass du aber jetzt schon mit Geistern Kontakt aufnimmst?“, und dabei betrachtete er mich, als ob er an meinem allgemeinen Geisteszustand leichte bis mittelstarke Zweifel bekäme.

„Egal was du vorhast, lass es bloß bleiben!“, beschwor er mich. „Mach dich doch nicht lächerlich!“, fügte er hinzu und wandte sich dann den Kindern zu, die sämtliche Einkaufstüten gleichzeitig auseinander rissen und den Inhalt auf dem Teppich verteilten. „Das nächste Mal gehe ich wieder alleine einkaufen. Erst das Theater mit den Kindern in den Geschäften und nun zu Hause! Denn dich kann man auch nicht alleine lassen ohne dass du etwas anstellst“, sagte er, zwar wesentlich leiser in meine Richtung, doch mir war klar, am besten, ich würde das ganze Thema nun vorläufig beenden.

Aber der Geist des toten Kindes schien trotzdem weiterhin anwesend zu sein. Dieses Gefühl, seiner Bitte nachkommen zu müssen, ließ mich nicht los. Wie verzweifelt musste diese kleine Seele sein, wenn sie sogar mit mir vorlieb nahm, nur um seine Brüder zu retten? Auch wenn ich von nichts eine Ahnung hatte, so musste ich doch irgendetwas tun, um zu helfen. Das einzige, was ich wirklich im Übermaß besaß, war Liebe. Mutterliebe. Vielleicht konnte sie helfen. Bloß wie?

Inzwischen war es Abend geworden und die Kinder schliefen längst. Mein Mann war vor dem Fernseher ebenfalls eingeschlafen. Normalerweise ließ ich ihn schlafen und stellte mir das Programm nach meinen Wünschen ein. Doch heute hatte ich andere Dinge zu erledigen und so weckte ich ihn sanft und überzeugte ihn, doch ins bequeme Bett zu wechseln. „Ich komme gleich nach", betonte ich noch liebevoll, „sobald ich erledigt habe, was ich tun muss", ergänzte ich gedanklich den Satz.

So legte ich mir erneut die Pendeltafel, den Zeitungsartikel mit dem Foto, den klaren Bergkristall-Stab und mein Pendel zurecht. Der Kontakt wird über das Dritte-Auge-Chakra hergestellt, indem man den Bergkristall mit der Spitze nach oben direkt auf dieses Chakra fügt.

Vielleicht würde ich aber die Wirkung verstärken können, wenn ich anstatt auf das Dritte-Auge-Chakra den Bergkristall direkt auf das Kronen-Chakra hielt? Ich probierte es aus und prompt durchfuhr mich ein fürchterlicher Schmerz, der sich anscheinend direkt aus dem Universum kommend, wie ein feuriger Laserstrahl in mein eigenes Kronen-Chakra hineinbrannte. Schnell nahm ich den Bergkristall wieder vom Foto und entschuldigte mich instinktiv. Als ich das letzte Wort der Entschuldigung ausgesprochen hatte, hörte der Strahl schlagartig auf zu brennen, und auch die körperlichen Schmerzen waren sofort wieder verschwunden. Erleichtert atmete ich auf.

Dann fügte ich den Bergkristall-Stab zum Dritte-Auge-Chakra auf dem Foto des Zeitungsartikels und bat um die Erlaubnis der Kontaktaufnahme. Anschließend fragte ich: „Wo ist dein Körper?" Als Antwort erhielt ich: ÄSTEDRAUF.

Äste drauf? Er musste irgendwo auf dem Boden unter Ästen liegen. Vielleicht in einem Wald. Am Mittag hörte ich in den Rundfunknachrichten, dass eine Sonderkommission der Polizei die Seen der Umgebung von Tauchern absuchen lassen wollte. Dort werden sie ihn also nicht finden, das war mir klar. Und plötzlich stand mein Entschluss fest. Ich würde der Polizei ein Fax schicken, auf dem ich um eine Landkarte der Umgebung des Elternhauses des Kindes bat. Vielleicht konnte ich mit ihr den genauen Lageort der Leiche herausfinden.

Auch würde ich der Polizei sämtliche Botschaften mitteilen, die die Kinderseele mir übermittelte. Dass der Junge von den Eltern getötet worden sei und dass die Leiche im Wald liegen musste, bedeckt von Ästen. Vor allem auch, dass er sich immens um den Zwillingsbruder und den zweiten, etwas älteren Bruder sorgte. Am liebsten wäre ich ja selbst nach Bayern gefahren, doch ich konnte unmöglich meine eigene Familie hier im Stich lassen. Aber dieses Fax mit besagten Informationen schickte ich noch in der Osternacht an die Polizisten. Entweder vernichteten es die Beamten sofort oder sie schickten mir wirklich eine Landkarte. Selbst wenn die Sonderkommission mich für verrückt hielt, so machte mir das nicht allzu viel aus, Bayern ist weit weg.

Bereits am Ostermontag rief mich ein Beamter an und erkundigte sich nach meinen speziellen Wünschen für die Landkarte. Er ließ sich von mir die Ergebnisse nochmals telefonisch bestätigen und bedankte sich anschließend für die Informationen. Wahrheitsgetreu berichtete ich ihm alles, nur dass ich das erste Mal in meinem Leben mit einem Geistwesen Kontakt hatte und diese meine allerersten Pendelergebnisse waren, behielt ich doch lieber für mich.

Einen Tag später erhielt ich eine detaillierte Radfahrkarte der Umgebung, in der das Kind vermisst wurde, und ich machte mich noch am gleichen Abend daran, den genauen Lageort mit Hilfe des Pendels herauszufinden. Wieder hielt mich nur der Umstand, meine Familie nicht einfach alleine lassen zu können, davon ab, höchstpersönlich an der herausgefundenen Stelle nach dem Kleinkind zu suchen. Aber bis Bayern waren es von uns aus ca. vierhundert Kilometer. Zu weit. So faxte ich der Kommission mein Ergebnis zu und war nun zum Abwarten gezwungen.

Zwei lange Tage verstrichen, dann hörte ich in den Radio-Nachrichten: „Das vermisste Kind aus Bayern ist tot aufgefunden worden. Ein Radfahrer hatte die Leiche zufällig im Wald entdeckt, als er unter einem Äste-Hügel einen Kinderfuß herausschauen sah." Kurz darauf berichtete der Sender, dass die Mutter wegen Mordverdachts verhaftet worden und der geflohene Vater zur Fahndung ausgeschrieben war. Er stand unter dem Verdacht der Beihilfe zum Mord. Ein paar Tage später wurde er ebenfalls gestellt.

Die Kinder, M.`s Zwillingsbruder und der ältere Bruder, kamen in ein Pflegeheim. Dort wurden von den Ärzten Misshandlungen an den Kleinen festgestellt, die Kinderkörper waren übersät mit blauen Flecken und Narben. Am schlimmsten waren die zugefügten Verletzungen durch die eigene Mutter.

Ich war so froh, dass M. gefunden worden war. Die kleine Seele hatte mir also alles richtig mitgeteilt und mit einer unglaublichen Aktion vom Himmel aus versucht, die eigenen Brüder vor weiterem Leid zu bewahren. Die Seele enttarnte das schauspielerische Theater der Eltern, als diese noch über Funk und Fernsehen *verzweifelt die unbekannten Entführer um die Herausgabe ihres geliebten Kindes baten* und dabei längst wussten, dass das eigene Kind nicht mehr am Leben war.

Die Eltern versuchten sogar, die Kinderleiche zu verbrennen und zündeten sie an. Doch der Brand erlosch. Bei einem meiner Kontakte mit der Seele ermittelte ich das Wort ASCHE, schenkte ihm aber keine Beachtung, bis ich von dem erfolglosen Versuch der Eltern erfuhr, die Leiche auf diese Weise verschwinden zu lassen.

Aber ein Punkt machte mich unzufrieden. Der Fundort war beim besten Willen nicht mit der Stelle identisch, die ich herausgefunden hatte. Da lagen mindestens fünfzig Kilometer Wald dazwischen. So nahm ich noch einmal den Kontakt mit der kleinen Seele auf. Ich fragte sie, ob sie nochmals auf die Erde kommen würde und erhielt ein klares JA zur Antwort.

Daraufhin lud ich die Seele ein, in unsere Familie zu kommen. Ich war zwar meinen drei Kindern auch keine perfekte Mutter. Aber Liebe, Zärtlichkeit und Fürsorge besaßen mein Ehemann und ich im Übermaß, so war genug auch für sie noch da.

Schließlich stellte ich aber noch die Frage, warum ich nicht den exakten Fundort herausgefunden hatte. Die Antwort lautete: LASEDIESELENUNRUHEN

Lasse die Seele nun ruhen!

Irgendwie kam eine besondere Schwingung auf. Ernst und doch friedvoll. Mir wurde klar, das war der Abschied, der Kontakt musste nun gelöst werden. Alles, was die Kinderseele erreichen wollte, war geschehen: die Eltern verhaftet, die Brüder in guten Heimen untergebracht.

Es gab keinen triftigen Grund mehr, sie weiter zu kontaktieren. So verabschiedete ich mich von M., wünschte seiner Seele Frieden und habe seitdem nie mehr versucht, etwas von ihm zu erfahren, obwohl ich sein Foto noch viele Jahre aufbewahrte.

Wahrscheinlich wird es auch nie geschehen können, dass die beiden überlebenden Brüder erfahren werden, wie sehr sich ihr ermordetes Geschwisterchen für sie einsetzte und wie die kleine Seele sogar vom Himmel aus alles versuchte, um die beiden hier auf Erden vor weiteren Leiden zu schützen.

He, ihr zwei Brüder von M.! Seid nett zu euren jüngeren Mitbürgern, denn es könnte vielleicht euer Bruder sein, der sich einst so für euch bemühte, dass seine Seele erst Frieden finden konnte, nachdem ihr gerettet wart!

Er ist nun möglicherweise auch in einem anderen Körper wieder hier auf Erden inkarniert und ich hoffe bei Gott, dass er sich diesmal eine liebevollere Familie ausgesucht hat. Wir haben später auch noch ein Baby bekommen, wer weiß ... vielleicht ...?

Mein größtes Glück war, nicht nur mitzuerleben, dass zwei Kleinkinder nicht länger Qualen erleiden mussten, sondern auch das herrliche Gefühl, etwas mehr Gewissheit zu haben, dass mit dem Tod noch längst nicht alles vorbei ist. Wie schön, dass man sogar als *Geistwesen* noch etwas erreichen kann.

So finde ich es wunderbar zu wissen: Wenn ich mal nicht mehr auf Erden weilen kann und irgendwer versucht, unseren Kindern ein Leid zuzufügen, dann werde ich aber ganz schön poltern (habe ich auf Erden schon geübt), werde Blitze senden und wenn`s sein muss, auch irgendein Anfängermedium in Gewissenskonflikte bringen.

„Empörend! Die hat schon wieder 'nen neuen Sauger!"
RUPA

9. Kapitel

Pendel - Segen oder Fluch

„Wenn ich zu Ihnen in das Mineralienstudio komme, können Sie dann auch für mich auspendeln, welches der beste Stein für mich ist?", wollte eine noch recht jung klingende Frau am Telefon wissen.

„Nein", entgegnete ich, „das werde ich wahrscheinlich nicht machen. Ich persönlich lehne es ab, die richtigen Steine auf diese Weise herausfinden zu wollen. Zwar akzeptiere ich es, wenn Mitmenschen meinen, die Kraft nur so feststellen zu können, doch ich ermuntere dazu, Schwingungen der Steine zu erfühlen.

In einem guten Mineraliengeschäft können Sie sagen, zu welchem Zweck Sie den Stein einsetzen möchten, bzw. was er bewirken soll. Meist gibt es dann mehrere verschiedene Kristalle, die diese Wirkung erreichen können. Den für Sie selbst am geeignetsten Stein können Sie in Ihrer eigenen Hand erkennen. Wird er angenehm warm, so ist er sicherlich gut für Sie. Bleibt er aber kalt, dann kann das ein Zeichen sein, dass er in dieser Lebenssituation nicht der richtige ist.

Je stärker der Kontakt mit der eigenen inneren Stimme gefördert wird, desto unabhängiger werden Sie von zusätzlichen Hilfsmitteln", informierte ich die junge Frau weiter und lud sie ein, einfach mal vorbeizukommen und es selbst auszuprobieren.

Während meines Telefonates betrat eine dunkelhaarige Frau mein Ladengeschäft und betrachtete planlos mal den Kristall, die Buddhafigur, das Wolfsbild, das Engelsbild. Nichts schien sie wirklich zu interessieren und so fragte ich nach dem Auflegen des Telefonhörers, ob ich ihr helfen könne. „Ich weiß nicht", stöhnte sie und die langen Haare mit den dunklen Locken fielen ihr dabei tief ins Gesicht, schienen es komplett verdecken zu wollen.

„Ich weiß nicht, ob ich mit Ihnen über mein Problem sprechen kann. Wahrscheinlich werden Sie mich auslachen", flüsterte sie leise. „Ich lache nie, ich richte nicht, ich verurteile nicht, ich bewerte nicht, und wenn ich kann, helfe ich", antwortete ich zurückhaltend, ohne sie zu bedrängen.

Daraufhin neigte sie ihren Kopf leicht zur Seite, schaute mich unendlich traurig an und sagte leise: „Wissen Sie, ich bin verflucht worden."

Huch, schlagartig wurde ich hellwach und ich begann, mir die Frau genauer anzuschauen. Sie war wohl Mitte Dreißig und musste in jüngeren Jahren bildschön gewesen sein. Dunkle Naturlocken umrahmten das blasse Gesicht und lange Wimpern wölbten sich über den tiefbraunen Augen. Und sie sollte verflucht sein?

Ein Fluch ist ein gesprochener Schadenszauber, mit dem Dinge, Einzelwesen und ganze Geschlechter belegt werden können. Damit ein Fluch wirksam wird, bedarf es einer besonderen sprachlichen Form.

Als stärkster Fluch gilt der „Fluch der Mutter". „Althäa" verfluchte ihren Sohn „Meleager" und dieser starb kurz darauf qualvoll. Entsetzt über ihr eigenes Tun erhängte sie sich anschließend.

Ein Fluch selbst ist, wie jedes ausgesprochene Wort, nicht mehr rückgängig zu machen. Doch im Gegensatz zum Fluch steht der Segen. Er kann die unheilbringenden Folgen eines Fluches aufheben. (Siehe 10. Kapitel, Seite 174)

„Wieso meinen Sie, verflucht zu sein?", fragte ich und sie antwortete deprimiert: „Seit zwei Jahren geht es in meinem Leben nur bergab. Meine langjährige Beziehung ging in die Brüche, mein Arbeitsplatz wurde wegrationalisiert, meine Tochter ist im Streit ausgezogen und wohnt jetzt bei ihrem Vater, und selbst meine beste Freundin ist mehr mit ihren neuen Bekanntschaften zusammen als mit mir."

„Nun, das ist zwar alles nicht schön, aber Ähnliches erleben täglich ebenfalls viele Menschen. Für mich bedeutet das noch lange nicht, dass Sie verflucht sind", entgegnete ich unwillig. Und am liebsten hätte ich das Gespräch hiermit beendet, doch sie schaute mich so unendlich traurig an, dass ich sie in diesem verzweifelten Zustand nicht belassen wollte. Daher nickte ich ihr aufmunternd zu und sie begann leise zu erzählen.

„Vor zwei Jahren erfuhr ich es unter mysteriösen Umständen auf dem Wurstmarkt." „Ach so, ein Jahrmarktsgaukler ...", winkte ich erleichtert ab. Doch sie schüttelte sofort den Kopf. „Nein, es war kein Schausteller. Es war am frühen Abend, noch hell, als ich *rein zufällig* eine alte Zigeunerin anrempelte. Diese schaute mich daraufhin ganz komisch an, irgendwie ganz in mich hinein und nahm dann meine Hand. Ich entzog sie ihr wieder, doch die alte Frau in ihren dunklen langen Röcken hielt mich am Ärmel fest und meinte: 'Sie haben einen Fluch auf sich geladen. Sie sind verflucht.'

'Ach, lassen Sie mich mit dem Quatsch in Ruhe', entgegnete ich ihr zornig und meine Freundin zog mich von dieser unheimlichen Frau fort. Ich hörte noch wie die Zigeunerin mir nachrief: 'Sie brauchen einen Stein. Suchen Sie einen ...' Aber meine Freundin schob mich in ein Festzelt hinein und die laute Musik übertönte alle weiteren Worte.

Irgendwie war ab diesem Zeitpunkt der Abend gelaufen. Mir gingen die Worte der Zigeunerin nicht mehr aus dem Sinn. Wer hatte mich verflucht, welchen Stein sollte ich suchen? 'Du wirst doch nicht ernsthaft an den Quatsch der Zigeunerin glauben wollen?', lachte mich meine Freundin aus, als sie bemerkte, dass ich nicht zu meiner gewohnten Ausgelassenheit zurückfand. Als wir später das Zelt wieder verließen, suchte ich im Getümmel des Marktes automatisch immer wieder nach der alten Zigeunerin, schaute den ganzen Abend nach ihr aus, doch ich sah sie nicht mehr.

Schon kurz darauf begann tatsächlich die negativste Phase meines Lebens. Erst verließ mich mein neuer Freund aus heiterem Himmel, dann verlor ich die Arbeitsstelle und am allerschlimmsten war der Verlust meiner Tochter, die ohne viel Worte darüber zu verlieren, einfach zu meinem Exmann übersiedelte. Ausgerechnet zu ihm." Und die Frau schüttelte sich schon allein bei dem Gedanken an ihn.

„Die ganzen zwei Jahre nun gehen mir die Worte der Zigeunerin nicht mehr aus dem Sinn, als sie damals sagte: ‚Sie haben einen Fluch auf sich geladen, suchen Sie einen Stein.' Ich bereue es so bitterlich, dass ich die Gelegenheit verpasst habe, sie zu fragen, welchen Stein ich suchen soll. Schon lange gehe ich von einem Mineraliengeschäft zum anderen, schaue überall, wo ich bin, ob Kristalle angeboten werden, habe schon viele Steine gekauft. Doch keiner half mir und mit meinem Leben geht es ständig weiter bergab, jetzt wurde mir sogar die Wohnung gekündigt.

Seit dem Tag auf dem Volksfest, an dem die Zigeunerin mir von dem Fluch erzählte, scheint er eingetreten zu sein, um mein Leben zu zerstören. Können Sie mir sagen, nach welchem Stein ich suchen soll?"

Hm, ich runzelte die Stirn. Auf Anhieb fiel mir nur das Tigerauge ein. Er gilt als Schutzstein gegen Verhexung, bösen Blick und Dämonen, aber dafür war es ja anscheinend schon zu spät. Und der schwarze Turmalin mit Goldglimmer? Von ihm wusste ich, dass er Verwünschungen an den Absender zurückleitete. Doch irgendwie war ich nicht so richtig überzeugt, dass die Zigeunerin diesen Stein meinte. Während ich der deprimierten Frau einen schwarzen Turmalin zeigte und sie ihn prüfend in die Hand nahm, spürte ich mich für einen Moment in sie hinein und versuchte, behutsam ihre Energie zu fühlen.

Meine spirituelle Entwicklung ermöglichte mir, wenn es die Situation erforderte, zu erfühlen, was einem Menschen weiterhelfen konnte. Dieses ganz intensive Einfühlen mache ich grundsätzlich nur, wenn es wirklich notwendig ist und zum Wohle der Betreffenden, und es funktioniert auch nur, wenn ich allein mit dem Menschen bin und absolute Ruhe um uns herum ist. Bei der Frau erspürte ich Dunkelheit, Finsternis und Schatten, Traurigkeit, Enttäuschung, auch Wut, aber keine Besessenheit, keine massive Verfluchung. Diese Energie besaß eine ganz andere Schwingung und hier war sie nicht zu spüren.

Wie konnte ich ihr das aber klarmachen? Ob die Aussage der Zigeunerin auf dem Volksfest ein Irrtum war? Schaden hatte diese Mitteilung allerdings bereits genügend angerichtet.

Mein Pendel kam mir in den Sinn. Es schien mich regelrecht zu rufen und sogleich holte ich es und fragte die Frau: „Soll ich einmal auspendeln, ob ein Fluch auf Ihnen lastet, ob er tatsächlich ausgesprochen wurde, oder ob er nur auf Einbildung beruht?“ Sie nickte sofort zustimmend.

„Ja, wenn Sie das können, das wäre gut!“ So nahm ich noch einen klaren Bergkristall-Stab als Informationsleiter aus dem Regal, legte diesen in ihre linke Hand, mit der Spitze zu mir deutend, berührte dann mit meinem linken Zeigefinger die Spitze des Stabes und fragte unhörbar mein Pendel, ob es mir Auskunft über eine eventuell stattgefundene Verfluchung geben würde. Es kreiste sofort zu einer JA-Bewegung.

Dann stellte ich klar und hörbar die eigentliche Frage: „Hat diese Frau in dieser Inkarnation einen Fluch auf sich geladen?“ Mir war dabei die Antwort vollkommen egal, eine wunderbare Vorraussetzung für das Pendelergebnis. Denn je mehr man sich auf eine Antwort fixiert, diese für wahrscheinlich oder gar für richtig hält, desto größer ist die Möglichkeit, dass das Pendel genau das macht, was man angezeigt haben möchte.

Inzwischen war mein Pendel in eine kräftige Hin- und Herschwingung gelangt. Das bedeutet für mich ein ganz klares Nein. „Nein, ich glaube nicht, dass Sie wirklich verflucht worden sind, sondern vielleicht nur das Opfer einer launischen Zigeunerin.

Oder Sie haben diese nicht nur angerempelt, sondern sind ihr womöglich gar noch auf die Füße getreten?", überlegte ich. „Schwarz-magisch arbeitende Leute mögen weder gerempelt noch getreten werden. Selbst wenn es unabsichtlich war, zieht man manchmal so automatisch Bestrafung auf sich, der man nur mit einer guten Entschuldigung entgehen kann, einer Harmonisierung der Situation. Überlegen Sie mal ganz genau, haben Sie sich damals, als Sie die Zigeunerin anstießen, bei ihr entschuldigt?", wandte ich mich der Frau zu.

„Ach, du liebe Zeit, das weiß ich doch heute nicht mehr", wehrte sie ab, senkte dann langsam den Kopf und sprach fast flüsternd: „Wenn ich mich richtig erinnere, habe ich mich nicht entschuldigt, sondern eher so was in der Richtung gedacht wie: Kannst du nicht aufpassen, du blöde alte Hexe?" Dann wurde sie plötzlich ganz nachdenklich und flüsterte ganz leise: „Also ich weiß nicht, irgendwie fällt mir das jetzt alles wie Schuppen von den Augen, ich glaube, ich habe sogar gedacht: Du verfluchte Hexe."

„Uh", zuckte ich zusammen und ein Gänsehautschauer kroch über meinen ganzen Körper. „Das war mit Sicherheit das Verkehrteste, was Sie gegenüber dieser Frau, aber auch allen anderen Menschen gegenüber, denken durften. Vermutlich besaß diese Zigeunerin die Gabe, Gedankenschwingungen zu erkennen oder verfügte vielleicht über eine telepathische Veranlagung.

Sich so lieblos zu äußern, auch wenn es nur gedanklich ist, ist immer äußerst kritisch und wirkt stets nach dem Spiegelgesetz (die negative Energie, die du aussendest trifft im Übermaß wieder auf dich zurück).

Die hellsichtige Zigeunerin verstand mit Sicherheit, sich visuell gut zu schützen, erlitt durch Sie keinen Schaden. Doch es muss ihr klar gewesen sein, dass Sie sich selbst schädigten. Es war Ihre eigene negative Energie, die Sie ins Verderben riss. Es waren Ihre eigenen, bösen oder gar fluchenden Gedankenschwingungen, die sich so zu einer Spiegelung gestalteten und Sie selbst trafen.

Insofern müssten Sie der Zigeunerin eigentlich unendlich dankbar sein, denn sie erkannte in diesem Moment Ihre negative Ausstrahlung und versuchte, Ihnen zu helfen. Versuchte, Sie vor weiteren Schäden zu bewahren. ‚Suchen Sie den Kristall', riet sie Ihnen und meinte vielleicht einen *Stein der Weisheit*. Wenn Sie ihn gefunden haben, dann lernen Sie, sich anders zu verhalten, liebevoller zu denken, und können damit ihrem Schicksal wieder eine positive Richtung geben.

Sobald Sie wahrhaft erkennen, dass nicht Sie das Opfer, sondern die ursprüngliche Täterin waren, können Sie die Bahnen Ihres Lebens wieder verändern.

Wenn Sie dazu wirklich bereit sind, können wir gerne noch das Pendel bitten, den richtigen Stein für Sie herauszufinden."

„Ich fange an zu verstehen", meinte die Frau traurig. „So waren es meine eigenen negativen Gedanken, die ein Unglück nach dem anderen herbeizogen und stets auch noch genau das geschehen ließen, wovor ich mich am meisten fürchtete. Die Kristalle halfen mir nicht, weil ich sie stets dazu benutzen wollte, den Absenders des Fluches auszuschalten, ihm eigentlich schaden wollte. Letztendlich hätte ich mir selbst geschadet. Wie gut, dass kein Stein so wirkte, wie ich es wollte", schmunzelte sie jetzt doch über ihre eigenen kindischen Versuche, die Naturkraft der Steine für etwas Negatives benutzen zu wollen.

„Kann ich eigentlich auch das Pendeln erlernen?", fragte sie mich neugierig. „Ja, natürlich", antwortete ich, „fast jeder Mensch kann pendeln." Es beruht auf dem *Sechsten Sinn*. Schon sechstausend Jahre vor Christus zeigten Höhlenzeichnungen pendelnde Leute. Gerade auch in der heutigen Zeit kann das Kennenlernen der Regeln des Pendelns eine sinnvolle Unterstützung sein. Damit hat man ein Hilfsmittel zur Verfügung mit dem man z. B. gesundheitsschädliche Stoffe in Lebensmitteln, Kleidern oder im Hausrat entdecken und so auch Allergien vorbeugen kann.

Auch bei der Suche nach den seelischen Ursachen einer Erkrankung kann ein Pendel helfen. Diagnosen dagegen dürfen nur von Fachärzten oder Heilpraktikern aufgestellt und keinesfalls von einem Pendelergebnis abhängig gemacht werden, das könnte fatale bis hin zu tödlichen Folgen haben.

Auf gar keinen Fall darf man sein Leben vom Pendel abhängig machen und jeden Morgen damit beginnen, es zu fragen: Welchen Kristall soll ich heute tragen? Welche Farbe bevorzugen? Welchen Engel einladen? Wenn das ständig nur das Pendel bestimmen muss, wird aus einem guten Hilfsmittel möglicherweise auch ein sehr schlechter Ratgeber, denn man muss stets bedenken: Auch ein Pendelergebnis kann vollkommen falsch ausfallen und total unnütze Informationen enthalten.

Wenn man jedoch folgende Punkte beachtet, kann das Pendeln auch sehr hilfreich sein:

Pendel-Regeln

- Auf keinen Fall aus dem eigenen Ego heraus pendeln, z. B. um sich wichtig zu machen, zu brüsten oder um einen materiellen Vorteil davon zu haben.
- Nicht zu Demonstrationszwecken, um „Ungläubigen“ etwas zu beweisen.
- Bei Fragen an ein Unterbewusstsein das Pendel stets vor Beginn fragen, ob es bereit ist, diese Auskunft auch zu geben. Gegebenenfalls auch ein NEIN akzeptieren.

  Wichtig:

  Auf gar keinen Fall unaufgefordert im Unterbewusstsein anderer Menschen forschen, denn dies darf nur mit ausdrücklicher Genehmigung der betreffenden Personen geschehen.
- Keinen persönlichen Willen einbringen. Es ist besser, eine Frage, die einen sehr beschäftigt und bei der man ein gewisses Wunschergebnis schon im Sinn hat, lieber von einer anderen Person auspendeln zu lassen.
- Pendelfragen müssen klar formuliert werden.
- Niemals in die Zukunft pendeln. Diese ist uns Menschen zum Glück aus höherer Einsicht heraus verschlossen und sollte es auch bleiben, denn nur so haben wir die Chance, sorgenfrei im Heute zu leben.
- Keine Geistwesen anrufen, wenn man sich nicht zu schützen versteht und die genauen Regeln für diese spirituellen Praktiken nicht kennt.
- Nur in Ruhe und ohne Zeitdruck pendeln. Auf elektrosmogfreie Umgebung achten, nicht gerade das eingeschaltete Handy daneben liegen haben.
- Und nie vergessen: Auch das teuerste Pendel kann sich irren! Sich bei wichtigen Entscheidungen nie nur auf ein Pendelergebnis verlassen, auch wenn es noch so verlockend ist.

Vorbereitungen:

- Elektro-Geräte ausschalten.
- Hände waschen, Schmuck ablegen, Füße gerade und fest, parallel nebeneinander auf den Boden stellen.
- Seidentuch oder schwarzes Tuch als Tisch-Unterlage benutzen.
- Tief durchatmen – Gedanken loslassen.
- Fragen, ob das Pendel jetzt bereit ist, mit mir zu arbeiten.

Pendel einstellen:

- Locker, aber gerade sitzen, Beine nicht überkreuzen.
- Pendel-Faden zwischen Zeigefinger und Daumen nehmen.
- Pendel mit leichtem Anstoß in Schwingung bringen.

Richtige Fadenlänge:

Faden zu kurz – Pendel schwingt nur hin und her.

Faden in richtiger Länge – Pendel macht kreisende Bewegungen.

Ja- und Nein-Schwingung herausfinden:

- Pendel im Sitzen über das rechte Knie halten und fragen: „Wie schwingst du, wenn du mir ein JA mitteilen möchtest?“ (Z. B. Kreisen nach rechts.)
- Pendel über das linke Knie halten und fragen: „Wie schwingst du, wenn du NEIN sagst?“ (Z. B. schwingt das Pendel jetzt in einer Hin- und Herbewegung.)
- Pendel zwischen den beiden Knien halten und fragen: „Wie bewegst du dich, wenn du nicht antworten möchtest?“ (Z. B. Kreisen nach links.)
- Linkshänder befragen jeweils das andere Knie, d. h. über dem linken Knie nach der JA-Schwingung fragen usw.

- Fragen klar und deutlich formulieren.
- Vorhandene Pendel-Tafeln nutzen oder Tafeln selbst herstellen.
- Nach Beendigung beim Pendel bedanken!

Aufbewahrung:
Das Pendel möchte an einem schönen Platz aufbewahrt werden. Am besten geeignet ist ein hübsches, kleines Kästchen. Vor der Aufbewahrung empfiehlt sich eine Reinigung mental, mit Wasser oder durch eine Räucherung.

Ein sehr gutes Buch mit vielen Informationen zu diesem Thema ist im Windpferd Verlag erschienen: *Das richtige Pendeln* von Werner Giessing. Es trägt zwar den Zusatz *Immer eine zuverlässige Antwort* und dieser Meinung bin ich persönlich nicht, aber es enthält ausführliche, praxisnahe Informationen und sehr gute Pendeltafeln.

Für Fragen an das Unterbewusstsein bevorzuge ich mein Bergkristall-Pendel und zum Arbeiten am Körper verwende ich am liebsten ein Rosenquarz-Pendel. Aber jeder muss für sich selbst herausfinden, welche Art von Pendel ihm persönlich am meisten liegt.

Die Frau entschied sich für ein Amethyst-Pendel, hielt es über eine der Heilstein-Pendeltafeln und erst ganz leicht, aber dann immer stärker werdend ging das Pendel auf die Linie des Rosenquarz – den Stein der Liebe.

Ich schmunzelte. Ja, da hätten wir natürlich auch so drauf kommen können. Die Liebe, die stärkste Kraft im Universum, sie konnte alles heilen, jede negative Energie im Körper vertreiben und ihn mit Licht, Urvertrauen und Kraft füllen.

Glücklich, endlich ihren Stein gefunden zu haben und die Pechsträhne beenden zu können, verließ die Frau das Mineralienstudio und ich bat den Himmel um Gottes Schutz und Segen für sie und darum, dass der Rosenquarz wirklich für die Frau zum *Stein der liebevollen Weisheit* werden würde.

Übung: Der Pendel-Chakra-Ausgleich

(Diese Übung sollte beim ersten Mal mit einem Lehrer gemacht werden)

Eine unserer Lieblingsübungen ist der **Chakra-Ausgleich** mit einem Rosenquarz-Pendel: *Pendel in Drehrichtung über dem Chakra kreisen lassen, bis das Pendel von selbst zum Stillstand kommt (maximal ca. 1-3 Min.). Beginnend mit dem ersten und endend mit dem sechsten Chakra. Durch dieses Schwingen des Pendels werden die Chakras harmonisiert und wenn die sechs unteren Chakras ausgeglichen sind, befindet sich das Kronen-Chakra automatisch im Einklang.*

Frauen:

7.) Kronen-Chakra
Aufgabe: *Gotterkenntnis – Erleuchtung*
Farbe: *Violett, Weiß, Gold* – Element: - Sinn: *kosm. Bewusstsein*
43.-49. + 92.-99. Lebensjahr

6.) Stirn-Chakra
Aufgabe: *Intuition - Weisheit*
Farbe: *Dunkelblau, Indigoblau* – Element: - Sinn: *Siebter Sinn*
36.-42. + 85.-91. Lebensjahr

5.) Hals-Chakra
Aufgabe: *Kommunikation – Wahrheit*
Farbe: *Hellblau* – Element: *Äther* – Sinn: *Hören*
29.-35. + 78.-84. Lebensjahr

4.) Herz-Chakra
Aufgabe: *Liebe – Toleranz - Mitgefühl*
Farbe: *Grün, Rauchfarben* – Element: *Luft* – Sinn: *Tasten*
22.-28. + 71.-77. Lebensjahr

3.) Nabel-Chakra
(Solar-Plexus-Chakra)
Aufgabe:
Willenskraft - Selbstkontrolle
Farbe: *Gelb, Gold*
Element: *Feuer*
Sinn: *Sehen*
15.-21. + 64.-70. Lebensjahr

2.) Sakral-Chakra
Aufgabe:
Sexualität entdecken –
schöpferische Lebensenergie
entwickeln
Farbe: *Orange*
Element: *Wasser*
Sinn: *Schmecken*
8.-14. + 57.-63. Lebensjahr

1.) Wurzel-Chakra
Aufgabe:
Urvertrauen entwickeln –
Sicherheit entwickeln
Farbe: *Rot*
Element: *Erde*
Sinn: *Riechen*
1-7. + 50.-56. Lebensjahr

Männer
umgekehrte Drehrichtung

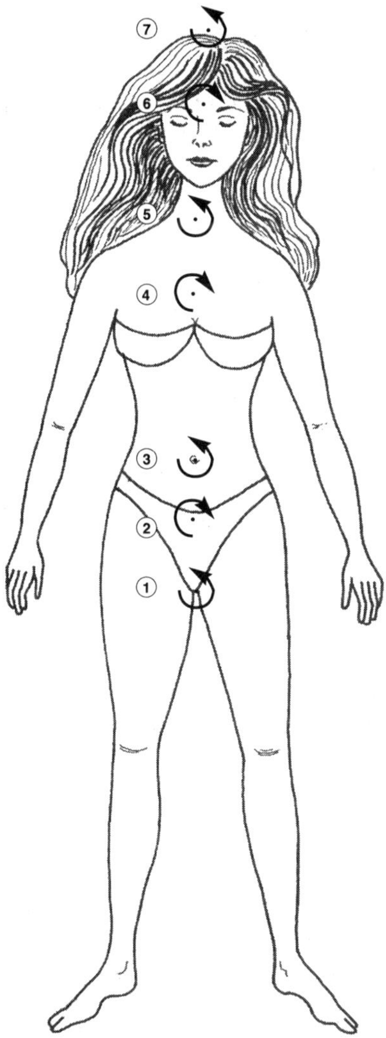

Pendel-Tafel 1

(Welches Chakra soll ich ausgleichen?)

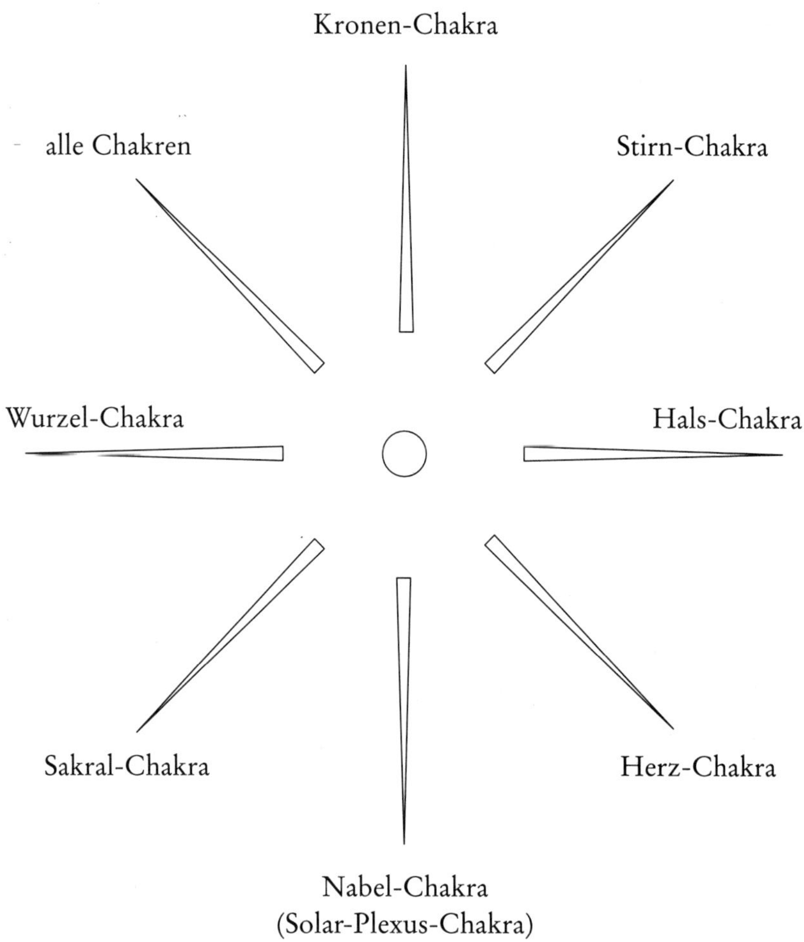

Pendel-Tafel II

(Welcher Heilstein unterstützt mich?)

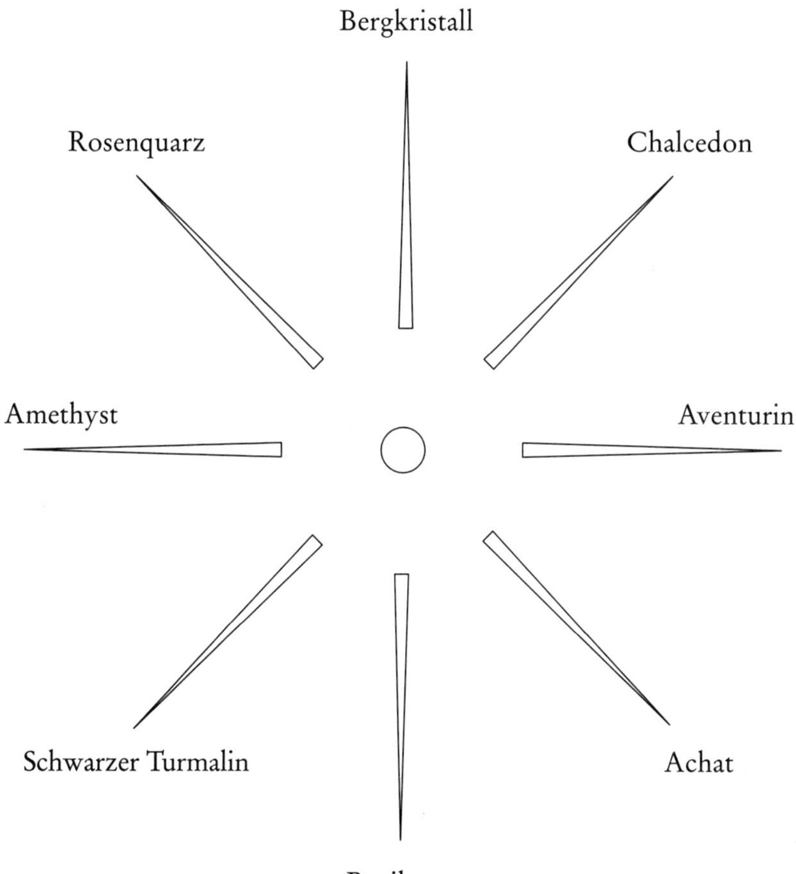

Pendel-Tafel III

(Wie soll ich mich verhalten?)

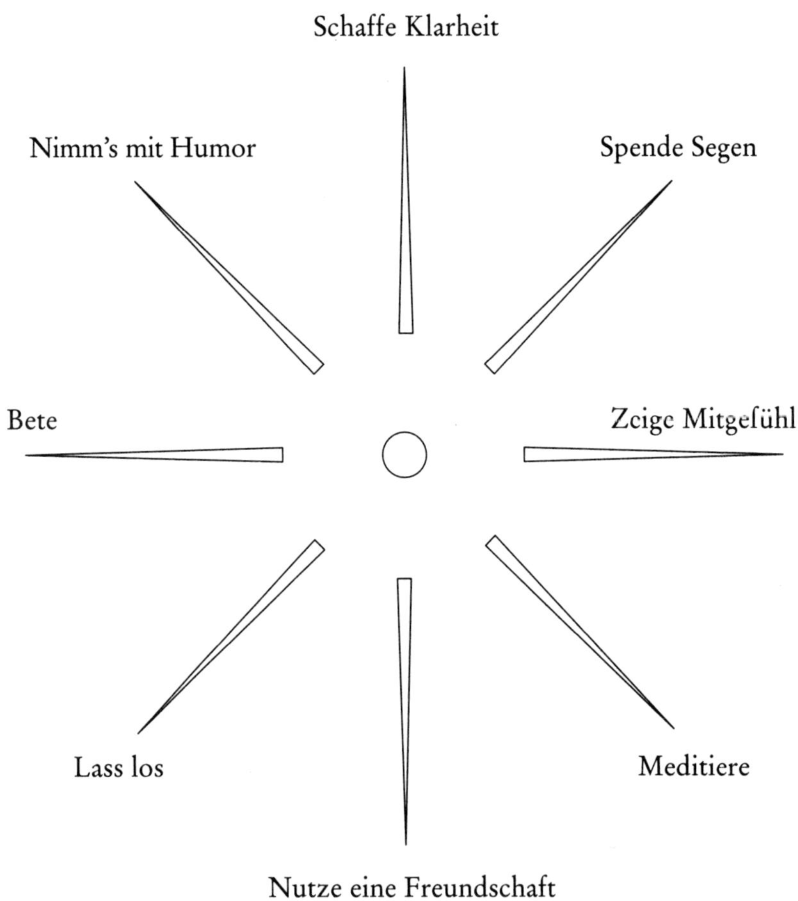

Pendel-Tafel IV

(Was soll ich tun?)

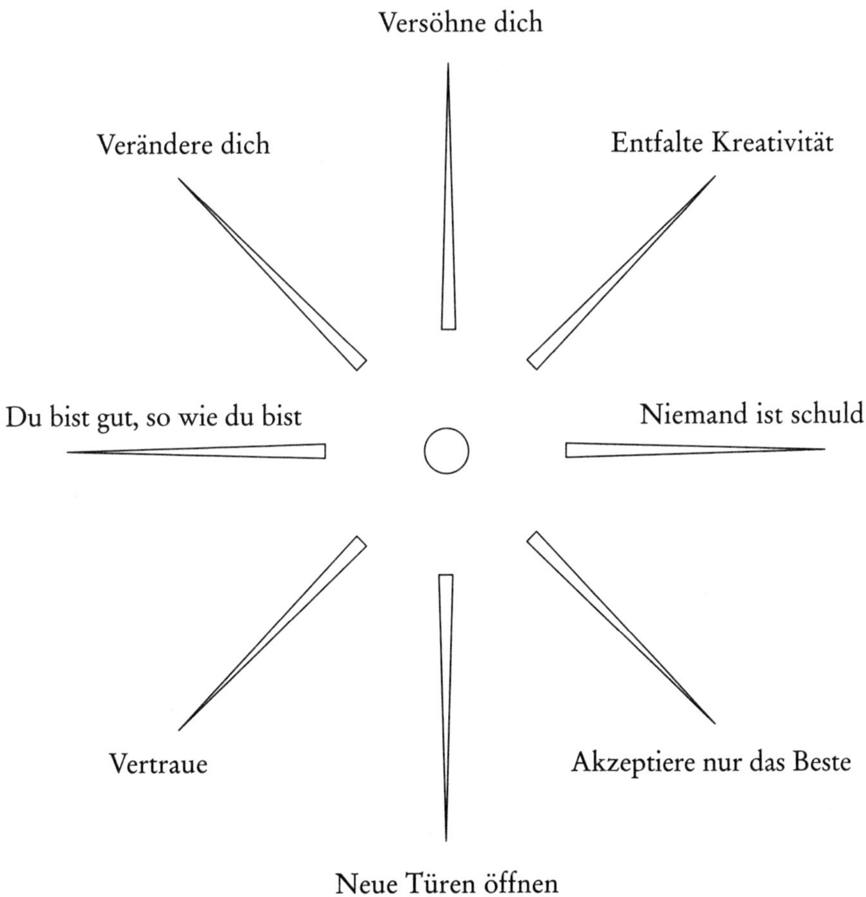

Pendel-Tafel V

(Was soll ich tun?)

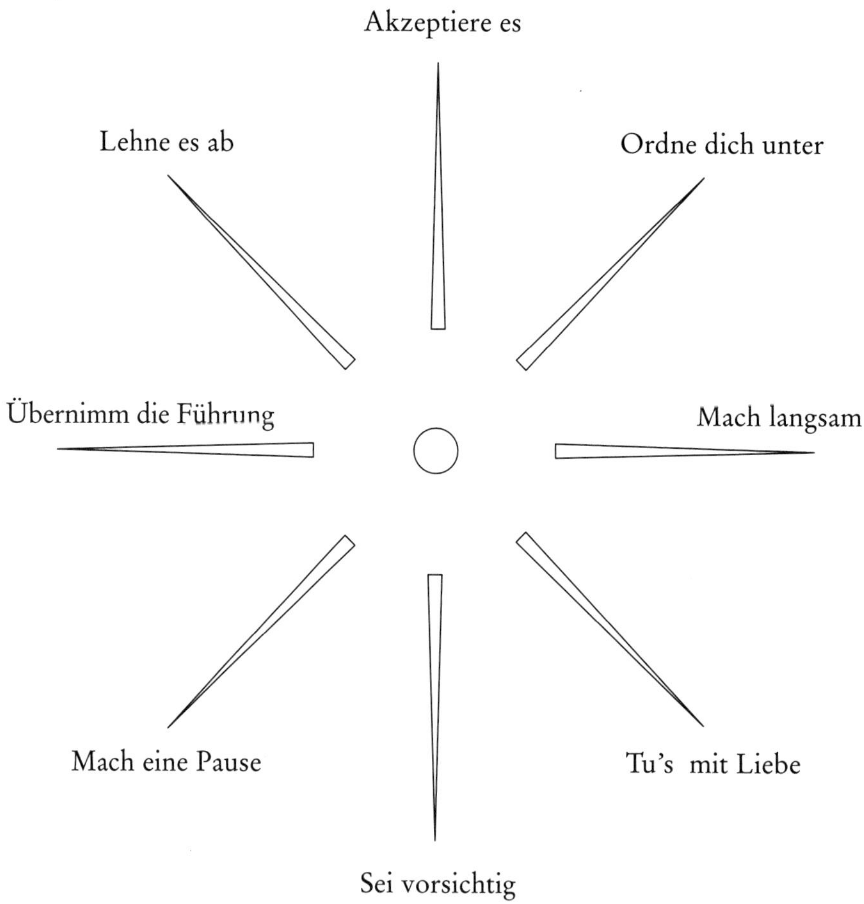

Pendel-Tafel VI

(Was ist zur Zeit für mich wichtig?)

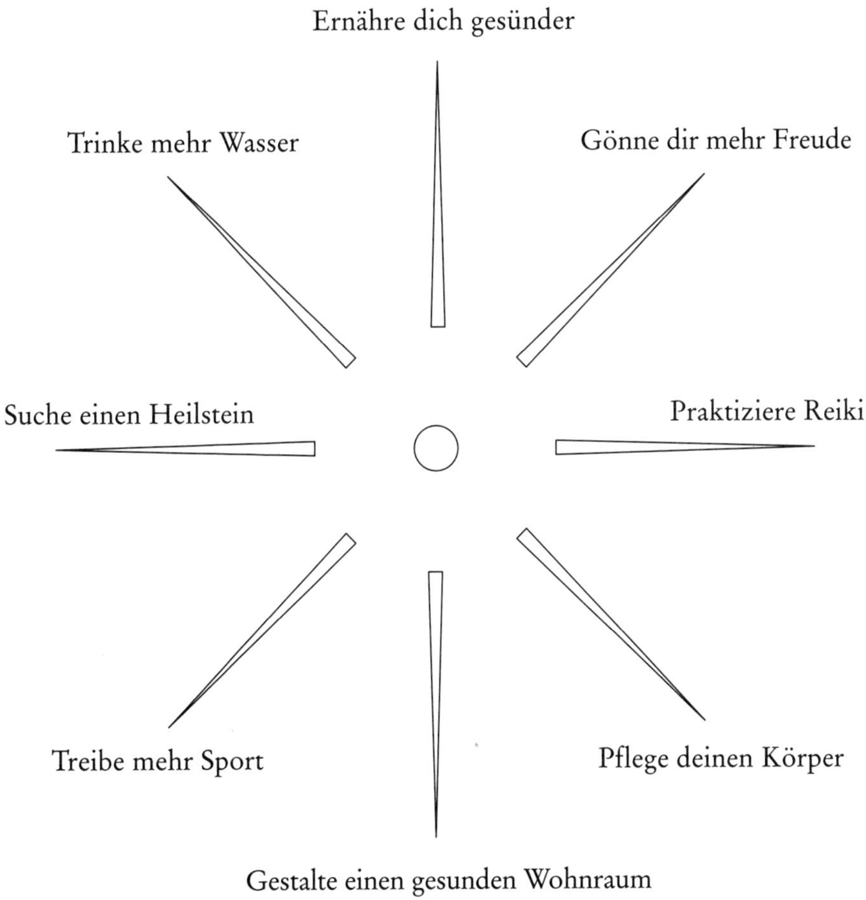

Pendel-Tafel VII

(Was bringt mich weiter?)

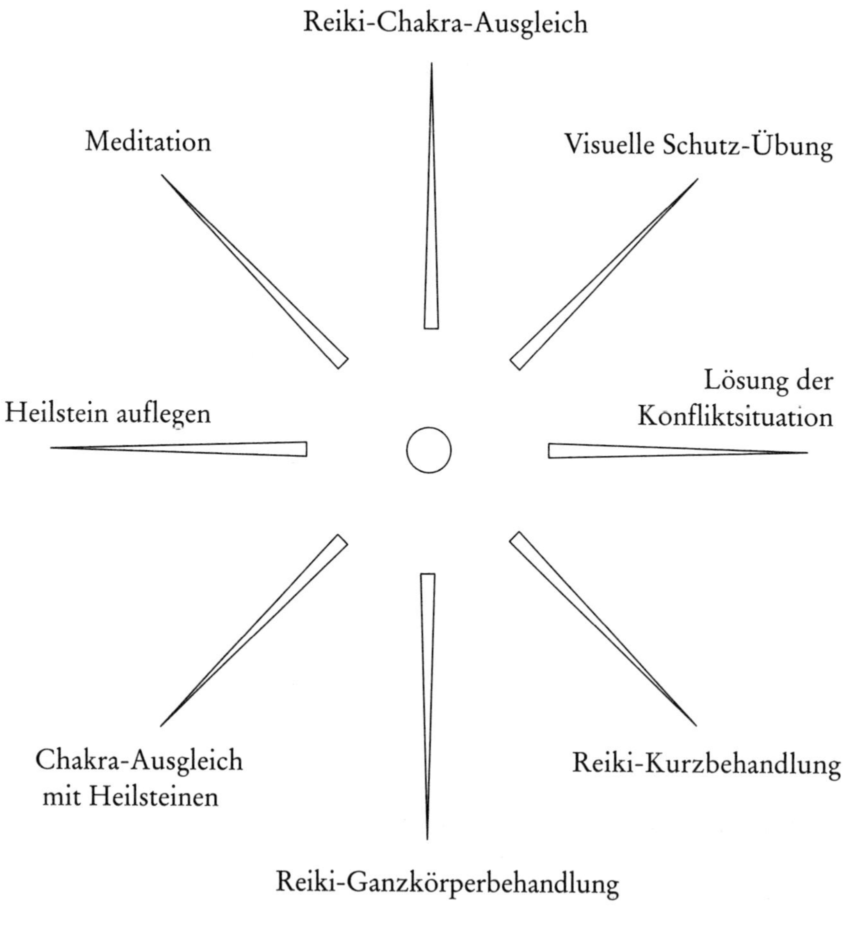

Xantus – ein Geistwesen

Xantus ist ein Geistwesen und steht in Kontakt mit Walter, einem meiner Reiki-Schüler. Seine Botschaften gibt Xantus am liebsten in Versen durch (mittels medialem Schreiben) und drei Texte stellte Walter mir für dieses Buch zur Verfügung.

Sorge für Licht!

Immer nur Regen
lässt Blumen nicht blühen.

Immer nur Tränen
lässt Leben verglühen.

Drum sorge für Sonne
und sorge für Licht,
damit der Regen
das Leben nicht bricht.

Xantus

Energie hat immer seine Kraft und seine Verbindungen.
Viel Licht ... viel Schatten!
Doch bleibt die grüne Hoffnung.
Xantus

Teil-Aufzeichnung vom 14. Januar 1997

Xantus: Wir telefonieren mit Euch.

Frage: Benutzt Ihr unsere Energie, um Euch zu melden?
Xantus: Sucht nicht bei Euch, sondern glaubt uns!

Frage: Wer seid Ihr?
Xantus: Wir, das ist die Energie, die Ihr Jenseits nennt, weil Ihr uns nicht kennt.
Es ist keiner tot, es ist ein anderes Leben als bei Euch, aber viel länger. Alle müssen lernen, um bei uns bleiben zu dürfen. Wer nicht sicher ist, darf wieder auf die Erde oder einen anderen Planeten, als Wesen, das er sich wünscht. Alle Energie lebt und ist überall gleich, manchmal mehr positiv oder negativ gepolt.
Nichts geht verloren – Energie ist Ewigkeit
Amen!

Frage: Welche Aufgaben habt Ihr?
Xantus: Als reine Energie zu lernen, für die Ewigkeit zu schulen und zu suchen. Für den Erhalt der Menschheit und der vielen Erden und fernen und nahen Galaxien.

Frage: Bitte um Definition von *Gott*.
Xantus: *Gott* ist ein Teil von uns und wir ein Teil von ihm.
Gott ist Unendlichkeit.
Gott fragt nicht – *Gott* gibt nicht – *Gott* vergibt nicht – *Gott* nimmt nicht.
Gott ist nur da.
Gott ist Energie und in ihr immer vorhanden.

Andere Menschen sagen, er sieht alles, aber:

E R ist A L L E S.

Amethyst – mein Reisestein

10. Kapitel

Ein guter Tag mit Gottes Segen

Ein guter Tag. Dazu gehörte früher für mich erst einmal eine halbe Kanne Kaffee am Morgen. Ohne diese kam ich überhaupt nicht auf Touren und so richtig wach wurde ich sowieso erst gegen Mittag.

Da ich zu den Nachtmenschen gehöre, begann meine produktivste Zeit eher am Nachmittag und ging dafür oft bis spät in die Nacht. Mit dem Ergebnis, dass ich am nächsten Morgen mangels Schlaf wieder hundemüde war. Da dann aber die Kinder zur Schule und in den Kindergarten gebracht werden mussten, konnte ich nicht einfach liegen bleiben. So kochte ich erneut meinen Kaffee.

Die Einweihungen in Reiki haben mein Leben komplett verändert. Durch das Erlernen und Praktizieren der Reiki-Lebensregeln musste ich mich nicht mehr so viel sorgen oder ärgern, meine Heuschnupfenallergie verschwand schon nach der Einweihung in den ersten Reiki-Grad und ab dem Meister-Reiki-Grad begann ich auch wirklich gesünder zu leben, da durch die Schwingungserhöhung des Körpers automatisch ein Widerwille gegen gesundheitsschädliche Produkte in der Umgebung entsteht.

Nach jeder Einweihung in einen Reiki-Grad empfiehlt der Reiki-Lehrer eine einundzwanzigtägige Kur, bei der man ganz bewusst auf irgendetwas verzichten sollte, was dem Körper schadet oder eben nicht so sehr gesund ist. Das kann Fleisch sein, Wurst, Süßigkeiten, Tabak oder Alkohol. Ich entschied mich nach der Einweihung in meinen dritten Reiki-Grad für einen Verzicht auf meinen heißgeliebten Kaffee.

In den Kalender zeichnete ich ein dickes rotes Kreuz, ab wann ich wieder die erste Kanne trinken durfte. Die einundzwanzig Tage vergingen leichter, als am Anfang befürchtet und doch bereitete ich mir an deren Ende genüsslich eine große Kanne Kaffee - und schüttete sie nach ein paar Minuten wieder in den Ausguss.

Der Kaffee schmeckte mir überhaupt nicht mehr und wenn ich im Laufe der nachfolgenden Jahre hin- und wieder mal eine Tasse trank, so hat er nie mehr den Stellenwert erreicht, den er vor der Reiki-Meister-Einweihung hatte.

Je mehr man seinem Körper Reiki-Energie gibt, umso feinfühliger wird man für qualitativ hochwertige Nahrungsmittel, schmeckt sofort auch den energetischen Unterschied zwischen Bionahrung und Fastfood. Letzteres wird schon zur Qual, wenn man nur den Kindern zuliebe ab und zu eine gewisse Zeit in dieser Art von Lokalen verbringen muss.

Essen kann ich dort nicht mehr, habe aber nicht vergessen, dass ich mich selbst in meiner Singlezeit jahrelang so oder ähnlich ernährt habe. Es war zu der Zeit einfach sehr bequem, in der Imbissbude oder einem Schnellrestaurant zu essen.

Heute beginne ich den Tag stets mit einem visuellen Schutz und nutze dann die Aufwachphase, mich mit der Reiki-Energie zu stärken, eine Reiki-Kurzübung zu praktizieren, mir manchmal auch die Zeit für eine Ganzkörper-Behandlung zu nehmen, und stets bitte ich für mich um Gottes Segen. Dann bin ich sicher, ganz egal was passiert, es wird für mich ein guter Tag.

Doch bei allem, was ich als Mutter für mich tun kann, so gibt es bei meinen Kindern Grenzen. Diese sind täglich den aggressiven Einflüssen von Kindergarten, Schule und Hort ausgesetzt. Aber wo meine Schutzmöglichkeit aufhört, muss sie noch lange nicht enden. Am 12. September 2001, einen Tag nach dem schlimmen Attentat in New York, entschied ich mich, sie nicht nur abends im Bett, sondern zusätzlich auch jeden Morgen vor dem Verlassen des Hauses zu segnen. Ich sage: „... (Vorname und Nachname), *ich liebe dich und ich segne dich und ich bitte um Gottes Schutz für dich, mein Kind.*“ Dabei zeichne ich ihm ein kleines Kreuz auf die Stirn. Nicht nur die ganz Kleinen, sondern auch die Größeren lieben dieses Segnen inniglichst, verlassen seitdem kaum noch einen Morgen das Haus, ohne sich die Bestätigung meiner Liebe und die Sicherheit des Gottesschutzes geben zu lassen.

Ich selbst staunte im Laufe der Zeit über ihre ausgeglichenere Art, die sogar die pubertierenden Sprösslinge seit dem Segensritual an den Tag legten. Fasziniert beobachte ich auch täglich, dass die Kinder den ausgesprochenen Satz: *Ich liebe dich* jedes Mal, morgens und abends im Bett, aufsaugen wie ein trockener Schwamm die Feuchtigkeit. Ihre Augen beginnen zu leuchten und in Dankbarkeit fallen sie mir oft spontan um den Hals, küssen und liebkosen mich.

Am Anfang schien es ein Problem zu sein, wenn Gastkinder bei uns übernachteten. Mit etwas Überwindung baten unsere Kinder doch um ihren gewohnten Segen und die Gastkinder staunten über dieses Ritual, wünschten sich aber dann, ebenfalls gesegnet zu werden. Ich formuliere es dann so: *„...(Vorname und Nachname), ich segne dich und deine Eltern lieben dich und wir bitten alle um Gottes Schutz für dich"*. Seitdem können wir uns vor Gastkindern kaum noch retten.

Schlafen unsere Kinder selbst außer Haus, sende ich ihnen den Segen vor dem Einschlafen über ihr (strahlengeschütztes) Handy. Auch hier reichen sie dieses dann an ihre Freunde weiter, sodass sie ebenfalls per Handy von mir gesegnet werden können. Unsere sieben-, neun- und elfjährigen Kinder stehen voll zum Segnen. Der Fünfzehnjährige liebt den Segen auch, bevorzugt aber, ihn visuell zu erhalten, möchte nicht, dass einer seiner Kumpels davon weiß. Selbstverständlich wird das respektiert. *„Der Segen Gottes sei mit dir!"*, verabschiede ich Reiki-Schüler, Kundinnen und ganz besonders auch Menschen, die meine Ansichten nicht teilen, andere Anschauungen vom Leben haben oder gar versuchen mich zu ärgern. **Gott segne und schütze sie!**

✳ ✳ ✳

Segnen als Kanal für Gottesliebe

Immer wieder kann man um den begleitenden, bewahrenden Segen Gottes bitten: bei jedem Abschied, bei jedem Neuanfang, jeden Tag.

Segnungen sind Zeichen des Heils. Durch die Segnung wird um die Befreiung gebeten, aus jeder Beherrschung durch den Geist des Missbrauchs und der Zerstörung; denn der Mensch sehnt sich nach Heil, Glück und Erfüllung seines Lebens. Der Mensch ist segensbedürftig und Gott ist die Quelle alles Guten und allen Segens. Nach Aussagen des Alten Testaments mehrt Segen das Leben, während der Fluch das Leben mindert.

- **Der Laie darf:** Segnen eines Kranken, Tischsegen aussprechen, Haussegnung machen.
- **Die Eltern:** Segnung der Kinder, Segnung Jugendlicher vor besonderen Lebensabschnitten (z. B. vor Beginn des Studiums, Führerscheinerhalt), zur Verlobung.
- **Der Diakon:** Alle oben aufgeführten Segnungen, aber auch Segnung religiöser Gegenstände (z. B. Kerze, Rosenkranz), Segnung öffentlicher Einrichtungen (Kindergarten etc.) und Etliches mehr.
- **Der Priester:** Z. B. auch Weihe von Hostienschale, Kelch und gottesdienstlichen Gewändern, auch der Asche am Aschermittwoch.
- **Der Bischof:** Glockenweihe, Friedhofsweihe, Einweihung von bedeutenden Bauten, Bischofs-, Priester- und Diakonweihe, Weihe der heiligen Öle, Kirchenweihe etc.

Segnen – Gott zur Ehre, den Menschen zum Heil

✳ ✳ ✳

ISBN 3-8138-0136-5

Erbitten der Heilkräfte

(Segnung)

✳ ✳ ✳

- Setze dich bequem auf einen Stuhl oder lege dich hin, deine Handflächen zeigen nach oben, deine Beine und Arme sind nicht überkreuzt!
- Schließe deine Augen und atme ruhig ein und aus!
- Lege deine linke Hand, wenn du eine Frau bist, oder, wenn du ein Mann bist, deine rechte Hand auf das Herz-Chakra und sprich leise oder in Gedanken:

  „Ich bitte, dass bei jedem Atemzug die göttlich heilende Kraft in mich einströme, mich reinige, stärke, heile und segnen möge. Dass sie mich beschützt und führt auf dem Wege des Lichts."
- Lege deine Hände für ein paar Minuten auf dein Nabel-Chakra ...!
- Lege nun die Hand wieder auf dein Herz-Chakra und danke mit den Worten:

  „Ich danke, dass ich die göttliche Heilkraft empfangen durfte, ich bedanke mich für alles."

Wir haben alle einen von Gott zugeordneten Schutzgeist. Dieser Schutzgeist ist für alle Belange des Lebens zuständig – Schutz, Führung, Gesundheit, Erfolg usw.

Nach dem Karmagesetz (göttliches Gesetz) darf dieser Schutzgeist nur bei höchster Lebensgefahr eingreifen. Durch obiges Erbitten darf der Schutzgeist sofort eingreifen und helfen. Er kann helfen, egal welche Situation gerade betroffen ist: am Arbeitsplatz, im Auto, in der Wohnung.

Wer sich seinem Schutzgeist anvertraut, wird im Laufe der Zeit staunen, wie fantastisch man geführt wird.

Wichtig: Nie das Danken vergessen!

Zu Sokrates kam ...

Zu Sokrates kam ein Mann und sagte:
„Du, höre, ich muss dir etwas Wichtiges über deinen Freund erzählen!“

„Warte ein bisschen“, unterbrach ihn der Weise.
„Hast du schon das, was du mir erzählen willst, durch die drei Siebe hindurchgehen lassen?“

„Welche drei Siebe?“

„So höre mir gut zu!
Das erste ist das ***Sieb der Wahrheit.***
Bist du überzeugt, dass alles, was du mir sagen willst, auch wahr ist?“

„Das nicht, ich habe es nur von anderen gehört.“

„Aber dann hast du es wohl durch das zweite Sieb gehen lassen?
Es ist das ***Sieb der Güte.***“

Der Mann errötete und antwortete:
„Ich muss gestehen, nein.“

„Und hast du an das ***dritte Sieb*** *gedacht und dich gefragt, ob es* ***nützlich*** *wäre, mir das von meinem Freund zu erzählen?“*

„Nützlich? Eigentlich nicht.“

„Siehst du“, versetzte der Weise, ***„wenn das, was du mir erzählen willst,***
weder wahr, noch gut, noch nützlich ist,
dann behalte es lieber für dich.“

STICHWORT LASTER :
LASTER –
sind für mich nur noch
Transportfahrzeuge,
meint Gabriela.
RuPa

11. Kapitel

Reiki-Schüler/innen erzählen

Jemandem all seine Liebe zu schenken ist keine Versicherung,
dass er dich liebt.

Erwarte keine Liebe als Gegenleistung,
bis sie in seinem Herzen wächst.
Tut sie das nicht,
sei zufrieden, dass sie in deinem wuchs.

Anneliese aus Mutterstadt:
Zu Weihnachten entschloss ich mich, allen Kindern meiner zweiten Schulklasse einen Glücksstein zu schenken. Ich erhielt diese, hübsch verpackt, in einem kleinen Tütchen, auf dem eine Kinderschutzengelkarte für jedes deutsche Kind und eine Knuddelkarte für jedes ausländische Kind aufgeklebt war. Wie viel Freude ich mit dieser Kleinigkeit bewirkte, erstaunte mich wirklich. Fast alle Kinder hüteten ihre Karte und ihren Kristall wie einen Schatz, platzierten sie vor Unterrichtsbeginn sorgfältig auf ihrem Pult und steckten sie liebevoll zum Schulschluss wieder in ihr Mäppchen.

Gertrud aus Markdorf:
Eine hochschwangere Frau, die bereits ihren Geburtstermin um zwei Wochen überschritten hatte, meldete sich ganz spontan zur Einweihung in den zweiten Reiki-Grad an. Ich hielt für sie das Reiki-Seminar einen Tag vor dem Termin, an dem die Geburt eingeleitet werden sollte. Ihr graute davor, denn bereits ihr erstes Kind erblickte das Licht der Welt nur durch diesen ärztlichen Eingriff. Sie wünschte sich so sehr eine ganz natürliche Geburt. Während dem Reiki-Seminar gab ich dem Ungeborenen noch speziell Reiki durch die Bauchdecke. Gegen halb fünf am Nachmittag war das Seminar zu Ende, um achtzehn Uhr traten die ersten Wehenschmerzen ein und ihr Mann fuhr sie ins Krankenhaus. Dort gebar sie ca. zwei Stunden

später in einer natürlichen und nicht zu schmerzhaften Geburt einen kleinen Jungen. Meine Reiki-Schülerin war überglücklich.

Petra aus Oppau:

Da ich selbstständig bin und meist wenig Zeit habe, ließ ich mir den letztmöglichen Zahnarzt-Termin am Abend geben. Nach längeren Behandlungen musste schließlich noch ein Zahnabdruck gemacht werden und da die empfindlichen Zahnhälse bloß lagen, tat das Eindrücken der kalten Masse trotz Betäubungsspritze sehr weh und ich zuckte vor Schmerzen zusammen.

Darüber waren Arzt und Arzthelferin sehr missmutig und sie meinten, sicherlich sei der Abdruck nun nichts geworden und müsste später wiederholt werden. Dann sollte ich mich aber gefälligst zusammenreißen und nicht so wackeln. Schließlich sei es schon sehr spät und eigentlich Zeit, Feierabend zu machen.

Mir grauste davor, die ganze Prozedur nochmals wiederholen zu müssen, zumal ich überzeugt war, dass ich auch bei einem erneuten Eindrücken der Masse kaum stillzusitzen vermochte, da ich nun mal sehr schmerzempfindlich war. In meiner Not kam mir Reiki in den Sinn.

Vor einiger Zeit war ich in den zweiten Reiki-Grad eingeweiht worden und hatte dort die Möglichkeit des Affirmierens kennen gelernt. So hielt ich mir umgehend die Hände über den Unterkiefer, bat um die Reiki-Energie und visualisierte das zweite Reiki-Zeichen, bestimmte drei Mal: *Dieser Abdruck ist verwendbar* und *du bist gut*. Anschließend fixierte ich mit dem ersten Reiki-Zeichen und wiederholte das Ganze ein paar Mal.

Ich spürte sofort die nachlassende Wirkung der Betäubungsspritze und die kalte Masse wurde immer unangenehmer an den Zähnen. Doch das war mir im Moment egal, ich musste alles versuchen, damit diese Prozedur nicht wiederholt wurde. Die verwunderten Blicke der Arzthelferin über meine Handhaltungen störten mich wenig, im Reikigeben sah ich meine einzige Chance.

Endlich betrat der Zahnarzt erneut den kleinen Raum, entfernte den Abdruck und ging dann kommentarlos wieder raus. Nach kurzer Zeit allerdings kam seine Angestellte herein und teilte mir erfreut mit, dass der Abdruck zum Erstaunen aller doch verwendbar sei und die Behandlung nun beendet werden könne.

Ich dankte dem Himmel, für Reiki, für alles. Ein paar Monate später erhielt ich auch zufällig die Adresse von einem wesentlich sympathischeren Zahnarzt in meinem Wohnort.

Karl aus Mannheim:

Am 20. Februar 2002 war unser Abreisetag zur Ski-Langlauf-Senioren-Weltmeisterschaft nach Quebec in Kanada. Neben drei Paar Langlaufskiern, Wachskoffer und Skikleidung habe ich auch stets ein Sortiment an Heil-Kristallen dabei.

Zwei Tage nach der Ankunft kam ich im Wachsraum zufällig mit einem bekannten Ski-Langläufer aus dem Schwarzwald ins Gespräch. Er erzählte mir bedrückt, dass er sich diesmal keine guten Chancen ausrechnete, da ihn gesundheitliche Probleme immer wieder einholten, ihn zur Zeit sogar heftige Kopfschmerzen plagten.

Ich erzählte ihm von meinem Hobby, der Steinheilkunde. Er fragte mich, ob ich einen Kristall dabei hätte, der seine Gesundheit während der Rennen zu stabilisieren vermochte. Versuchen könne man es ja mal und so verabredeten wir uns gegen Abend in seinem Zimmer.

Sein Bettgenosse beobachtete neugierig unser Tun, doch das störte uns nicht. Ich zeigte ihm verschiedene Kristalle und erklärte die Anwendung: Eine Massage mit einer Hämatit-Kugel, beginnend an der Sohle des rechten Fußes, den Fuß hochfahrend und am anderen Bein wieder hinab zur Sohle und erneut die Meridiane hochfahrend zum Körper, endend ums Genick und um den Kopf herum. Eine Schörl-Spitze auf dem Wurzel-Chakra unterstützte die Entgiftung.

Die Prozedur dauerte ungefähr fünfundzwanzig Minuten und mit dem Tipp, im Laufe des Abends noch zwei Liter Wasser zu trinken, verabschiedete ich mich wieder.

Am nächsten Morgen kam er beim Frühstück gleich an meinen Tisch, bedankte sich und meinte, die Kopfschmerzen seien vollkommen weg und er habe so gut wie schon lange nicht mehr geschlafen.

Später belegte er einen guten sechsten Platz beim Rennen und nicht nur seine Sichtweise über die Steinheilkunde veränderte sich in diesen Renntagen, denn von nun an wurde ich ständig um Rat gefragt.

Die halbe Ski-Nationalmannschaft beschäftigte sich mit den Schwingungen der Kristalle. Amethyst wurde erfolgreich bei einer Rückenverspannung eingesetzt, Achat half bei der Konzentration, Turmalin und Hämatit bei Problemen durch eine Frostbeule und Kupfer beendete den Juckreiz nach einer Allergie, ausgelöst durch eine asiatische Tütensuppe.

In diesen Tagen verbanden uns die Schwingungen der Kristalle miteinander, zum Wohle aller. Wir kamen an als Kontrahenten und verließen Quebec als Freunde.

Christine aus Hochdorf:

Liebe Frau Hilf! Vielen Dank für die gespendete Salzlampe. Meine Klasse und ich haben uns sehr darüber gefreut. Sie brachte uns gerade in der Adventszeit bereits morgens ein behagliches Willkommenslicht, welches die Grundstimmung der Schüler bereits beim Betreten des Klassensaals positiv beeinflusste, denn seitdem gingen die Kinder ruhiger an ihre Plätze. Gedichte und Musikstücke vorzutragen, nur im Schein der Salzlampe und ohne die übliche Klassenzimmerbeleuchtung, liebten sie ganz besonders.

Die Lampe brennt seitdem an jedem Schulmorgen. Wenn ich einmal vergesse sie anzuknipsen, holen die Kinder dies selbstständig nach.

Im Vergleich zu den Parallelklassen würde ich behaupten, dass die Schüler seltener krankheitsbedingt fehlen. Ob das auf die Salzlampe zurückzuführen ist, weiß ich allerdings nicht. Aber auf jeden Fall bin ich davon überzeugt, dass die Lampe sich positiv auf die Lernatmosphäre ausgewirkt hat.

Seit kurzem habe ich auch zusätzlich eine Reiki-Dusche (siehe Seite 216) über der Tafel platziert. Hier kann sich jedes Kind, das an der Tafel den Lernstoff übt, wenn es möchte, selbst mit Reiki-Energie versorgen. Ich habe mit Überraschung festgestellt, dass sich seitdem vermehrt die sonst eher ängstlichen und schüchternen Schüler(innen) melden, um an die Tafel nach vorne kommen zu dürfen. Und wenn es doch einmal hektisch und laut zugeht, stelle ich mich selbst unter die Dusche und genieße das Energiebad, merke dann kurz darauf, wie meine Ruhe und Gelassenheit zurückkehrt und kann dies dann positiv auf die Schüler übertragen.

Zusätzliche Erklärung der Autorin:

In meinem Mineralienstudio steht seit einigen Jahren eine „Salzlampen-Spenden-Kasse" und in der Adventszeit erhalten Schulen und Kindergärten aus diesem „Topf" Kristallsalzlampen zur Luftionisierung. Da ich die Erfahrung der guten Luftverbesserung zu Hause schon lange kannte, sah ich die dringende Notwendigkeit, auch die Klassenzimmer unserer Kinder energetisch besser zu gestalten, um hier ebenfalls eine Luftverbesserung zu bewirken. Schließlich halten sich die Kinder mehrere Stunden pro Tag in diesen Räumen auf.

Sich wohl zu fühlen, konzentriert lernen zu können und Kreativität zu entwickeln wird auch entscheidend von unserer Atemluft mitbestimmt. Heizung und elektrische Geräte erzeugen ein Übermaß an positiven Ionen in der Luft und sind vielfach der Auslöser von Krankheiten sowie physischer und psychischer Erschöpfung. „Die Kristall-Salzlampe", so hat sogar ein bekannter Luftgütespezialist nach Untersuchungen festgestellt, „gibt sowohl positive als auch negative Kleinionen in etwa gleicher Höhe in einer Konzentration ab, wie man sie in einer sauberen Gebirgsluft in zweitausend Metern Höhe finden würde."

Aber erst durch die Erwärmung des Salzes mit einer Glühbirne kann sich die Wirkung richtig entfalten, d. h. es ist unbedingt erforderlich, die Lampen so viel wie möglich auch brennen zu lassen, zur Gesundheit unserer Kinder. Dank der Spenden von Kunden konnten bisher über zwölf Klassen in verschieden Schulen eine große Lampe erhalten und auch die anderen Lehrer(innen) berichteten von der Begeisterung der Kinder und der verbesserten Luftqualität.

Ellen aus Deidesheim:

Seit ich in meinem Klassenzimmer eine Reiki-Dusche in der Feng-Shui-Harmonie-Ecke angebracht habe, streiten die Kinder weniger und der Klassenarbeitsdurchschnitt hat sich verbessert. Eine Salzlampe verbessert die Raumluft und nie vergessen die Kinder, sie gleich am frühen Morgen einzuschalten.

Zu Weihnachten schenkte ich jedem meiner Kinder einen kleinen Glücksstein und die meisten Kinder haben ihn heute noch vor sich auf dem Pult liegen, hüten ihn wie ein Goldstück.

Den Klassensaal selbst haben wir nach Feng-Shui-Regeln gestaltet. Seit die Kinder im Schöpfungszyklus sitzen, ist ein effektiveres Lernen scheinbar möglich geworden.

Zum Geburtstag dürfen sich meine Kinder eine *Glücks-Knuddel-Karte* (Silberschnur-Verlag) ziehen und auch diese Karte wird das ganze Jahr über wie ein Schatz gehütet und gibt mit ihren schönen Aufmunterungen den Impuls, der für dieses Kind zu diesem Zeitpunkt genau richtig ist.

Beate aus Edingen:

Vollkommen überraschend musste ich feststellen, dass mein Ehemann mich hinterging und auch nicht bereit war, seine neue Freundin aufzugeben. So reichte ich schweren Herzens die Scheidung ein, denn ein weiteres Bestehenlassen der Ehe hätte mich vor Kummer krank gemacht. Auch wenn die nachfolgende Zeit hart war, so muss ich doch sagen, dass die Reiki-Energie und das Vertrauen in die Reiki-Regeln mir ganz entscheidend halfen. Ich ärgerte und sorgte mich nicht so sehr, wie ich es - ohne Reiki zu kennen - höchstwahrscheinlich getan hätte.

Christina aus Gorxheimertal:

Hochschwanger ließ ich mich in den zweiten Reiki-Grad einweihen und genoss das Seminar genauso wie beim ersten Reiki-Grad. *Zufällig* kam jedoch gegen Schluss das Gespräch auf meinen verstorbenen Vater. Dieser spielte für mich eigentlich überhaupt keine Rolle, denn zu Lebzeiten hatte er mich verleugnet und die Vaterschaft vehement bestritten.

Ich verdrängte ihn aus meinen Gedanken, manchmal hasste ich ihn auch für sein schäbiges Verhalten. Ein zufällig auf dem Tisch liegengebliebenes Edelstein-Karten-Set meiner Reiki-Lehrerin veranlasste mich, eine Karte daraus zu ziehen, und als wir ihre Bedeutung nachlasen, stand da: „Führe ein klärendes Gespräch mit Mutter oder Vater."

Mir war sofort klar, meine Mutter konnte diese Aufforderung nicht betreffen, mit ihr hatte ich stets ein ausgezeichnetes Verhältnis gehabt. Nur meinem leiblichen Vater grollte ich, fand seine ablehnende Haltung mir gegenüber so gemein.

Doch ich empfand absolut keine Lust, mich ausgerechnet mit ihm auf diesem schönen Reiki-Seminar auseinander zu setzen und brachte geschwind das Gespräch wieder in andere Richtung, stellte noch ein paar Fragen zur bevorstehenden Geburt. Zum Glück drängte mich meine Reiki-Lehrerin auch nicht weiter und ließ mich selbst entscheiden, wann ich die Bereitschaft zur Versöhnung zeigen konnte.

Sechs Wochen später bekam ich Lust auf einen neuen Kristall und suchte mir einen schönen grünen Peridot aus. Ich las den Beschreibungstext zu der Edelstein-Karte im Buch ... nach und wiederum stand da: „Sie sollten ein klärendes Gespräch mit Ihrem Vater suchen!"

Oh, weh! Irgendwie spürte ich, dass mein Vater nicht locker ließ und um Kontaktaufnahme bat, doch ich war unmittelbar vor meinem Entbindungstermin und hatte meiner Meinung nach Besseres zu tun, als mich um seine viel zu späten Annährungsversuche zu kümmern oder gar Kontakt zu ihm aufzunehmen.

Ich kaufte den schönen Kristall trotzdem und zog ihn auch gleich an. Schon wenige Tage später ergab es sich, dass ich mich ganz spontan dazu entschloss, meinem verstorbenen Vater über das Fernkontaktzeichen des zweiten Grades Reiki zu senden.

Ich zündete eine schöne Kerze an, legte eine Reiki-Musik-CD in den Player und baute, wie im Seminar des zweiten Reiki-Grades gelernt, den Reiki-Lichtstrahl auf.

Doch kaum sandte ich Energie hoch, kam im gleichen Moment unendlich viel Energie zurück. Es war ein wahnsinniges Gefühl des Eingehüllt- und Geliebtwerdens. Mein Vater schien mir auf einmal alles geben zu wollen, was er über die Jahre versäumt hatte. Ich fühlte mich von ihm in den Arm genommen und von unendlicher Liebe umgeben, sodass ich vor lauter Rührung weinte.

Zum ersten Mal in meinem Leben durfte ich die Liebe meines Vaters spüren und die Tränen schwemmten allen Schmerz und Groll aus mir heraus. Seine liebevolle Energie erfüllte mich mit Licht und Wärme, selbst mein Baby im Bauch schien sich zu freuen und bewegte sich sanft.

Es war einfach traumhaft schön und erst nach sehr langer Zeit löste ich mich überglücklich aus diesem Reiki-Fernkontakt und wusste, dass er in Zukunft vom Himmel aus über mich wachte, mir treu zur Seite stand und ich mich ihm jederzeit zuwenden durfte, wenn ich das Bedürfnis verspürte. Ich fühlte mich von meinem Vater geliebt und konnte mein Selbstwertgefühl aufbauen. Ich war nicht mehr länger „nicht existent", jetzt war ich lebendig geworden.

Die Einweihung in den zweiten Reiki-Grad veränderte mich so sehr, wie ich es nie zu hoffen gewagt hatte. Denn ich lernte statt zu hassen, das Vergeben, statt zu verurteilen, das Handreichen – ich lernte zu lieben und - zu leben.

霊気

12. Kapitel

Reiki-Kurs Grad 1

Das japanische Wort REIKI (sprich: REEKI) bezeichnet die *Universelle Lebensenergie*. Diese wirkt als harmonisierende und heilende Kraft durch sanftes Auflegen der Hände bei sich selbst und bei anderen.

Dies geschieht spontan und ohne Konzentration. Der Reiki-Gebende ist Kanal für die *Universelle Lebensenergie (Göttliche Energie),* d. h. er legt seine Hände auf die betreffenden Körperbereiche auf – alles andere geschieht von selbst.

Reiki-Anwendungen verfolgen keinerlei Absicht, sondern sind ein Energieangebot und bewirken Harmonie, tiefe Entspannung, Wohlbefinden und Vitalisierung. Dabei wird auch die spirituelle Entwicklung erheblich gefördert.

In der ganzen Geschichte der Menschheit gab es Lehrer und Meister, die mit der Reiki-Energie arbeiteten und sie auch zu Heilzwecken einsetzten. Dieses Wissen wurde jedoch immer nur verschlüsselt weitergegeben und ging irgendwann komplett verloren. Erst Ende des neunzehnten Jahrhunderts wurde es dem japanischen christlichen Mönch Dr. Mikao Usui nach siebenjährigem intensiven Studium in einem außergewöhnlichen spirituellen Erlebnis wiederentdeckt. Dr. Usui widmete danach sein ganzes Leben *Reiki.*

Das Reiki-Usui-System der natürlichen Heilung kann von jedem Menschen gelernt und angewendet werden. Es ist sehr einfach, hoch wirksam und vielfältig nicht nur bei Krankheiten, sondern auch im Alltag anwendbar. Dieses wird durch die Aktivierung (Einweihungsrituale) mittels eines(r) Reiki-Lehrers(in) während der Reiki-Seminare ermöglicht. Es gibt vier Reiki-Grade:

1. Reiki-Grad: Die Öffnung des Reiki-Kanals geschieht durch vier Einweihungen. Danach hast du die Fähigkeit, dir selbst und anderen die Reiki-Energie zu geben.

2. Reiki-Grad: Du bekommst drei weitere Einweihungen und dazu drei geheime Symbole, die deine Reiki-Kraft enorm steigern. Sie befähigen dich ebenfalls zur Möglichkeit des Reikisendens über die Ferne, in die Vergangenheit und in zukünftige Situationen.

3. Reiki-Grad: Im Reiki-Meister-Grad bekommst du wieder drei Reiki-Einweihungen und das Geheimsymbol der Reiki-Meister. Dieser Grad bringt nochmals großes persönliches Wachstum auf allen Ebenen und ist häufig mit tiefgreifenden positiven Veränderungen im Leben verbunden.

4. Reiki-Grad: Wenn du dich dazu berufen fühlst, Reiki-Wissen weiter zu verbreiten erhältst du in diesem Seminar das hohe Wissen, wie Reiki-Schüler in diese vier Grade eingeweiht werden.

Reiki ist keine Religion, keine Sekte und keine Organisation. Reiki ist eine Lebenseinstellung und damit sollte ein ständiges Üben der fünf Regeln nach Dr. Usui verbunden sein. In der ursprünglichen Version (Neue Version siehe 2. Kapitel, S. 45) lauten diese:

1.) Gerade heute ärgere dich nicht!

Eine Reiki-Einweihung bedeutet nicht, dass man ab sofort frei von Ärger ist, aber man hat durch das Handauflegen stets die Möglichkeit, diesen zu vertreiben. Vorausgesetzt man möchte das überhaupt.

Die Reiki-Energie in den Körper hineinfließen lassen, ist wie das Anzünden einer Kerze in einem dunklen Raum. Das Licht ist immer stärker als die Dunkelheit, es gibt keine Finsternis, die Licht zum Erlöschen bringt. Die Liebe (Reiki) ist immer stärker als der Hass.

Wenn die Hand aufgelegt wird, an der Stelle, wo man den Ärger oder die Wut am meisten empfindet, z. B. im Magen oder im Herz-Chakra, und dann um die Reiki-Energie bittet, so muss der Ärger (die Finsternis) weichen. Es dauert zwar einen Moment lang und funktioniert auch mit dem zweiten Reiki-Grad schneller als mit dem ersten Reiki-Grad. Es ist ein Naturgesetz, dass die Wärme (Reiki-Energie) die Kälte auflöst.

Wenn man jedoch in Reiki eingeweiht ist und bei Ärger nicht die Hand auflegt und um Reiki bittet, so geschieht gar nichts, d.h. man kann weiterhin wüten und grollen. Doch mittels der Reiki-Einweihung in den Ersten Reiki-Grad hat man ab sofort die Wahl, und die Ausrede: *Ich konnte gar nicht anders, als mich furchtbar aufzuregen und zu ärgern* gibt es nicht mehr.

2.) Gerade heute sorge dich nicht!

Vor lauter Sorgen verliert man viel zu viel Kraft, die anders sinnvoller in das Tun umgesetzt werden könnte.

Gott gibt jedem Vogel sein Futter, aber er wirft es ihm nicht ins Nest – So lautet eine Spruchweisheit aus Montenegro, die diese Regel nicht treffender ausdrücken könnte: Es ist genug für alle da, tu was du tun kannst – und wo unsere Kraft oder Weisheit zu Ende geht, haben wir außerdem die Chance, um Gottes Beistand zu bitten.

3.) Ehre deine Eltern, Lehrer und die Älteren!

Nicht rein zufällig ist bei Feng Shui der Gesundheitsbereich genau übereinstimmend mit dem Bereich der Vorfahren und Ahnen. Ein gutes Verhältnis zu allen, die uns etwas gelehrt haben, ist wichtig, selbst wenn es fehlerhaft war - zum Teil weil sie es selbst nicht besser wussten. Und doch haben auch die fehlerhaften Lehren uns weiterentwickelt. Ohne sie hätte es an manchem Verständnis gemangelt, durch das Erfahren und Erleben konnte es begriffen und bei Bedarf eben auch verändert werden. So ist es auch nicht notwendig, gegen jede(n) unliebsame(n) Kindergärtner(in) oder Schullehrer(in) Aktionen zu starten, alle Probleme dem Kind aus dem Weg zu räumen. Denn auch diese tragen zur Lebensschulung bei und stärken den Überlebenswillen. Ein von den Eltern geliebtes Kind kann von einer Lehrperson allein nicht so leicht geschädigt werden.

Ohne Mutter kannst du nicht leben, ohne Mutter kannst du nicht sterben schreibt Hermann Hesse in seinem Buch „Narziß und Goldmund".

Du kannst nicht Reiki praktizieren wollen und im gleichen Atemzug einem Elternteil nicht verzeihen wollen. Du musst deine Eltern nicht lieben, aber du musst sie, **dir zum Wohle und zur Gesundheit**, achten und ehren. Nicht deinen eigenen Ursprung besudeln und beschmutzen, deine eigenen Wurzeln. Sonst kannst du sicherlich nicht gesund leben und vielleicht auch nicht in Würde sterben.

Und wer heute seinen Reiki-Lehrer(in) in den Himmel lobt und morgen über ihn (sie) herzieht, ihm/ihr vermeintliches Fehlverhalten vorwirft, weil er (sie) nicht zusammen mit der Reiki-Einweihung gleichzeitig alle Lebensprobleme löst, der sollte erkennen, dass man meist eben doch „zufällig" genau den richtigen Lehrer zum richtigen Zeitpunkt erhält und die Situation in Dankbarkeit neu bewerten.

4.) Verdiene dein Brot ehrlich!

Niemand kann durch Leid und am Betrug seiner Mitmenschen glücklich werden und Harmonie erreichen. Keiner kann viel verlangen, für wenig Gegenwert und denken, dies bringe ihm Glück.

Gerade auch die weitverbreiteten Schneeball-Systeme in allen möglichen Varianten, machen auch vor Reiki-Schüler(innen) nicht halt. Viele vergessen dann diese vierte Reiki-Regel sehr gerne und fallen auf die absurdesten Geldvermehrungs-Versprechen und Verlockungen der Werber herein. *(Z. B.: Zahle einen vierstelligen Geldbetrag an eine Person und nach einiger Zeit erhältst du eine fünfstellige Summe auf deinen Namen zurück)* Wer kommt denn letztendlich für die wundersame Geldvermehrung auf? Es müssen immer zum Schluss geprellte und enttäuschte Menschen zurückbleiben und daher sind Schneeball-Systeme nie ein ehrlicher Gelderwerb.

Noch wichtiger für uns alle ist zu begreifen, dass nur ein fairer (Welt-) Handel letztendlich Segen bringen kann, Wert und Gegenwert müssen stimmen. Welche(r) Reiki-Schüler(in) möchte schon über einen billigen Teppich laufen, an dem das Blut unterbezahlter und geschundener Kinderhände klebt? Wem schmeckt die Tasse Kaffee, dessen Bohnen geerntet wurden von gepeinigten Frauen?

5.) Empfinde Dankbarkeit für alles Lebendige!

Wer Mitmenschen ausbeutet, Tiere misshandelt und Pflanzen und Gewässer vergiftet, Mutter Erde schamlos ausbeutet und in nichts mehr Gottes Sinn und Liebe entdeckt, der kann Liebe für sein eigenes Leben auch nicht mehr umsetzen und tötet sich selbst. Auch wenn Erfolg und Reichtum bleiben, ein totes Herz zu haben, ohne Liebe und Dankbarkeit leben zu müssen, verursacht Leid, welches mit keinem Gold der Welt aufzuwiegen wäre. Es ist besser, nicht so zu leben, als hätte man nur ein Leben.

Du erhältst Reiki durch die Bitte und hinterher bedanke dich für den Erhalt der universalen Lebensenergie.

Für manche Menschen ist Reiki eine einfache Heilungstechnik. Doch wer längere Zeit mit Reiki lebt und sich bemüht, die Lebensregeln von Dr. Usui auch zu praktizieren, der spürt seine Verbundenheit mit allen Reiki-Schülern, die den gleichen Weg gehen.

Trotzdem ist der Erwerb eines Reiki-Grades noch lange kein Grund, dass ich allen Reikieingeweihten Menschen endloses Vertrauen schenken darf.

Sympathie, Zuneigung, Freundschaft und Liebe schließen Kontrolle oder Wachsamkeit nicht aus.

Zehn Eigenschaften der Reiki-Energie:

1. Die Reiki-Energie wirkt stets zum Wohle des Empfängers.
   Du kannst dir oder einem anderen nicht mit dieser Energie schaden.
2. Die Reiki-Energie kann nicht missbraucht werden.
   Du kannst mit der Energie nicht manipulieren.
3. Die Reiki-Energie wirkt immer auf der Ursachenebene.
   Sie fließt automatisch dahin, wo sie wirklich benötigt wird.
4. Die Reiki-Energie wirkt auf allen Ebenen.
   Automatisch.
5. Reiki-Anwendungen kennen keine Einschränkungen
   und sind gerade deshalb auch bei Schwerkranken sinnvoll. Nicht immer zu Heilungszwecken, aber häufig, um zum inneren Frieden zu gelangen.
6. Der Gebende ermüdet nicht durch die Anwendungen.
   Wenn doch, bringt er sein Ego zu stark in die Behandlung ein, will unbedingt z. B. eine Heilung bewirken und stellt sich daher nicht nur als reiner Reiki-Kanal zur Verfügung.
7. Der Empfänger braucht keinen Glauben an Reiki.
   Und man muss es ihm auch nicht unbedingt sagen, sondern im ersten Reiki-Grad darauf achten, wie lange er die Berührung annimmt, bzw. Reiki-Energie fließt, und im zweiten Reiki-Grad bei der Fern-Reiki-Übertragung stets zu Beginn der Behandlung sagen: Du bist frei, die Energie anzunehmen oder abzulehnen.
8. Die Wirkung ist unabhängig von der Verfassung.
   Gerade wenn man sich nicht gut fühlt und sich dann als Reiki-Kanal für andere zur Verfügung stellt, geht es einem selbst hinterher ebenfalls besser.
9. Die Wirkung ist unabhängig von der Umgebung.
   Überall und in jeder Situation darf und kann man Reiki geben (Ausnahme: während einer Operation.)
10. Es sind keine Reinigungsübungen notwendig.
    Nach vier Einweihungen im ersten Reiki-Grad hast du die Möglichkeit, um die universelle Lebensenergie zu bitten, sie durch dich hindurchfließen zu lassen und auf Wunsch auch weiterzureichen.

Die Reiki-Energie ist in dir

Gott ist Ursprung und Quelle

Du bist an die Quelle angeschlossen, denn Reiki ist bedingungslose Liebe.

Der Schlüssel für Reiki ist:

Einfachheit, gebrauche Reiki aus deinem Innern heraus. Sei ruhig und entspannt, dann wird dich die Reiki-Energie führen und intuitiv leiten. Sie wird dir bei der Behandlung einer Person deine Hände dorthin führen, wo diese die Reiki-Energie benötigt.

Reiki wird deine spirituelle Entwicklung fördern, zu deinem Besten, und dieser göttlichen Führung darfst du dich vertrauensvoll zuwenden.

- Falls deine Hände beim Behandeln nicht heiß werden, bedeutet das keinesfalls, dass die Reiki-Energie nicht fließt, denn der Reiki-Fluss richtet sich nach dem Bedarf des Empfängers. Dieser nimmt sich so viel Energie, wie er benötigt.
- Falls Organe oder Körperglieder fehlen, gib ihnen ebenfalls Reiki-Energie, so als ob sie noch vorhanden wären. Behandle zum Beispiel auch eine Prothese und den Stumpf.
- Bei einem Gipsverband lege deine Hände darauf, Reiki fließt durch den Gips.
- Bei Verbrennungen halte deine Hände mit einem kleinen Abstand über die betroffene Stelle.

Reiki ist eine Methode, Körper und Geist zu kräftigen!
Reiki aktiviert die Selbstheilungskräfte!
Reiki gleicht den Energiefluss aus und fördert die totale Entspannung!
Reiki löst Blockaden und reinigt von Giften!
Reiki kann nicht nur Krankheiten heilen, sondern auch schlechte Angewohnheiten!

Reiki im Alltag

Immer, wenn man gerade eine Hand frei hat, kann man sie zum Reikigeben unauffällig auflegen, um die Energie bitten und anschließend danken, z. B.:

- **In der Warteschlange** im Supermarkt – früher regte ich mich auf, wenn z. B. zu wenig Kassen geöffnet waren. Heute nutze ich die Zeit für Reiki und dies versetzt mich dann in eine so gute Stimmung, dass ich der Kassiererin noch ein paar freundliche Worte sagen kann, wenn ich an der Reihe bin.
- **Im Wartezimmer** des Arztes – auch wenn wir dank Reiki und Heilsteinen selten ärztliche Hilfe benötigen, so gibt es trotzdem noch genügend Vorsorge-Termine oder regelmäßige Spangenarzt-Besuche, die ebenfalls stets mit Warten verbunden sind. Ich nutze die Zeit zum Reiki-Geben und empfinde mein Herumsitzen nicht mehr als Zeitverschwendung.
- Wenn ein **Kind krank** ist oder Probleme hat, genießt es stets das Auflegen der Hände zum Reiki-Geben. (Genauso ist es bei **Tieren.**)
- **Morgens** beim Aufwachen – für einen guten Tag, und **abends** zum Einschlafen – für einen gesunden und erholsamen Schlaf.
- Bei **Ärger –** wenn mich irgendetwas (z. B. ein Brief, eine Situation) oder irgendjemand (Chef, Ehepartner, Kinder, Schwiegermutter etc.) ärgert, kann ich den Ärger oft innerhalb weniger Minuten mittels der Reiki-Energie wieder auflösen.
- Bei **Sorgen –** sie belasten nicht so stark, wenn man Reiki an der Stelle, wo die Sorge *drückt,* einfließen lässt.
- Bei **Ängsten** – lähmende Angst verhindert wichtiges und richtiges Handeln, zieht Unglück und Leid erst recht heran. Die Reiki-Energie verleiht mehr Tatkraft und Mut.
- **Konzentration –** zum besseren Lernen, zum besseren Merken des Gelernten.
- **Stress –** ist mit kleinen Reiki-Energieeingaben viel besser zu überstehen.

- **Akute Schmerzen** – können mittels Reiki-Energie oft gemildert, manchmal sogar schnell wieder aufgelöst werden.
- Bei **Krankenbesuchen** – anstatt dem Erkrankten die Ohren vollzuquatschen und seine eigenen Krankheiten ausführlich in jedem Detail zu schildern, bitte ich den Patienten, die Augen zu schließen, gebe ihm Reiki-Energie, und nach der Behandlung reinige ich meist zusätzlich visuell sein Krankenzimmer von negativen Energien. Gesunde Energie beschleunigt die Genesung. (**Wöchnerinnen** genießen eine Reiki-Behandlung wesentlich mehr, als wenn sie zum x-ten Mal die persönlichen Geburtserlebnisse der Besucherin zu hören bekommen.)
- **Immunsystemaufbau** – mit Reiki-Energie-Übungen wird es entscheidend gestärkt.
- **Sterbehilfe** – Erleichterung für den Übergang in eine andere Dimension spenden, aktiv begleiten und unterstützen, anstatt den anderen festhalten zu wollen – Reiki hilft aber auch bei der eigenen Trauerarbeit.
- **Geburtshilfe** – den Schmerz mildern und das Neugeborene mit guter Energie für sein Erdenleben empfangen.
- **Essen und Getränke** energetisieren – die Lebensmittelqualität mit Reiki verbessern.
- **Als Autobeifahrer –** die Zeit nutzen und sich mit der Reiki-Energie füllen, ebenso in Zug, Bus oder Flugzeug.
- Im **Berufsleben** – ich lasse bei jeder Kosmetik-Behandlung während der Einwirkzeit von Masken und Packungen Reiki einfließen. Meine Frisörin – bei Dauerwelle, Haarfarbe, Packung. Die Krankenschwester – für den Patienten. Die Altenpflegerin – für den Heimbewohner. Der Masseur – für seine Klienten. Der Tierpfleger oder die Tierheilpraktikerin – zum Wohle der Tiere. Die Kindergärtnerin – zum Trösten. Die Lehrerin – zur Klassenharmonie und stärkend für ihre eigenen Nerven. Der Künstler – zur Qualitätsverbesserung seines Werkes. Der Krankenhausarzt – um seinen Bereitschaftsdienst besser überstehen zu können. Die Floristin – für die Blumen. Die Bestatterin – zum Trösten der Angehörigen. Die Hebamme – zur Geburtserleichterung etc.

Es gibt inzwischen so viele Menschen, die, ohne viele Worte darüber zu verlieren, Reiki-Energie für sich und zum Wohle ihrer Mitmenschen einsetzen.

Man erhält die Reiki-Energie durch die *Bitte um Reiki*, vorausgesetzt es fanden vier Einweihungen in den ersten Reiki-Grad statt. Danach fließt Reiki spiralförmig durch das Kronen-Chakra ein und aus den Händen heraus. Je mehr Reiki-Anwendungen praktiziert werden, desto stärker wird auch die Kraft und das Empfinden der Energie.

Eine der wichtigsten und effizientesten Behandlungen ist jedoch die Ganzkörper-Behandlung. Sie sollte nach der Einweihung in den ersten Reiki-Grad schnellstmöglich an vier Tagen hintereinander ausgeführt werden. Dabei stehen die ersten drei Tage für *Reinigung* und der vierte Tag für den *Neubeginn.* Es ist empfehlenswert, die Behandlung wirklich inklusive aller Hand-Positionen durchzuführen. Falls man aus Müdigkeit einschläft, die Ganzkörperbehandlung nicht bis zu den Schlusspositionen ausgeführt hat, muss erneut mit dem ersten Behandlungstag begonnen werden.

Wir müssen lernen, die Göttlichkeit in uns zu fühlen.
Gott anerkennen, wo und wie er sich offenbart,
das ist eigentlich die Seligkeit auf Erden.
(Johann Wolfgang v. Goethe)

Empfehlungen für den/die Reiki-Geber(in) und Reiki-Empfänger(in) vor der Reiki-Behandlung

- **Wasche** dir vor und nach der Reiki-Behandlung die **Hände**!
- Lege **Uhr,** enge **Gürtel** und **Schmuck** ab. (Steinketten sind erlaubt.)
- Begib dich in einen visuellen **Schutz**, falls du das nicht sowieso täglich machst. (z. B. Das goldene Vlies, Seite 209)
- Der Reiki-Empfänger zieht seine **Schuhe** aus, ebenso **Brille, Gürtel, Armbanduhr** und **Schmuck**.
- Der Reiki-Empfänger sollte bei der Ganzkörperbehandlung **liegen**, dabei dürfen sich Arme und Beine nicht überkreuzen.
- Schaffe eine Atmosphäre von **Ruhe und Geborgenheit**, schöne Reiki-Musik kann dazu beitragen. Anrufbeantworter ein- und Türklingel abstellen. Der Reiki-Empfänger soll warm, gut zugedeckt und bequem liegen.
- Achte bei jeder Reiki-Position darauf, dass deine **Hände leicht gewölbt** und die **Finger geschlossen** sind.
- **Bitte** zu Beginn der Behandlung **um Reiki** und bleibe dann bei **jeder Reiki-Position** mindestens **drei Minuten**. Eine komplette Ganzkörperbehandlung dauert also etwa sechzig bis neunzig Minuten.

  (Bedenke dies, bevor du sie zu vielen Bekannten und Freundinnen anbietest. Bedenke auch, dass die Reiki-Ganzkörperbehandlung beim ersten Mal an vier Tagen hintereinander ausgeführt werden sollte, um nicht nur zu lösen, sondern auch wirklich zu reinigen. Nach einer abgeschlossenen 4er-Behandlung können die Ganzkörperbehandlungen auch einzeln ausgeführt werden.)
- Wenn du den Empfänger nicht direkt berühren kannst oder willst, halte deine Hände ca. zwei bis fünf Zentimeter über die jeweilige Körperstelle. Fehlende Gliedmaßen müssen mitbehandelt werden, so als ob sie da wären.
- Reiki passt sich immer den Bedürfnissen des Empfängers an. Deine Hände können sich immer wieder verschieden anfühlen und du die

Energie als Wärme- oder als Kältestrahl empfinden. Reiki ist ein **Durchfließenlassen der Universalen Lebensenergie** und keine Technik des Herausziehens oder Ableitens. Reiki fließt durch alles hindurch: Kleidung, Schuhe, Decken, Gips etc.

- Nach der letzten Reiki-Position **dankt der Behandler** für die Möglichkeit, als Reiki-Kanal arbeiten zu dürfen, und wäscht sich sofort im Anschluss die Hände. Der Reiki-Empfänger sollte für weitere zwanzig bis dreißig Minuten ruhen oder wenn es möglich ist, so lange schlafen, bis er von selbst aufwacht. Anschließend **viel Wasser** zur weiteren Entgiftung trinken.

Reiki-Ganzkörper-Eigenbehandlung

Vorderseite

Wenn man in den ersten Reiki-Grad eingeweiht ist, jede Position mindestens drei bis fünf Minuten einhalten. Unbedingt die erste Behandlungs-Serie an vier aufeinanderfolgenden Tagen machen. Anschließend können auch einzelne Ganzkörper-Behandlungen gemacht werden. Nach der Einweihung in den zweiten Reiki-Grad jede Position ungefähr zwei Minuten einhalten. Jeweils zuerst das zweite Reiki-Zeichen einfließen (SHK) lassen und vor dem Wechsel zur nächsten Position das erste Reiki-Zeichen (CKR) visualisieren und einfließen lassen.

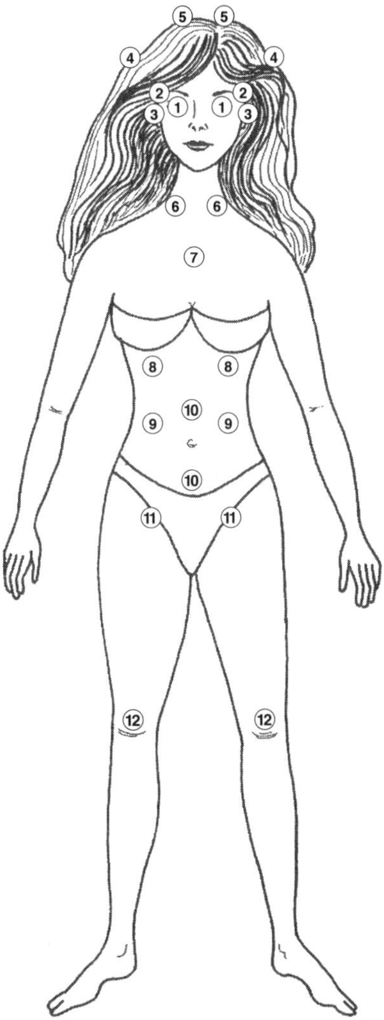

Um Reiki-Energie bitten!

1. Position: Augen
2. Position: Schläfen
3. Position: Ohren
4. Position: Hinterkopf
5. Position: Kronen-Chakra
6. Position: Hals
7. Position: Herz-Chakra
8. Position: unter der Brust (Leber + Galle)
9. Position: Därme
10. Position: Nabel-Chakra + Sakral-Chakra
11. Position: Leisten
12. Position: Kniescheiben

Rückenpositionen

Drei bis fünf Minuten pro Position mit dem ersten Reiki-Grad, bzw. so lange, wie die Handstellung auszuhalten ist. Wenn es zu anstrengend wird, kann man auch eher zur nächsten Position gehen. Mittels zweitem Reiki-Grad verkürzt sich die Zeit in Kombination mit den Geheimzeichen auf ca. zwei Minuten.

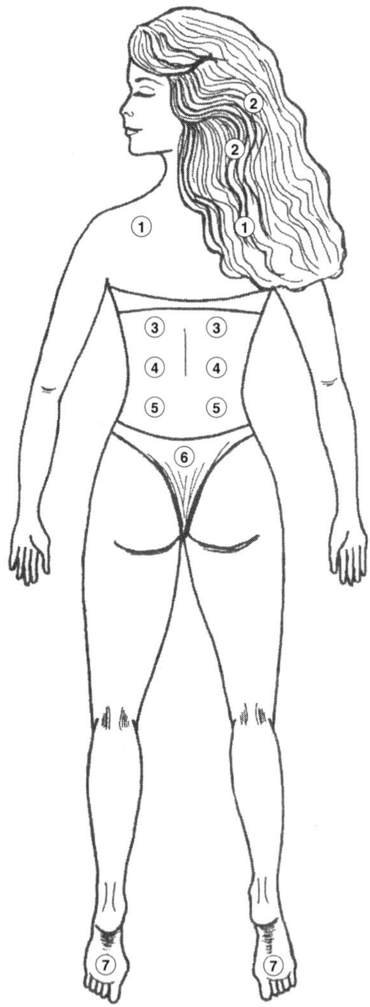

1. Position: Schultern
2. Position: Halswirbel + Medulla Oblongata
3. Position: Lungen
4. Position: Nieren
5. Position: Hüften
6. Position: Steißbein
7. Position: Fußsohlen

Danken für die erhaltene Reiki-Energie!

Reiki-Ganzkörperbehandlung an anderen

Vorderseite

Erst durch die innige Berührung eines anderen Menschen finden wir vollkommen zu uns selbst.
(Marilyn Sewell – amerikanische Politikerin)

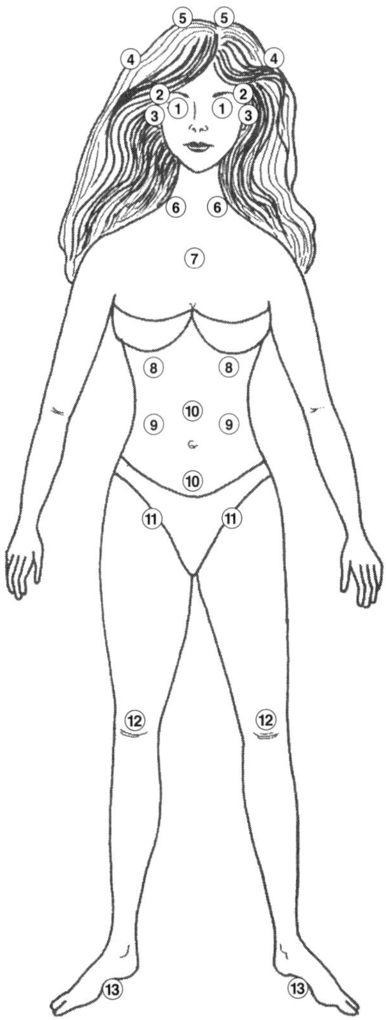

(Zeitangabe: siehe Eigenbehandlung)

Hände waschen, um Reiki-Energie bitten!

1. Position: Augen
2. Position: Schläfen
3. Position: Ohren
4. Position: Hinterkopf
5. Position: Kronen-Chakra
6. Position: Hals
7. Position: Herz-Chakra
8. Position: Lunge + Därme
9. Position: Lunge + Därme
10. Position: Nabel-Chakra + Sakral-Chakra
11. Position: Leisten
12. Position: Knie
13. Position: Fußsohlen

Rückenpositionen

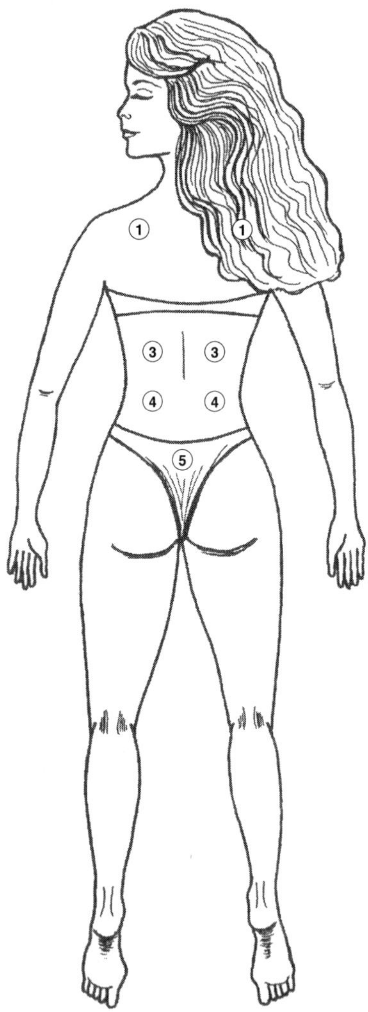

1. Position: Schultern
2. Position: Schulterblätter
3. Position: Nieren
4. Position: Hüften
5. Position: Steißbein

Danken dafür, dass du Kanal für die Reiki-Energie sein durftest und deine Hände gut mit Wasser reinigen.

Heilreaktionen

- Können, müssen aber nicht, ab der ersten bis zur dritten Reiki-Ganzkörperbehandlung auftreten und sind am vierten Tag der Reiki-Ganzkörperbehandlung meistens wieder vorbei. Bei schweren Erkrankungen haben wir jedoch häufig erlebt, dass sie weitaus länger als vier Tage anhielten, bis hin zu einundzwanzig oder gar zweiundvierzig Tagen, je nach Krankheitsbild und Konflikt.
- Keine schwere Krankheit verschwindet durch ein paar Reiki-Behandlungen einfach sang- und klanglos, so wie man das in Wundergeschichten liest. Es bedarf eines ständigen Einhaltens eines gut erstellten Behandlungsplanes, sowie der Bereitschaft zur gedanklichen Veränderung.
- Eine Grundvoraussetzung zur Gesundwerdung ist das Lösen des Konfliktes. Möglicherweise durch Verzeihen, Vergeben und/oder auch einen Schlussstrich unter die Vergangenheit ziehen.
- Erst geschah die Verletzung – dann kam die Beule (Schwellung) – dann erst beginnt die Heilung. Alles, was in unserem Körper heilt, heilt mit Ödemen, mit Schwellungen. Durch diese können Heilungsschmerzen auftreten und sie können sogar eine scheinbare Verschlimmerung des Krankheitsbildes bewirken.
- Je stärker der Widerstand gegen diese Entwicklung ist, je schwerer man sich mit der Konfliktlösung tut, desto stärker können die Heilreaktionen auftreten.
- Mit zusätzlichen Positionen in Bezug auf die betroffenen Bereiche sowie Reiki-Energieeingabe in die Fuß-Chakren und das Hara (befindet sich ca. zwei Zentimeter unterhalb des Bauchnabels) können diese meist gemildert werden. Manchmal sind auch begleitend dazu Naturheilmittel anzuraten, wie Bachblüten-Essenzen, Kristalle und Heilmassagen. Aber unbedingt sehr viel kohlensäurefreies Wasser trinken.

Visuelle Schutztechniken

Wer nach allen Seiten geöffnet ist,
ist nirgendwo ganz dicht.

Reiki-Lichtwolke

(Übung ab Reiki-Grad I)

- Stell dir eine Lichtwolke über deinem Kronen-Chakra vor, die ungefähr die Größe hat wie ein Kreis, den du mit seitlich ausgestreckten Armen ziehen könntest!
- Bitte um einen Reiki-Energie-Strahl und beobachte, wie sich diese Wolke mit seiner Universellen Energie füllt!
- Langsam lässt du diese Lichtwolke aus Reiki-Energie über deinen Kopf und durch dich hindurch gleiten. Der Reiki-Energie-Strahl bleibt dabei bestehen!
- Wenn du mit der Wolke bei deinem Becken angekommen bist, öffne gedanklich deine Fuß-Chakren und lasse bewusst restliche Unreinheiten in den Erdboden abfließen!
- Ziehe dann die Lichtwolke weiter hinunter. Wenn sie bei deinen Füßen angekommen ist, lasse sie auch um diese herumgehen und verschließe deine Fuß-Chakren wieder!
- Nun hast du deinen stofflichen und deinen feinstofflichen Körper gereinigt und geladen ..., genieße dies noch eine Weile ...!
- Danke für den Erhalt der Reiki-Energie!

Reiki-Schutzstrahl

(Übung ab Reiki-Grad I)

- Stelle dich mit beiden Füßen, hüftbreit auseinander, fest auf den Boden und atme sanft mehrmals tief ein und sanft wieder aus!
- Deine Knie sind entspannt und dein Becken ist locker.
- Deine Brust ist weit geöffnet.
- Deine Schultern sind ganz entspannt.
- Mit deinem Kronen-Chakra erspürst du den Himmel und lässt deine Wirbelsäule in ihre natürliche Haltung kommen!
- Nun hebst du beide Arme schulterbreit auseinander, dem Licht entgegen, über deinen Kopf und hältst dabei die Handflächen nach innen.
- Stell dir gedanklich vor, du stehst auf einem Berg.
- Schließe deine Augen und bitte um den Reiki-Energiestrahl!
- Du spürst und siehst Lichtstrahlen aus Reiki-Energie über und zwischen deinen Händen in deinen Körper hineinströmen.
- Du fühlst dich ganz von dieser himmlischen Energie durchdrungen.
- Du fühlst dich gereinigt, gekräftigt und harmonisiert.
- Du fühlst dich heil und gesund.
- Du fühlst dich geliebt, so wie du bist.
- Du erkennst deine Vollkommenheit.
- Genieße eine Weile ...!
- Drehe nun deine Handflächen nach außen und fasse einen Lichtstrahl mit den Fingerspitzen jeder Hand!
- Diesen Lichtstrahl ziehst du dann als Schutz langsam in einer halbkreisförmigen Abwärtsbewegung mit gestreckten Armen seitlich um deinen Körper und berührst zuletzt deine Beine mit ihm!
- Du spürst, wie der Lichtstrahl von deinem Kronen-Chakra bis hin zu deinen Füßen auf dem Erdboden geht.
- Du stehst nun im weißen Licht-Ei, beschützt und geführt für den ganzen Tag – genieße eine Weile ...!

  Danke für den Erhalt der Reiki-Energie!

Das Goldene Ei

(Visuelle Übung, hält ein paar Tage)

- Setze dich bequem, entspannt und doch mit geradem Rücken hin und schließe deine Augen!
- Atme ein paar Mal tief ein und aus ...!
- Stell dir nun gedanklich vor, wie sich über deinem Kronen-Chakra ein blau-weißer Lichtstrahl herabsenkt ..., langsam eine einförmige Hülle um dich herum bildet, genauso groß, dass du sie mit ausgestrecktem Arm gerade berühren kannst ...!
- Sorge dafür, dass du auch wirklich alleine in der Hülle bist und schiebe eventuell andere Wesen gedanklich hinaus!
- Stell dir gedanklich vor, wie sich um dieses blau-weiße Ei aus Licht nun noch eine goldene Schale formt ...! Die goldene Schale ist aus einem ganz festen Material und hält alles Negative von dir fern. Alle negativen Energien werden von der goldenen Schale gespiegelt, nur positive Schwingungen und Liebe können sie durchdringen ...!
- Fülle nun das Innere deines Schutzeies mit einem warmen, gelben Licht vollkommen aus ...! Fühle dich von dem warmen gelben Licht getragen, gehalten, von Liebe umgeben ...!

Das goldene Vlies

(visueller Tagesschutz)

Morgens, vor dem Aufstehen:

Visuell vorstellen:	Ein goldenes Tuch schwebt langsam vom Himmel zu mir hinunter und am Kopf beginnend hülle ich mich langsam vom Kopf bis zu den Füßen darin ein.
Dabei denke ich:	Dieses goldene Tuch schützt mich die nächsten vierundzwanzig Stunden vor negativen Energien. Ich bin so gut geschützt, dass nichts Böses an mich herankommen kann.

Reiki-Kurzbehandlung bei sich selbst

(Übung ab Reiki-Grad I)

1. Position: Lege deine beiden (gewaschenen) Hände auf dein Gesicht!

2. Position: Füge je eine Hand auf deine Schläfen mit den Fingerspitzen zum Scheitel!

3. Position: Lege je eine Hand auf die Ohren!

4. Position: Beide Hände quer auf deinen Hinterkopf legen.

5. Position: Beide Hände auf die Brust legen.

6. Position: Lege eine Hand oberhalb des Bauchnabels und eine Hand unterhalb des Bauchnabels auf deinen Bauch!

7. Position: Lege beide Hände in einer V-Position auf deinen Unterleib.

8. Position: Zum Abschluss halte eine Hand auf dein Herz-Chakra und die andere auf das Nabel-Chakra, oder dahin, wo du deine Hände noch gerne auflegen möchtest!

Für den Erhalt der Reiki-Energie danken!

Ansonsten hilft auch die „DAWOS"-Methode

Hand auflegen und um Reiki bitten:

Da wo's weh tut --- oder

da wo's gut tut!

Für den Erhalt der Reiki-Energie danken!

Wichtig: **Nie während Operationen oder bei Narkosen Reiki geben, da die Energie die Betäubungen auflöst.**

Reiki-Kurzbehandlung bei anderen

(ab Reiki-Grad I möglich)

1. Position: Eine Hand Stirn-Chakra - andere Hand Hinterkopf.

2. Position: Eine Hand Hals-Chakra - andere Hand Genick-Chakra.

3. Position: Eine Hand Herz-Chakra - andere Hand im Rücken auf der gleichen Höhe wie das Herz-Chakra.

4. Position: Nabel-Chakra (Sonnengeflecht) - Rücken in Höhe des Nabel-Chakras.

5. Position: Sakral-Chakra - Rücken in Höhe des Sakral-Chakras.

6. Position: Wurzel-Chakra - Steißbein. DANKEN!

Wisse: Gegenpolige Positionen sind immer besonders intensiv, also auch bei akuten Problemen Reiki-Energie beidseitig einfließen lassen.

Reiki-Chakra-Ausgleich I

(Übung ab Reiki-Grad I, 2 –5 Minuten pro Position)

1. Position: Eine Hand auf das Wurzel-Chakra - die andere Hand auf das Stirn-Chakra legen! Um Reiki-Energie bitten!

2. Position: Eine Hand auf das Sakral-Chakra - die andere Hand auf das Hals-Chakra.

3. Position: Eine Hand auf das Nabel-Chakra - die zweite Hand auf das Herz-Chakra legen.

Für die erhaltene Reiki-Energie danken!

Reiki-Chakra-Ausgleich II: „Der Kerzenleuchter“

(Übung ab Reiki-Grad I)

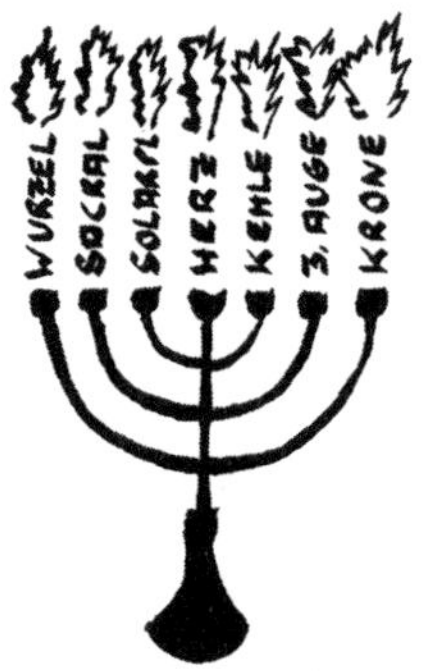

Dies ist eine sehr schöne Reiki-Übung für dich selbst, sie kann ab dem ersten Reiki-Grad ausgeführt werden. Nimm dir einundzwanzig Minuten Zeit, lege dich bequem hin und bleibe in jeder Position ca. drei Minuten.

1.) Lege deine Hände beide auf dein Herz-Chakra und bitte um Reiki!
2.) Nach drei Minuten lege eine Hand auf dein Kehlkopf-Chakra, die andere auf dein Nabel-Chakra! (Diese beiden Chakras sind miteinander verbunden und der Reiki-Fluss harmonisiert sie.)
3.) Lege für drei Minuten deine eine Hand auf dein Stirn-Chakra und die andere auf das Sakral-Chakra! (Auch diese Chakras sind miteinander verbunden.)
4.) Nach weiteren drei Minuten lege deine eine Hand nun auf dein Wurzel-Chakra zwischen den Beinen und die andere auf dein Kronen-Chakra! (Diese beiden Chakren sind ebenfalls miteinander verbunden.)
5.) Nun geht es in umgekehrter Reihenfolge wieder zurück, ebenfalls im Drei-Minuten-Takt. Lege deine eine Hand auf dein Stirn-Chakra und die andere auf dein Sakral-Chakra!
6.) Lege deine eine Hand auf dein Kehlkopf-Chakra und die andere auf dein Nabel-Chakra!
7.) Lege wieder beide Hände auf dein Herz-Chakra und lasse für weitere drei Minuten Reiki fließen!

Diese wohltuende Reiki-Übung eignet sich am Morgen genauso gut wie am Abend und kann sogar bei massiven Schlafstörungen helfen.

„Gute Laune“ durch Reiki

(Übung)

Diese Reiki-Übung bewirkt, dass du rasch eine bessere Stimmung erhältst und eignet sich auch wunderbar als Guten-Morgen-Übung. Einfach vor dem Aufstehen, bequem im Bett liegend, ungefähr für zehn Minuten, sich so auf den Tag einstimmen:

- Lege eine Hand auf dein Stirn-Chakra und deine andere Hand an den Hinterkopf in Höhe des Nackenansatzes. Du kannst dabei ganz bequem liegen bleiben, und bitte um die Reiki-Energie. Genieße eine Weile!
- Wenn du bereits den zweiten Reiki-Grad erhalten hast, visualisiere das Harmonie-Zeichen (SHK), und lasse es im Wechsel mit dreißig Sekunden Abstand jeweils aus einer Hand herausfließen.

Mit dieser Reiki-Energieübung wird es bestimmt ein guter Tag für dich.

Reiki-Chakra-Ausgleich: „Mit Liebe“

Denn die Liebe gleicht alles aus!

(Übung ab Reiki-Grad I, für sich selbst oder bei anderen)

- Lege eine Hand auf dein **Herz-Chakra** und die andere Hand auf dein **Wurzel-Chakra** und bitte um Reiki-Energie! Bleibe ca. zwei bis drei Minuten und wenn du ein ganz gleichmäßiges Fließen in beiden Händen spürst, gehe zur nächsten Position.
- Die Hand auf dem Herz-Chakra bleibt liegen (auch bei allen nachfolgenden Positionen auf diesem Bereich) und die andere Hand geht zum **Sakral-Chakra**, solange, bis wieder ein gleichmäßiger Fluss aus beiden Händen zu spüren ist.
- Die Hand löst sich vom Sakral-Chakra und geht über das **Nabel-Chakra**.
- Vom Nabel-Chakra geht die Hand nun direkt auf das **Kehlkopf-Chakra**, die andere Hand bleibt weiter auf dem Herz-Chakra.
- Nach weiteren zwei bis drei Minuten geht die Hand vom Kehlkopf-Chakra nun auf das **Stirn-Chakra** und bleibt dort ebenfalls so lange, bis ein gleichmäßiges Fließen in beiden Händen spürbar ist.
- Nachdem die unteren sechs Chakren nun ausgeglichen sind, ist damit das Kronen-Chakra (die Verbindung zu Gott) automatisch ausgeglichen und du darfst dich für den Erhalt der Reiki-Energie bedanken und die Übung beenden.

Reiki-Übung „Heilen eines Mitmenschen“

(für Reiki-Grad I)

Auch eine sehr schöne Reiki-Übung im Wechsel zwischen zwei Reiki-Partnern:

- Setze dich gerade auf einen Stuhl und sei trotzdem locker und entspannt!
- Schließe deine Augen ..., atme mehrmals tief ein und aus ..., löse dich von deinen Alltagsgedanken ... und komme in deine Mitte ...!
- Sieh dich selbst als offenen Kanal und bitte das Universum um heilende Reiki-Energie, sieh, wie diese spiralförmig in dein Kronenchakra hineinfließt! Diese Energie kommt aus der göttlichen Ur-Quelle und du trägst dazu bei, sie zu konzentrieren und die Reiki-Energie über deine Handchakras an Mitmenschen weiterzuleiten.
- Stell dir nun die betreffende Person möglichst deutlich vor ..., denke sehr intensiv an sie ...!
- Wenn sie nicht ebenfalls im Raum anwesend ist, sage gedanklich: *„Du bist frei, die Energie anzunehmen oder abzulehnen!“*
- Sende ihr die Reiki-Energie aus deinen Hand-Chakras. Beobachte dabei, ob wirklich Energie fließt oder die betreffende Person im Moment keine Reiki-Energie erhalten möchte. Wenn das der Fall ist, segne sie mit den Worten: *„Friede sei mit dir, Gott schütze dich!“*, und löse dich von ihr und auch aus der Meditation.
- Ansonsten sende so lange einen Reiki-Energiestrahl an die Person, wie du das Gefühl hast, ihn auch in deinen Handchakras zu spüren ...!
- Achte auch auf deine Intuition, und wenn du den Impuls verspürst, eine bestimmte Körperstelle der betreffenden Person mit der Reiki-Energie ganz gezielt zu versorgen, dann gib ihm nach, solange, bis dir dein Gefühl sagt, dass es nun ausreichend ist ...!
- Frage die Person nun gedanklich, ob du ihr einen besonderen Wunsch erfüllen kannst ...!
- Sollte sie einen Wunsch äußern, dann erfülle ihn, so gut es dir möglich ist. Sei kreativ! (Allerdings nur, wenn du selbst auch ein gutes Gefühl dabei hast.)

- Stell dir jetzt die Person kerngesund und glücklich vor ..., und sieh, wie sie ein goldenes Licht aus dem Universum beschützend einhüllt ...!
- Sieh, wie auch du separat in ein goldenes Licht gehüllt wirst und genieße diese liebevolle Energie!
- Nenne anschließend gedanklich den vollen Vor- und Zunamen der betreffenden Person und erinnere sie daran, dass sie in Wahrheit ein vollkommenes und gottähnliches Wesen ist und dass keine Krankheit oder anderes Elend Macht über sie zu haben braucht ...!
- Sage ihr gedanklich, dass du ihr hiermit hilfst, sie unterstützt, damit sie gesund, glücklich und in Harmonie leben kann!
- Bedanke dich für die erhaltene Reiki-Energie, verabschiede und trenne dich gedanklich von der Person mit den Worten: *Friede sei mit dir, Gott segne und schütze dich!*
- Komme mit deinem Bewusstsein wieder hier in diesen Raum zurück!
- Löse dich durch kräftiges Ausschütteln der Hände aus der Reiki-Übertragung und öffne deine Augen!

Reiki-Raumreinigung

(möglich ab 2. Reiki-Grad)

1. Öffne die Fenster des Raumes. In der kalten Jahreszeit genügt auch ein Spalt.
2. Zünde ein Sandelholz-Räucherstäbchen an und stelle es in die Mitte des Raumes oder beginne, das Zimmer langsam von der rechten Wand aus abzuschreiten. Stelle dir dabei visuell vor, wie der Rauch negative Energien zum Fenster hinaustreibt. Behandle die Ecken besonders intensiv.
3. Visualisiere das zweite Reiki-Zeichen (SHK) in eine Zimmerecke und bestimme drei Mal in Folge: *„Alle negativen Energien verlassen diesen Raum ..., alle negativen Energien verlassen diesen Raum..., alle negativen Energien verlassen diesen Raum!"*
4. Erbitte dann ebenfalls drei Mal: *„Friede und Harmonie erfülle diesen Raum ..., Friede und Harmonie erfülle diesen Raum ..., Friede und Harmonie erfülle diesen Raum ...!"*
5. Fixiere mit dem ersten Reiki-Zeichen (CKR).

Wiederhole die Punkte drei bis fünf in jeder Raumecke und ebenso an der Decke und auf dem Fußboden.

Schließe das Fenster und fülle den Raum mit einem dir angenehmen Duft, zum Beispiel:

Rose:	kräftigt Liebe und Zuneigung in der Partnerschaft
Weihrauch:	beruhigt, erhöht die Konzentrationsfähigkeit und fördert das Urvertrauen.
Zitrone:	belebend und stimmungsaufhellend
Muskatellersalbei:	verleiht nach Tiefschlägen und Misserfolgen neue Kräfte

Reiki-Dusche

(möglich mit dem Reiki-Grad II)

- Stelle dir gedanklich genau den Ort vor, wo du die Reiki-Dusche installieren möchtest. (Bedenke bitte, dass Heilungen anderer Personen nur mit deren Genehmigung stattfinden dürfen und es nicht deine Aufgabe ist, andere zu ändern. Installiere nie eine Reiki-Dusche ohne das ausdrücklichen Einverständnis Betroffener!)
- Visualisiere in der Nähe dieser Stelle das dritte Reiki-Zeichen: das Fernkontaktzeichen.
- Zeichne gedanklich mehrmals das erste Reiki-Zeichen, das Kraftzeichen, exakt an die Stelle, wo die Reiki-Dusche wirken soll (je mehr, desto intensiver wird die Dusche) und zwar so, dass eine flache Seite des Kraftzeichens zu der Stelle zeigt, wo das Fernkontaktzeichen befestigt ist und die andere flache Seite auf den Platz zeigt, wo die Reiki-Energie fließen soll.
- Spanne gedanklich den Satz „*Jedes Wesen ist frei die Energie anzunehmen oder abzulehnen*“ bogenförmig unter die Kraftzeichen.

Die Wirkung der Dusche wird im Laufe der Zeit geringer und ist eines Tages dann wieder komplett verschwunden.

Reiki-Deprogrammierung

(Übung ab Reiki-Grad II)

Die Reiki-Deprogrammierung kann festsitzende, alte Muster löschen, Gedankenfehler, die uns daran hindern, den richtigen Lebensweg zu beschreiten, die uns zu Unwohlsein und Krankheit führen.

Die Reiki-Deprogrammierung muss an sechs Tagen hintereinander und in der darauffolgenden Woche noch zwei Mal durchgeführt werden. Sie dauert ca. fünfzehn bis zwanzig Minuten.

Da es sich hier ebenfalls um eine Affirmations-Technik handelt, dürfen andere Personen nur mit Kenntnis, Absprache und Einwilligung deprogrammiert werden. Dieses Recht muss auch Kindern eingeräumt werden.

Bei Kleinkindern, die noch nicht zustimmen können, darf die Mutter entscheiden. Doch es muss der Satz „*Du bist frei, diese Deprogrammierung und diese Heilenergie anzunehmen oder abzulehnen*" trotzdem sicherheitshalber gesagt werden, um nicht zu manipulieren.

1. Hände waschen, Schmuck ablegen, sich zentrieren und auf die zu behandelnde Person einstimmen. Um Reiki-Energie bitten.
2. In Gedanken sagen: „*Du bist frei, diese Heilenergie anzunehmen oder abzulehnen.*"
3. Visualisiere das erste Reiki-Zeichen, das Kraftzeichen!
4. Nenne drei Mal den kompletten Vor- und Zunamen: ...!
5. Visualisiere das dritte Reiki-Zeichen, das Fernkontaktzeichen!
6. Visualisiere das zweite Reiki-Zeichen, das Harmonie-Zeichen!
7. Visualisiere das erste Reiki-Zeichen, das Kraftzeichen!
8. Stelle dir gedanklich die zu behandelnde Person vor, führe dabei eine Hand visuell unter deren Hinterkopf (Medulla Oblongata) und zeichne mit dem Reiki-Energiestrahl der anderen Hand in deren Kronen-Chakra das zweite Reiki-Zeichen, den Schlüssel!
9. Nenne drei Mal den Text der Deprogrammierungsaffirmation. Er lautet: „*Diese Energie dient deinem höchsten Wohl*".

10. Sage drei Mal eventuell auch den Text deiner eigens ausgesuchten Affirmation: „…“
11. Füge eventuell noch drei Mal den Text der die Selbstheilungskräfte aktivierenden Affirmation hinzu: *„Du erhältst die heilende Kraft der universellen Lebensenergie und vertraust ihr.“*
12. Fixiere die Texteingaben mit dem ersten Reiki-Zeichen, dem Kraftzeichen!
13. Stelle dir bildlich den Empfänger in dem von dir gewünschten gesunden Zustand vor und sende weiter Reiki.
14. Visualisiere erneut ein oder mehrere Kraftzeichen in das Kronenchakra des Empfängers.
15. Stelle dir den Empfänger klein in deinen Händen vor.
16. Sage: *„Friede sei mit dir, Gott schütze dich!“*
17. Die Person sanft und liebevoll wegpusten!
18. Hände ausschütteln oder eventuell sogar unter fließendem Wasser abspülen. (Das kann erforderlich sein, wenn der Reiki-Empfänger z. B. an einer schweren Krankheit leidet.)
19. Danken, dass du dich als Reiki-Kanal zur Verfügung stellen durftest.

Eine Vielzahl weiterer schöner Reiki-Übungen enthält das Buch: *Reiki – die schönsten Techniken* von W. Lübeck und F. A. Petter. Einen sehr guten therapeutischen Index (welche Handposition bei welcher Krankheit?) findet man in dem Buch: *Das Reiki-Handbuch,* ebenfalls im Windpferd-Verlag erschienen und auch von W. Lübeck.

Gesang des Lebens

(Dank-Mantra)

Ich danke dir,
dass ich den heutigen
Tag erleben darf.

Ich begrüße ihn
und werde ihn
zur Hilfe und zum Fortschritt
der Menschen um mich
benutzen.

(Mantra beim Aufwachen)

Anhang

Wünsche in Erfüllung bringen

(Meditation)

- Lege dich bequem hin, Beine und Arme nicht überkreuzt, oder setze dich gerade auf einen Stuhl und schließe deine Augen!
- Atme ein paar Mal tief ein und aus!
- Stell dir gedanklich vor, wie ein goldenes Tuch vom Universum heranschwebt und dich komplett einhüllt, einen goldenen Schutzschleier um dein ganzes Sein bildet!
- Atme tief ein ..., halte nun die Luft kurz an ..., atme aus und sage dabei geistig drei Mal die Zahl drei: drei ..., drei ..., drei.
- Atme wieder tief ein ..., Luft anhalten ..., ausatmen und dabei drei Mal die Zahl zwei sagen: zwei ..., zwei ..., zwei!
- Atme erneut tief ein ..., halte die Luft für einen kurzen Moment an ..., atme aus und sage gedanklich dabei drei Mal die Zahl eins: eins ..., eins ..., eins!
- Atme wieder tief ein ..., halte den Atem für einen Moment an ..., und sprich beim Ausatmen geistig ganz lang gedehnt das Wort: L ... O ... S ... L ... A ... S ... S ... E ... N!

  (Ebenfalls drei Mal wiederholen.)
- Stell dir nun gedanklich vor, wie du eine Treppe hinuntergehst, auf breiten sicheren Stufen führt diese Treppe dich gedanklich direkt in dein Herz. Du gehst die erste Stufe hinunter ..., die zweite ..., die dritte ..., die vierte ..., die fünfte ..., die sechste ..., die siebte ..., die achte ..., die neunte ... und die letzte, die zehnte Stufe!
- Nun bist du in deinem Innersten angekommen, in einer tiefen Entspannung, wohlbehütet und in Sicherheit.
- Stell dir gedanklich vor, dein Becken ist ein Springbrunnen und in der Mitte sprudelt Wasser hervor ...!
- Während du langsam und sanft einatmest, lenkst du nun dein Bewusstsein durch deine Wirbelsäule hindurch nach unten, in dein Becken und tauchst tief in das Wasser hinein ...!

- Bei deinem Ausatmen lenkst du dein Bewusstsein die Wirbelsäule hinaufsteigend wieder noch oben ..., bis weit über dein Kronen-Chakra hinaus ..., und dabei steigt auch der Wasserstrahl immer höher und höher ..., und du stellst dir gedanklich vor, wie er alle unangenehmen Gefühle, alle Sorgen, alle Belastungen, Krankheiten, Kummer und negativen Energien aus deinem Körper hinausspült ...!
- Beim Einatmen gehst du mit deinem Bewusstsein erneut hinunter in dein Becken, deinen Brunnen ..., und beim Ausatmen die Wirbelsäule wieder hinauf, in einer erfrischenden Reinigung ...!
- Atme ein letztes Mal tief in dein Becken hinein ..., und lasse erneut den Wasserstrahl deine Wirbelsäule entlang hoch zu deinem Kronenchakra gehen ... zur Reinigung deines ganzen Seins ...!
- Koste dieses Gefühl aus, so rein und frei zu sein...!
- Stell dir nun gedanklich vor, wie du auf einem hohen Berggipfel sitzt!
- Genieße die herrliche Aussicht, klar und weit kannst du die gesamte Landschaft überschauen, siehst in der Ferne Wälder, Wiesen, Felder und kleine Ortschaften!
- Die Luft ist sehr klar und ausgesprochen energiehaltig, sodass du mehrmals tief ein- und ausatmest, um dich mit dieser Energie zu füllen ...!
- Die Sonne scheint warm, versetzt mit ihren Strahlen die Landschaften in ein ganz spezielles Licht, lässt alles funkeln und glitzern, sodass du dich in eine andere Welt versetzt fühlst. In eine Welt des vollkommenen Friedens und der Harmonie. Und du weißt, alles ist gut in dieser Welt. Alles ist gut in deiner Welt.
- Du siehst nun, wie sich vom Himmel ein Regenbogen herunterwölbt ... und mit seinen prachtvollen Farben mündet er sanft und zärtlich direkt in deinem Herz...! Eine ungeheure Schwingung der Liebe erfüllt dich ... und nun erfährst du, dass er dir hilft, einen Wunsch, einen Herzenswunsch zu erfüllen ...!
- Stell dir deinen langgehegten Wunsch symbolisch vor und lass dieses Symbol über den Regenbogen direkt in den Himmel aufsteigen ...!
- Übergib ihn dem göttlichen Licht und bitte um dessen Segnung!
- Danke im Voraus!

- Bleibe noch für einen Moment still sitzen und schaue, wie sich der Regenbogen mit deinem Symbol in das Universum zurückzieht ..., genieße noch eine Weile die spirituelle Energie dieses wundervollen Platzes ..., beobachte deinen Atem wie er langsam ein und ausfließt ...!
- Jeder deiner Atemzüge ist ein Lob und ein Dankeschön an Gott und du weißt, dass dein Himmlischer Vater immer für dich da ist, auch mehr Licht und Leichtigkeit in dein Leben bringt, wenn du ihn darum bittest. Er liebt dich genau so, wie du bist. Er wird dich immer lieben, dich nie verlassen.
- Verabschiede dich nun von dem Ort der Liebe und Kraft in Dankbarkeit ... und kehre zurück zu der Treppe ..., beginne langsam, die Stufen wieder hinauf zu steigen!
- Eins ..., zwei ..., drei ..., vier ..., fünf ..., sechs ..., sieben ..., acht ..., neun ... und die letzte Stufe ... zehn.
- Du bist wieder im Hier und Jetzt.
- Du fühlst dich erholt, gekräftigt und ausgeglichen.
- Recke und strecke dich ..., mach dich ganz lang, als ob du in einer Streckmaschine liegen würdest ..., rolle dich etwas hin und her ... und wenn du dazu bereit bist, öffne deine Augen und sei mit deinem Bewusstsein wieder vollkommen hier in diesem Raum ...!

Wenn du die Meditation meisterst,
meisterst du die Überwindung von Getrenntheit.
(Rhea Powers)

Heile deine Wurzeln!

in einem Mondstein-Energiekreis
(und/oder einem Kristall auf dem 2. Chakra)

Mondstein wirkt ausgleichend, emotionale Spannungen abbauend und verhilft zur Selbsterkenntnis. Er unterstützt den Neubeginn, gibt Kraft zur Veränderung und lässt die Erkenntnis in uns reifen, dass in jedem Ende ein neuer Anfang steckt. Er bewirkt, dass wir mittels kosmischer Energie genau das erhalten, was wir brauchen. Mondstein erweckt in uns liebevolle Gefühle und bringt Glück und Zufriedenheit allen, die sich in seinem Wirkungsbereich aufhalten.

Den Energie-Kreis aus Mondsteinen zwanzig Minuten vor Beginn der Meditation mit etwas Abstand um die Matte legen. (Alternativ: Rosenquarz/Rhodonit/Amethyst)

- Lege dich bequem auf deine Matte!
- Lege den Mondstein auf dein Sakral-Chakra!
- Schließe deine Augen!
- Atme drei Mal tief ein und aus!
- Begrüße deinen Kristall und bitte ihn, dich auf deiner Meditationsreise zu schützen und zu leiten!
- Lege deine Hände auf das Nabel-Chakra und das Sakral-Chakra und bitte um Reiki!

- Atme ein paar Mal tief ein und aus!
- Dein Körper liegt entspannt und wohlig auf der Matte.
- Deine Zehen sind ganz weich, warm und entspannt.
- Deine Unterschenkel sind ganz weich, warm und entspannt.
- Deine Oberschenkel sind ganz weich, warm und entspannt.
- Deine Beine sind wohlig, warm und entspannt.
- Dein Unterkörper ist ganz weich, warm und entspannt.
- Dein Oberkörper ist ganz weich, warm und entspannt.
- Dein ganzer Körper ist weich, warm und entspannt.
- Deine Hände sind ganz weich, warm und entspannt. Du bemerkst den angenehmen Reiki-Fluss aus deinen Handchakras.
- Deine Unterarme sind ganz weich, warm und entspannt.
- Deine Oberarme sind ganz weich, warm und entspannt.
- Deine Arme sind beide ganz weich, warm und entspannt.
- Dein Hals ist ganz weich, warm und entspannt.
- Dein Gesicht ist ganz weich, warm und entspannt.
- Dein Hinterkopf ist ganz weich, warm und entspannt.
- Dein gesamter Kopf ist weich, warm und entspannt.
- Zu deinen Füßen liegt eine Decke aus hauchzarten goldenen Fasern!
- Gedanklich nimmst du sie in deine Hände und ziehst diese ganz besonders gewebte Schutzdecke langsam über deine Beine, deinen Körper, bis hoch zu deinem Kinn.
- Du fühlst dich nun sehr wohl und erlaubst deiner Aufmerksamkeit, sich von deiner gegenwärtigen Lebenserfahrung zu entfernen.
- Du siehst dich wieder auf einer wunderschönen Wiese. Deiner Wiese. Die Luft ist angenehm mild und warm, erfüllt vom herrlich frischen Geruch des Grases.
- Du siehst Blumen blühen ... und hörst Vögel zwitschern.
- Du spazierst etwas hin und her, ohne zu wollen, ohne zu müssen, und du bist ganz frei in deinem eigenen Sein ...!

- Nun entdeckst du in der Mitte der Wiese einen alten Baumstumpf und entschließt dich, eine Pause zu machen!
- Du nimmst auf diesem besonderen Stamm Platz. Deine Füße berühren fest den Erdboden, dein Rücken ist gerade und deine Atmung gleichmäßig.
- Deine Hände liegen lose auf deinen Oberschenkeln.
- Du bemerkst, wie du dich langsam verwandelst. In ruhiger Sicherheit stellst du fest, wie du im Zeitlupentempo selbst zu einem Baum wirst.
- Vielleicht verwandelst du dich in einen Apfelbaum, den Baum der Liebe und Unsterblichkeit.
- Oder in eine Kastanie, den Baum der Redlichkeit, Ruhe und Kraft.
- Vielleicht auch in die robuste Eiche, den Baum der Kunst und der Weissagung. Er gilt als Symbol der Langlebigkeit, Macht und Stärke.
- Oder wandelst du dich lieber zu der geheimnisvollen Tanne mit ihrer starken Intuition um? Die magischen Kräfte der Tanne schützen vor Unheil. Geister hassen Tannenholz und vermeiden Orte, an denen sich solches befindet. *(Räucherungen mit Tannenholz reinigen daher die Atmosphäre.)*
- Vielleicht möchtest du lieber zu einer Esche werden, mystisch und sehr willensstark?
- Entwickle dich so, wie es deinem Wesen entspricht!
- Aus deinen Fußchakras wachsen dicke Wurzeln tief in das Erdreich hinein.
- Dein Körper wird ganz gerade, größer, länger und länger, entwickelt sich zu einem Baumstamm und wächst zu einer dir angenehmen Größe empor ...!
- Fühle dich behutsam ein, wie es ist, ein Baum zu sein!
- Zusätzlich zu deinen Armen wachsen nun viele Äste und Zweige ...
- Manche Zweige tragen Früchte ...
- Du stehst mitten auf deiner Wiese in einer mächtigen Pracht, stolz in deinem Sein gen Himmel gerichtet.
- Genieße eine Weile ...!

- Du atmest auch als Baum gleichmäßig und ruhig, in ungestörter Stille und tiefer Entspannung.
- Nun siehst du ein paar Wolken am Himmel aufziehen, und genau über dir beginnt es, leicht zu regnen.
- Der Regen ist sehr mild, du empfindest das Wasser als sehr angenehm warm und so genießt du diese besondere, energetische Dusche.
- Die Wassertropfen benetzen dein ganzes Sein, manche perlen an dir herunter und reinigen dich so von allem, was dir schadet und übergeben die negativen Energien an die Mutter Erde, die sie für dich gerne aufnimmt und umwandelt.
- Andere Wassertropfen dringen in dich ein und versorgen dich mit ihrer köstlichen Energie und ihren himmlischen Informationen.
- Genieße eine Weile!
- Nun verziehen sich die reinigenden Wolken wieder und die Sonnenstrahlen kehren zurück.
- Sie hüllen dich ebenfalls in eine liebevolle Energie ein.
- Die Sonne wärmt dich bis in jede Zelle, und du fühlst dich nun sehr gekräftigt und gesund.
- Du gehst jetzt gedanklich zu deinen Wurzeln. Deine Wurzeln stehen symbolisch für deine Eltern.
- *Wie gesund sind deine Wurzeln? ...*
- *Wie gesund ist die Beziehung zu deinen Eltern? Betrachte deine eigenen Wurzeln ganz genau. ...!*
- *Dann sieh dich als gesamten Baum und du stellst fest, dass du als Baum nur überleben kannst, wenn deine Wurzeln ebenfalls gesund und kräftig werden.*
- *Vielleicht versuchtest du in zurückliegender Zeit, sie mal abzuschneiden? Dich zu trennen? Oder vielleicht mussten deine Eltern sich von dir trennen. Es ist nicht wichtig. Wichtig ist nur, dass du in liebevollem energetischem Austausch mit ihnen verbunden bleibst. Du kannst nur überleben, in deinem Sein, wenn du eine gesunde Verbindung zu deinen Wurzeln herstellst, wieder herstellst.*
- *Deine Wurzeln sind krank?*

- Du kannst sie heilen, **das Gesunde muss das Kranke heilen, nicht umgekehrt**. Das Gesunde heilt das Kranke.
- *Ganz egal, ob deine Eltern dich vorzeitig verlassen mussten. Aus irgendwelchen Gründen war es richtig, auch wenn du es heute noch nicht verstehst. Ganz egal, ob deine Eltern dich falsch oder schlecht behandelt haben. Es ist Vergangenheit und heute ist der Tag, an dem du deine Wurzeln zu heilen vermagst. Der Zufall führte dich heute, an diesem Tag hierher, in diese Meditation.*
- Der Gesunde kümmert sich in liebevoller Zuwendung um den Erkrankten, nicht umgekehrt.
- Du siehst deine Eltern, deine Wurzeln, als Menschen, die deiner Liebe bedürfen. Deiner Liebe, deiner liebevollen Energie. Du erhältst so reichlich von dieser All-Liebe aus dem Universum.
- Öffne dich der mächtigen All-Liebe und lasse dich von ihr durchfluten ...!
- Erfülle dich mit dieser All-Liebe in deinem ganzen Sein als mächtiger Baum und tanke dich auf, atme sie mit jeder Pore ein und leite auch himmlische All-Liebe gedanklich hinunter zu deinen Wurzeln ...!
- Erfülle auch deine Blätter, jeden Zweig, jeden Ast von dir mit kosmischer Liebesenergie und leite diese nun auch in feinen Strömen zu den Wurzeln hinunter! ...
- In deiner Klarheit erkennst du, dass alles, was du für deine Wurzeln tust, dir selbst wieder zu Gute kommt.
- Und du erkennst, dass deine Eltern selbst nur Opfer ihrer falschen Erziehung und Umgebung waren. Das Opfer will neue Opfer hervorbringen. Das Opfer will weiter verletzen, doch du kannst dies in deiner liebevollen Zuwendung unterbrechen.
- Dein Atem ist ruhig und gleichmäßig. Ruhig und gleichmäßig fließt die All-Liebe durch dich hindurch und hinunter zu deinen Wurzeln.
- Deine Wurzeln beginnen in einem göttlichen Licht zu pulsieren.
- Deine Wurzeln sind nun genährt und gekräftigt mit All-Liebe und du bemerkst, wie du in den positiven Kreislauf der Natur eingebunden bist. Du gibst Liebe an deine Wurzeln, empfängst dafür Liebe zurück,

die dich aufbaut und stärkt. So kannst du auch wieder Liebe weiterreichen an deine Früchte, deine Kinder ...!

- In deiner Klarheit erkennst du: Alles, was dir selbst zu Gute kommt, kommt auch deinen Kindern, deinen Früchten zu Gute. So stärkst du deine Kinder am meisten, indem du dich und deine Wurzeln stärkst. Denn nur dann erhalten auch sie gesunde Energie aus dem natürlichen Kreislauf.
- Genieße eine Weile den Kreislauf des All-Liebe-Empfangens ..., Weitergebens ..., Zurückerhaltens ... und wieder Gebens ...!
- Bedanke dich nun für die erhaltenen Energien und verwandle dich in deine menschliche Gestalt zurück ...!
- Du sitzt wieder auf deinem Baumstamm in harmonischer Ausgeglichenheit. Wunderbar erfrischt und erholt. Zufrieden mit dir selbst und in Einklang mit deiner Umgebung.
- Du hörst wieder die Vögel zwitschern und siehst die bunten Schmetterlinge herumfliegen, riechst den herrlichen Geruch des frischen Grases.
- Mit deiner neuen Betrachtungsweise kehrst du in deinen Alltag zurück. Du verstehst es nun, mit göttlicher All-Liebe zu heilen und deine Vergangenheit, deine Gegenwart und deine Zukunft zu harmonisieren.
- Liebe führt dich zu Gesundheit und Harmonie.
- Nur die Liebe ist dein Weg.
- Bedanke dich für Reiki und für die Energie deiner Kristalle ...!
- Du kehrst mit deinem Bewusstsein wieder vollkommen hier in diesen Raum zurück.

Anmerkung:
Kursiv geschriebenen Text nur bei der 1. Meditation vorlesen.

Sternzeichen-Allegorie

Und es war Morgen

... als Gott vor seinen zwölf Kindern stand und in jedes von ihnen den Samen menschlichen Lebens legte. Die Kinder traten nacheinander vor ihn, um seine Gaben zu empfangen.

„Dir, Widder,

... gebe Ich als Erstem meinen Samen, damit du die Ehre hast, ihn zu pflanzen. Jeder Same, den du pflanzt, wird sich in deiner Hand eine Million mal vervielfältigen. Du wirst keine Zeit haben, den Samen wachsen zu sehen, denn alles, was du pflanzst, erzeugt wieder Neues, was gepflanzt werden muss. Du wirst der Erste sein, der die Ackerkrume des menschlichen Geistes mit meiner Idee durchdringt. Aber deine Aufgabe ist weder die Idee zu nähren noch, sie in Frage zu stellen.

Dein Leben ist Tat, und die einzige Tat, die ich dir zuschreibe, ist: Beginne damit, den Menschen meine Schöpfung bewusst zu machen. Für deine gute Arbeit gebe ich dir die Tugend der Selbstachtung."

Ruhig ging Widder zu seinem Platz zurück.

„Dir, Stier,

... gebe Ich die Kraft, Substanz in den Samen zu legen. Deine Aufgabe ist von großer Art und erfordert Geduld, denn du musst das Begonnene vollenden, sonst wird der Same durch den Wind verschwendet. Es ist nicht deine Aufgabe, zu hinterfragen, deine Meinung in der Mitte zu verändern oder von anderen abzuhängen bei dem, was Ich von dir fordere. Dafür schenke Ich dir die Gabe der Stärke. Nutze sie weise."

Und Stier ging zum Platz zurück.

„Dir, Zwilling,

... gebe Ich die Fragen ohne Antworten, damit du allen eine Einsicht bringen kannst von dem, was sie um sich herum sehen. Du wirst niemals wissen, warum die Menschen reden oder zuhören, aber auf der Suche nach der Antwort wirst du mein Geschenk des Wissens finden."

Und Zwilling ging zurück auf seinen Platz.

„Dir, Krebs,

... gebe Ich die Aufgabe, die Menschen etwas über Empfindungen zu lehren. Ich möchte, dass du die Menschen zum Lachen und zum Weinen bringst, damit sie das Gesehene und Gehörte zu innerem Reichtum entwickeln.

Dafür erhältst du von mir das Geschenk der Familie, damit sich dein Reichtum vermehrt."

Und Krebs ging zurück an seinen Platz.

„Dir, Löwe,

... gebe Ich die Aufgabe, der Welt meine Schöpfung in all ihrem Glanz zu offenbaren. Aber du musst mit deinem Stolz vorsichtig umgehen und dich immer daran erinnern, dass es meine Schöpfung ist und nicht deine. Denn wenn du es vergisst, werden dich die Menschen verschmähen. Es gibt viel Freude bei deiner Arbeit, wenn du sie nur richtig machst. Dafür sollst du das Geschenk der Ehre erhalten."

Und Löwe ging zurück auf seinen Platz.

„Du, Jungfrau,

... erhältst die Aufgabe, alles zu prüfen, was der Mensch mit meiner Schöpfung gemacht hat. Du sollst seine Wege gründlich erforschen und ihn auf seine Irrtümer aufmerksam machen, damit durch dich meine Schöpfung vollkommen werden kann. Hierfür gebe Ich dir das Geschenk der reinen und klaren Gedanken."

Und Jungfrau ging zurück an ihren Platz.

„Dir, Waage,

... gebe Ich die Aufgabe des Dienens, damit der Mensch sich auf seine Pflichten dem Nächsten gegenüber besinnt, auf dass er Zusammenarbeit lernen kann wie auch das Betrachten seiner Handlungen von einem anderen Standpunkt aus. Ich bringe dich überall hin, wo es Unstimmigkeiten gibt, und für deine Bemühungen will Ich dir die Gabe der Liebe schenken."

Und Waage ging an ihren Platz zurück.

„Dir, Skorpion,

... gebe Ich eine sehr schwierige Aufgabe. Du wirst fähig sein, die Gesinnung der Menschen zu kennen, aber Ich erlaube dir nicht, über das, was du lernst, zu sprechen. Oft wirst du unter dem Gesehenen leiden, und in deinem Schmerz wirst du dich von mir abwenden. Darüber vergisst du, dass nicht Ich es bin, der dein Leid verursacht sondern die Verdrehung meiner Idee. Du wirst so viel von dem Menschen sehen, dass du ihn wie ein Tier kennenlernst, und du hast viel mit seinen animalischen Instinkten in dir selbst zu kämpfen, dass du deinen Weg aus den Augen verlierst. Aber wenn du schließlich zu mir zurückkehrst, habe Ich für dich das höchste Geschenk der Zielstrebigkeit."

Und Skorpion ging zurück.

„Schütze, von dir

... fordere Ich, dass du die Menschen zum Lachen bringst, denn inmitten ihres Missverstehens meiner Idee werden sie verbittert. Durch Lachen gibst du den Menschen Hoffnung, und durch die Hoffnung richten sie ihr Augenmerk wieder auf mich. Du wirst mit vielen Leben in Berührung kommen, wenn auch nur für einen Augenblick, und du wirst die Ruhelosigkeit in jedem Leben spüren. Dir, Schütze, gebe Ich das Geschenk des unendlichen Überflusses, damit du dich weit genug ausbreiten kannst und selbst die finstersten Ecken erhellen kannst."

Und Schütze ging zurück auf seinen Platz.

„Von dir, Steinbock,

... fordere Ich den Schweiss deines Angesichts, damit die Menschen von dir das Arbeiten lernen. Du hast keine leichte Aufgabe, denn die Mühen aller Menschen werden auf deinen Schultern liegen; doch für die Bürde deiner Lasten lege Ich die Verantwortung für die Menschen in deine Hände."

Und Steinbock ging zurück.

„Dir, Wassermann,

... gebe Ich die Vorstellung von der Zukunft, auf dass die Menschen andere Möglichkeiten sehen kennen. Du wirst den Schmerz der Einsamkeit erfahren, denn Ich erlaube dir nicht, meine Liebe zu personifizieren.

Doch dafür, dass du den Menschen neue Möglichkeiten aufzeigst, erhältst du von mir das Geschenk der Freiheit, damit du der Menschheit immer zur Stelle bist, wenn sie dich braucht."

Und Wassermann ging an seinen Platz zurück.

„Dir, Fische,

... gebe Ich die schwierigste Aufgabe von allen. Du sollst die Sorgen aller Menschen sammeln und sie mir zurückgeben. Deine Tränen werden schließlich meine Tränen sein. Das Leid, das du auf dich nimmst, ist die Folge des menschlichen Missverstehens meiner Idee, doch du sollst Erbarmen mit ihnen haben, damit sie es noch einmal versuchen können. Für diese schwierige Aufgabe erhältst du das größte Geschenk von allen. Du wirst das einzige meiner zwölf Kinder sein, das mich versteht. Doch diese Gabe ist nur für dich allein, denn wenn du versuchst, sie auszustreuen, wird man dir nicht zuhören."

Und Fische ging zurück auf den Platz.

Dann sprach Gott:

„Jeder von euch hat einen Teil meiner Idee. Ihr dürft diesen Teil weder mit meiner ganzen Idee verwechseln noch sollt ihr euch wünschen, die einzelnen Teile miteinander zu vertauschen. Denn jeder von euch ist vollkommen, doch das werdet ihr nicht eher wissen, bis alle zwölf von euch EINS sind. Und erst dann wird jedem einzelnen von euch die Ganzheit meiner Idee offenbart werden."

Und die Kinder gingen, jedes von ihnen fest entschlossen, sein Bestes zu tun, um seine Gabe in Empfang nehmen zu können. Doch keines von ihnen verstand seine Aufgabe und sein Geschenk ganz, und als sie verwirrt zu Gott zurückkamen, sprach er: „Jeder von euch glaubt, dass die anderen Gaben besser seien. Darum erlaube ich euch zu tauschen."

Und für den Moment war jedes Kind begeistert, als es all die Möglichkeiten seiner neuen Aufgabe erwägte. Aber Gott lächelte, als er sagte: „Ihr werdet noch viele Male zu mir zurückkommen und mich bitten, euch von eurer Aufgabe zu befreien, und jedesmal werde ich eurem Wunsche nachkommen. Ihr werdet durch unzählige Inkarnationen gehen, bis ihr die ursprüngliche Aufgabe, die Ich für euch vorgesehen habe, vollständig erfüllt. Ich gebe euch unendlich viel Zeit dafür, doch erst nach Erfüllung dieser Aufgabe könnt ihr bei mir sein."

(Die Sternzeichen-Allegorie ist ein Auszug aus: Shulman, Martin, Rückläufige Planeten und Reinkarnation (= Karmische Astrologie Bd. 2), Neuhausen (Schweiz), 3. Auflage 1987. Abdruck mit freundlicher Genehmigung des Urania Verlages, Neuhausen, Schweiz)

Und da ich als Fische-Frau schon gemerkt habe, dass das mit dem Zuhören tatsächlich nicht so funktioniert, probiere ich es mit dem Schreiben.

Nachwort

Reiki und Heilsteine sind fantastische Hilfsmittel, aber sie lösen keine Probleme. Sie heben nicht automatisch und wie von selbst die ursächliche Konfliktsituation auf. D. h., ich muss mir zusätzlich auch überlegen, (bzw. nachschlagen), was mir mein Körper durch die Erkrankung mitteilen will und mit welcher Person ich eventuell wieder Frieden schließen sollte. Ihm (ihr) zumindest wahrhaft verzeihen, anstatt mich weiterhin über die Situation zu ärgern oder gar zum Hass verleiten zu lassen.

Reiki unterstützt dabei die wahre Bereitschaft, sich selbst zu ändern. Mit dieser Energie kann man wieder harmonischer werden, auch gegenüber den Mitmenschen und muss nicht länger wegen Ereignissen, die in der Vergangenheit liegen, egal ob nah oder fern, nachtragend sein.

Reiki und Kristalle helfen auch, alte, falsch anerzogene Gedankenmuster *(Du schaffst das doch nicht! Aus dir wird nie was!)* loszulassen und schenken die Möglichkeit, sich selbst wirklich so zu lieben, wie man ist. Einschließlich aller derzeitigen Fehler und Macken. Reiki hilft, sich Verfehlungen, falsche Worte oder falsche Taten zu verzeihen und einen Schlussstrich unter die Vergangenheit zu ziehen. Der Friede beginnt im eigenen Herzen. Er bereichert dann das Leben und führt so automatisch zu mehr Harmonie und Gesundheit.

Wenn die ursächliche Lösung der Konfliktsituation jedoch nicht erfolgt, dann können nur leichte momentane Verbesserungen mit Reiki und Heilsteinen erzielt werden und der Mensch wird weiter suchen ... und suchen ... und suchen; bis er eines Tages hoffentlich doch erkennt, dass nur die Änderung im eigenen Verhaltensmuster die wahre Chance zur Heilung oder Verbesserung der Lebensumstände ist.

Suche in deinem Inneren und nicht nur im Äußeren!

Heile dich selbst!

Die Reiki-Energie und die Schwingungen der Heilsteine helfen dir gerne dabei, du musst es nur wollen!

Denn es ist wunderbar, wenn man nur durch das Auflegen der Hände schnell etwas für seine Kinder oder Mitmenschen tun kann und dabei feststellt, wie gut ihnen die Energie hilft, wie ausgeglichen und gekräftigt man selbst durch diese Behandlung wird. Die Hände hat man immer dabei.

Kristalle, egal ob als Schutzsteine, als Kraftsteine oder einfach nur zum besseren Einschlafen zu verwenden, ist so herrlich. Wenn ich mal nachts erwache und nicht gleich wieder in den Schlaf finde, kann ich meinen am Bett griffbereiten Aventurin-Stab in die Hand nehmen und innerhalb kürzester Zeit kehre ich zurück in das Reich der Träume.

Aber gerade auch bei schwereren Schicksalsschlägen oder wenn eine Lebensgemeinschaft in die Brüche geht, die Ehe vor dem Aus und die Freundschaft zu Ende ist, sind die Phasen des Trennungsschmerzes mit Kristallen und Reiki-Energien leichter zu überwinden. Gerichtliche Streitigkeiten arten nicht übermäßig brutal aus, denn durch das Erlernen der Reiki-Regeln und verschiedener Naturgesetze ärgert man sich weniger, sorgt sich nicht mehr so sehr, sondern kann seinen *Inneren Frieden* finden und die Liebe zu allen Mitmenschen – den (die) Expartner(in) eingeschlossen.

Dieses Buch habe ich geschrieben, um auch Ihnen Lust zu machen, die Wirkung der Kristalle und der Reiki-Energie auszuprobieren. Aber vor allem auch, um Sie zu ermuntern, auf sich selbst mehr zu achten und zu lernen, viel mehr auf die Signale des eigenen Körpers zu hören, sowie auf die Intuition und die Stimme Gottes – der wichtigsten Stimme Ihrer Welt!

Gott schütze Sie und segne Sie mit Liebe

Gabriela Hilf

Desiderata

(Weisheit)

Gehe ruhig und gelassen durch Lärm und Hast
und sei des Friedens eingedenk, den die Stille bergen kann.

Äußere die Wahrheit ruhig und klar
und höre anderen zu,
auch den Geistlosen und Unwissenden;
auch sie haben ihre Geschichte.

Meide laute und aggressive Menschen,
sie sind eine Qual für den Geist.

Ertrage freundlich und gelassen den Ratschluss der Jahre,
gib die Dinge der Jugend mit Grazie auf.

Stärke die Kraft des Geistes,
damit sie dich im plötzlich hereinbrechenden Unglück schütze.

Aber beunruhige dich nicht mit Einbildungen.
Viele Befürchtungen sind Folgen von Erschöpfungen
und Einsamkeit.

Bei einem heilsamen Maß an Selbstdisziplin
sei gut zu dir.

Du bist ein Kind des Universums,
nicht weniger als Bäume und Sterne;
du hast ein Recht, hier zu sein.

Schamanin Gabriela
bei REIKI-Gehirnumprogrammierung ...

Quellenverzeichnis und Buchempfehlungen

Heilsteine:

Die Steinheilkunde von Michael Gienger
Neue Erde Verlag, Saarbrücken

Das Handbuch der Edelsteine und Kristalle von Melody
Droemersche Verlagsanstalt Th. Knaur Nachf., München

Feng Shui und die Kraft der Steine von Martina Fuchs
AT Verlag, Aarau und München

Praktische Edelstein-Therapie von Franz J. Huber
Heilkreis-Verlag

Das Buch von den Steinen von Peter Riethe
Otto Müller Verlag, Salzburg

Reiki:

Das Reikihandbuch von Walter Lübeck
Windpferd-Verlag, Aitrang

Reiki – die schönsten Techniken von W. Lübeck und F. A. Petter
Windpferd-Verlag, Aitrang

Reiki-Energie und Weg von Roland Stenlin
Windpferd-Verlag, Aitrang

Reiki und Energiearbeit von Stephan Schulte
Windpferd-Verlag, Aitrang

Das Herz des Reiki von Wolfgang Distel
Goldmann-Verlag

Bücher zum Erkennen der Konfliktsituation (was will mir der Körper mit der Erkrankung mitteilen) und Affirmationen:

Krankheit als Weg von Thorwald Dethlefsen + Ruediger Dahlke
Goldmann-Verlag, München

Dein Körper sagt: „Liebe dich!“ von Lise Bourbeau
Windpferd Verlag, Aitrang

Heile deinen Körper von Louise L. Hay
Verlag Alf Lüchow, Freiburg

Meditationen für Körper und Seele von Louise L. Hay
Heyne-Verlag, München

Und auch:

Knuddel-Karten für Kinder von Yvonne v. Meteren & Margot Pieters
Verlag „Die Silberschnur“, Güllesheim

Siddharhta von Hermann Hesse
Suhrkamp Verlag, Frankfurt am Main

Der Eingeweihte von Gerhard Riemann
Knaur-Verlag,

Innere Kräfte entdecken und nutzen von Gertrud Hirschi
Bauer Verlag

Das richtige Pendeln von Werner Giessing
Windpferd Verlag, Aitrang

Chakra Praxisbuch von Kalashatra Govinda
Ludwig Verlag

Notizen:

Notizen:

Notizen:

Die Autorin

Gabriela Hilf, Reiki-Lehrerin, Autorin und Kristall-Beraterin, lebt seit zwanzig Jahren zusammen mit ihrem Ehemann in der Vorderpfalz. Beide haben gemeinsam vier Kinder im Alter von sechs bis vierzehn Jahren.

Aus ihrem ersten Beruf als Reporterin bringt sie die *Liebe zum Schreiben* mit, gab aber das damit verbundene Reisen zugunsten eines Familienlebens auf und ließ sich als Kosmetikerin ausbilden. Durch diese jahrelange Tätigkeit entwickelte sich ein besonders tiefes *Verständnis für Frauen*, denn die Haut ist das Spiegelbild der Seele.

Ein zufälliges Erlebnis mit Aventurin-Stäben erweckte vor zehn Jahren ihre Aufmerksamkeit und ihr Interesse für Kristalle, sie erlernte die Steinheilkunde und ließ sich in Reiki einweihen.

Kristalle und Reiki unterstützten sie so erfolgreich im Familienleben und im Studio, dass immer mehr Menschen ihren Rat in Reiki-Kursen suchten und sie um das mediale Herausfinden des richtigen, persönlichen Kristalls baten.

Dadurch war erneut eine Entscheidung zu treffen, welcher berufliche Weg weiter verfolgt werden sollte.

Im Einverständnis mit der gesamten Familie entschied sich Gabriela Hilf, ihrer wahren Berufung zu folgen: den Menschen das *Wesen der Steine* zu vermitteln, sie in Reiki-Seminaren *zur Gesundheit für Körper und Seele* zu führen und durch ihre Bücher *Hilfestellungen im Alltag* zu bieten.

Sieh, das Gute liegt so nah!

(Goethe)

Weitere Bücher von Gabriela Hilf:

Deo Optimo (Gott dem Besten)

Lustig, spannend, tiefsinnig! Geschrieben auf der Alltagsebene und leicht zu lesen, ist dieses Buch in seiner vielfältigen und breitgefächerten Art genauso geeignet für den Reiki-Anfänger wie für Kursleiter(innen) und Edelstein-Interessierte.

Mit leicht umsetzbaren Kristall-Legemustern und schönen Meditationen.

252 Seiten, zahlreiche s/w Abbildungen

ISBN 3-00-004017-X 14,00 €

Deo Maximo (Gott dem Grössten)

Mit viel Humor schildert die Autorin Wege zur Reiki-Meisterschaft, umgesetzt in den heutigen Alltag berufstätiger Mütter. Das authentische Buch ist sehr spannend, informativ, tröstlich und vergnüglich, bis hin zu gruselig und bietet eine Fülle von Anwendungsmöglichkeiten für den praktischen Einsatz von Reiki und Edelsteinen.

„Selbst für Leserinnen, die bislang keine Erfahrungen mit Reiki gemacht haben, gibt es den richtigen Tipp zur richtigen Zeit“, bestätigen die vielen Rückmeldungen zu diesem Buch.

400 Seiten, zahlreiche s/w Abbildungen

ISBN 3-00-009741-4, 16,80 €

www.heilsteine-reiki-hilf.de

ISBN 3-89845-035-X
Handbuch 120 Seiten
24 farb. Reiki-Karten
€ [D] 19,90 | sFr 33,60

Marion Mietke & Dorothea Elisabeth Piper

Die Reiki-Botschaft

| Karten-Set mit Buch |

Das Kartenset für den Reiki-Prozess

Dieses Kartenset ist eine wunderbare Bereicherung für jeden Reiki-Interessierten, um sich die Philosophie und die bewusste Nutzung von Reiki zu erschließen. Es lädt ein, unseren Blick wacher zu machen für Mutter Erde und Vater Himmel, deren Kinder wir sind, und ihre Botschaften zu hören: »Reiki ist in All-em«.
Es lädt ein, sich wieder an die eigenen Fähigkeiten zu erinnern, an die eigenen Kräfte, und sich des eigenen Lichts bewusst zu werden.
24 wunderschön illustrierte Karten mit Begleitworten und besinnlichen Kommentaren im Buch sind liebevolle Begleiter für den Anwender, die erahnen lassen, dass Reiki mehr ist als Handauflegen. Es ist ein Bewusstseinsprozess, es ist Wachstum, es ist Freude, es ist das Öffnen der Herzen.

ISBN 3-89845-037-6
208 Seiten, gebunden
€ [D] 16,90 | sFr 29,00

Georg Schmertzing

Kraftfeld Herz Die neue Herz-Kultur

Wir werden als Menschen erst dann eine nächste Bewusstseinsstufe erreichen, wenn wir das Herz als Zentrum des Lebens, des inneren Wissens und intuitiven Erkennens entdecken.
Vom Leitorgan Hirn, das vergeblich versucht hat, Kopf und Bauch, also Verstand und Emotion zu verbinden, heißt es jetzt endlich auf die Wesensmitte umzusteigen: Aus dem »Kraftfeld Herz« verbindend zu denken, zu fühlen und zu handeln ergibt jene neue Lebensqualität, nach der wir uns alle sehnen.
Der Autor bündelt Informationen und Fallbeispiele aus aller Welt zu einem Standardwerk, das in keiner Bibliothek fehlen sollte. Ein Kultbuch des »neuen Herzens« kündigt sich an - für Menschen, die sich für eine neue, befreite Welt entschieden haben.

ISBN 3-89845-024-4
64 Seiten, durchg. farbig
gebunden, 15 x 15 cm
€ [D] 9,90 | sFr 17,40

Elisabeth Kübler-Ross

In Liebe leben

»In Liebe leben« ist die Essenz der Erfahrungen und Erkenntnisse der weltberühmten Ärztin und Sterbeforscherin Elisabeth Kübler-Ross. Durch ihr eigenes außerkörperliches Erlebnis und die Begleitung vieler Sterbenden konnte sie Millionen Menschen die Angst vor dem Tod nehmen und die Bedeutung unseres Erdenlebens vermitteln.
Ein lichtvolles, liebevoll illustriertes Geschenkbüchlein, das uns daran erinnert, was das Wichtigste in unserem Erdendasein ist: »In Liebe leben«.

Olivia Moogk

Beauty Feng Shui

Die acht Säulen der Schönheit

ISBN 3-931-652-70-x
136 Seiten, gebunden
vierfarbig
€ [D] 24,90 | sFr 42,00

Die Autorin, die in China studierte und seit über einem Jahrzehnt die Wissenschaft des Feng Shui lehrt, nimmt Sie auf eine Reise ins Beauty-Reich mit. Als Feng-Shui-Expertin berät sie Firmen und Privatleute rund um den Globus und hat 1998 die »International Feng Shui Research Association« gegründet. In diesem einmaligen Buch zeigt sie, wie die alte chinesische Wissenschaft mit ihren kaiserlichen Verjüngungsübungen, wohltuenden Tee-Kuren, Duftessenz-Bädern, schönen Farben und wohltuenden Formen auch das individuelle Aussehen fördern kann. Schönheit wird ganzheitlich gesehen, als Ergebnis eines excellenten Feng Shui mit einem balancierten Maß der Elemente Wind und Wasser. Ob Kosmetikerinnen, Ernährungsberater, Innenarchitekten, Dekorateure, Landschaftsgestalter, Psychologen oder Menschen in Gesundheitsberufen, alle werden für sich und ihre Klientel aus dem Wissensschatz dieses Buches schöpfen können.

Olivia Moogk

FENG SHUI – Neun erfolgreiche Strategien für Gewinner

ISBN 3-931652-54-8
168 Seiten, gebunden
zweifarbig illustriert
€ [D] 14,90 | sFr 25,80

Bislang unbekannt war der Bagua-Imagery-Faktor, der Sie durch neun Bereiche des Denkens führt. Er animiert zur Innenschau und hilft bei der Umsetzung neu gewonnener Erkenntnisse. Das bringt Sie zu dem, was wir alle wollen, nämlich zum erfolgreichen Handeln in allen Bereichen. Für Neueinsteiger in das Thema, wie für professionelle Feng Shui-Consulter, liegt hier der Schlüssel zu dauerhaftem Erfolg. Betreten Sie die neun Erkenntnisräume und sehen Sie, auf welchem Sektor Sie noch Lücken haben und wo Sie sich bereits zufrieden zurücklehnen können. Das Buch bietet viele Inspirationen, wie Sie noch mehr Klarheit und Hilfen für die Umsetzung im täglichen Leben erlangen können.

Olivia Moogk

Glücks-Karten

ISBN 3-89845-016-3
80 Karten in Karton
€ [D] 10,90 | sFr 20,00

Eine aus den Tempeln althergebrachte chinesische religiöse Methode der Zukunftsdeutung für alle Wesen mit wachsamem Geist.

Margot Pieters & Yvonne van Meteren

Die Knuddel-Karten

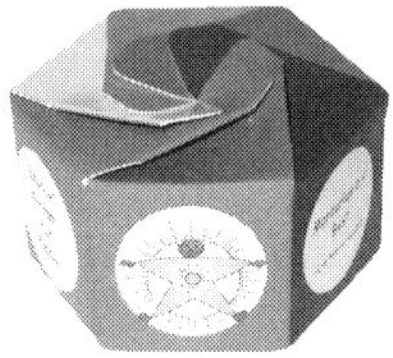

Als Trost, zur Belohnung und zum Schenken – mit den 53 Knuddelkarten kann man sich und anderen eine Freude machen. Lustige Zeichnungen, das passende Motto oder eine Redewendung geben neue Anstöße und regen zu Gesprächen und eigener Kreativität an. Für Kinder ab 6 Jahren, aber auch für Jugendliche und Erwachsene.

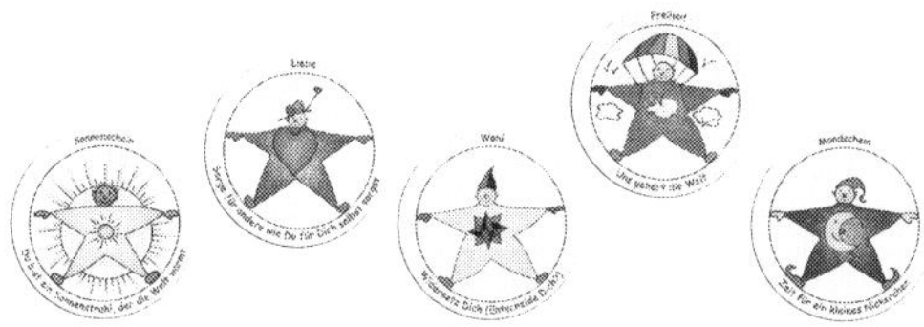

ISBN 3-89845-026-0
52 vierfar. Rundkarten
€ [D] 14,50 | sFr 26,50

Margot Pieters & Yvonne van Meteren

Das Knuddel-Journal

Auf Wunsch zahlreicher Freunde der Knuddel-Karten ist das Knuddel-Journal entstanden. In dieser Zeitschrift wurden alle 53 Zeichnungen vergrößert. Man kann sie ausmalen oder noch etwas dazuschreiben – und erhält so mit der Zeit ein ganz persönliches, selbst gestaltetes Tagebuch.

ISBN 3-89845-025-2
Ringbuch., 112 Seiten
€ [D] 12,40 | sFr 21,80

Isabella Monti

Ein himmlischer Dialog

Eine neugierige Seele spricht mit Gott über unsere Welt

Eine kleine Seele trifft Gott bei einem Spaziergang im Himmel. Zwischen den beiden beginnt ein »himmlischer« Dialog – über Liebe und Angst, Schuld und Unschuld, über Freude und Leid, Krankheit und Tod, über Erziehung und Beziehungen, Sucht und Eifersucht, über Religion und den Sinn unseres Erdendaseins. Und Gott antwortet geduldig auf alle Fragen, einfach und klar. »Ein himmlischer Dialog« ist für Jung und Alt, für Männer und Frauen, für (Noch-) Pessimisten, Optimisten und Realisten, für Gläubige und Ungläubige – und ganz besonders für Sie bestimmt. Die Geschichte der kleinen Seele ist ein wertvoller Wegweiser, der Mut machen und neue Perspektiven eröffnen kann.

ISBN 3-89845-013-9
64 Seiten, gebunden
mit Illustrationen
€ [D] 9,90 | sFr 17,40

ISBN 3-931652-26-2
136 Seiten, broschiert,
€ [D] 11,90 | sFr 20,50

Kurt Tepperwein

Handbuch zur Lebensfreude

Wer steht nicht ab und zu vor Schwierigkeiten, die ihm über den Kopf zu wachsen drohen? Wer braucht nicht gelegentlich Hilfe, wenn er mit Problemen konfrontiert ist, die ihm im Moment als kaum lösbar erscheinen? Dieses Selbsthilfebuch bietet Hilfe auf verschiedenen Ebenen: Einerseits zeigt es auf, welche systematischen Schritte zu einer effektiven Problemlösung nötig sind und motiviert durch konkrete Arbeitsanweisungen, diese Schritte sofort umzusetzen. Auf der anderen Seite spielen die innere Einstellung, die geistigen Energien eine große Rolle - auch diese Thematik wird nicht rein theoretisch abgehandelt. Gute Ratschläge, Entspannungs- und Imaginationsübungen, ja sogar Intuitionsschulung wird geboten. Wer von den Aufgabenstellungen Gebrauch macht, wird sein Lösungspotenzial bald anwenden können.

ISBN 3-931652-36-X
236 Seiten, broschiert
€ [D] 12,90 | sFr 22,60

Hagen van Beeck

Dufte Düfte

Eine Schnupperreise für die Sinne

In Untersuchungen über menschliche Verhaltensweisen wurde der Geruchssinn bisher vielfach zu gering bewertet.
Bestimmte Düfte versetzen uns in Hochstimmung, wecken unser kreatives Potenzial, muntern uns auf oder haben gar aphrodisierende Wirkung. Sonnenröschen wirkt gegen die Furcht, Lavendel für Reinheit und Ordnung, Sandelholz für das süße Leben mit Lust – in vielerlei Düften schwelgen Sie mit diesem mit Anekdoten gewürzten Sachbuch. Auch von der Heilwirkung und Psychologie der Düfte, ihrer Geschichte, ihrer astrologischen Bestimmung und ihrem mystischen Hintergrund erfahren Sie.

ISBN 3-931652-74-2
280 Seiten, gebunden
€ [D] 17,90 | sFr 30,50

J.M. Paffenhof/ D. Mantez

Kristallokosmik

Die magische Verbindung zwischen Mensch und Stein

Ein sehr tiefgehendes, umfassendes und schön gestaltetes Handbuch zu einem viel besprochenen Thema, das hier jedoch unter völlig neuen Gesichtspunkten beleuchtet wird. Die drei Autoren spannen einen Bogen von den altüberlieferten Traditionen der Indianer über die chinesische Energielehre bis zu den Kristallen und ihren Möglichkeiten, als »intelligente Werkzeuge« das Gleichgewicht zwischen Körper, Geist und Seele wiederherzustellen. Der Umgang mit Kristallen ist hier ein Weg der Einweihung, auf dem wir Menschen die Schwächen und Stärken unseres menschlichen Seins in uns erforschen und so ein neues Bewusstsein erreichen können. Eine spannende Mischung aus theoretischem Wissen und einer für jeden anwendbaren Praxis.